CÓMO SUPERAR LA ANSIEDAD Y COMUNICARTE EFICAZMENTE EN LAS RELACIONES 4 EN 1

HABILIDADES, ACTIVIDADES, PREGUNTAS Y ENSEÑANZAS PARA AYUDARTE A VENCER LOS CELOS Y LA INSEGURIDAD Y PROFUNDIZAR TU CONEXIÓN

FAYE PALMER

© **Copyright 2021 - All rights reserved.**

The contents of this book may not be reproduced, duplicated or transmitted without direct written permission from the author.

Under no circumstances will any legal responsibility or blame be held against the publisher for any reparation, damages, or monetary loss due to the information herein, either directly or indirectly.

Legal Notice:

This book is copyright protected. This is only for personal use. You cannot amend, distribute, sell, use, quote or paraphrase any part or the content within this book without the consent of the author.

Disclaimer Notice:

Please note the information contained within this document is for educational and entertainment purposes only. Every attempt has been made to provide accurate, up to date and reliable complete information. No warranties of any kind are expressed or implied. Readers acknowledge that the author is not engaging in the rendering of legal, financial, medical or professional advice. The content of this book has been derived from various sources. Please consult a licensed professional before attempting any techniques outlined in this book.

By reading this document, the reader agrees that under no circumstances is the author responsible for any losses, direct or indirect, which are incurred as a result of the use of information contained within this document, including, but not limited to, —errors, omissions, or inaccuracies.

ÍNDICE

CÓMO SUPERAR LA ANSIEDAD Y LAS INSEGURIDADES EN LAS RELACIONES (2 EN 1)

Introducción	3
1. ¿Qué Son las Relaciones? Entender los Conceptos Básicos	11
2. Tipos de Relaciones y Ansiedad	33
3. El Lenguaje de Sanar y las Relaciones	57
4. Cincuenta Sombras de las Relaciones Románticas	77
5. "La Charla sobre la Relación"	103
6. Cómo Afrontar las Discusiones en su Relación	117
7. Modelar Su Relación	138
8. Falta de Intimidad y Miedo	156
9. El Arte del Cambio	175
10. La Receta Para una Buena Relación	194
Conclusión	213
Bibliografía	219

COMUNICACIÓN EFECTIVA EN LAS RELACIONES Y HABILIDADES DE PAREJA (2 EN 1)

Introducción	225
SECCIÓN 1 EL CÓMO, QUÉ, PORQUÉ, CUÁNDO Y DÓNDE DE COMUNICARSE EN UNA RELACIÓN	
1. CÓMO Comunicarte eficazmente con tu pareja	233
2. QUÉ; Necesidades y deseos	257
3. POR QUÉ; Lidiar con las causas fundamentales	276
4. QUIÉN; Terapia narrativa en las comunicaciones de pareja	294
5. CUÁNDO; Reconociendo el punto de crisis y el punto de ruptura	306
6. DÓNDE; Reconsiderando tu entorno	318
SECCIÓN 2 EL CÓMO, QUÉ Y DÓNDE DE MANTENER UNA RELACIÓN SÓLIDA	
7. Las clases acercan a las parejas	329
8. Vacaciones perfectas para parejas	338
9. Actividades divertidas para mantener fresca la relación	350
10. Sexo y comunicación y cómo unirlo todo	362
SECCIÓN 3 EL CÓMO, QUÉ, PORQUÉ, CUÁNDO Y DÓNDE DE COMUNICARSE EN UNA RUPTURA	
11. Los temas tabú	377
12. Por qué, cuándo, qué y cómo terminar con gracia	390
13. Cómo, cuándo y dónde superar una ruptura	413
14. Cómo, cuándo y por qué volver a estar juntos	427
Conclusión	443

CÓMO SUPERAR LA ANSIEDAD Y LAS INSEGURIDADES EN LAS RELACIONES (2 EN 1)

CÓMO SUPERAR LA ANSIEDAD Y LAS INSEGURIDADES EN LAS RELACIONES (2 EN 1): MEJORA TUS HABILIDADES DE COMUNICACIÓN, CONTROLA LOS CELOS Y SUPERA LOS PATRONES DE PENSAMIENTO Y COMPORTAMIENTO NEGATIVOS

INTRODUCCIÓN

Dinero, una casa grande, un buen trabajo… ¿Son estas las "cosas" que hacen que nuestra vida sea buena? Pregúntele a varias personas y descubrirá que esto bien podría ser lo que creen. Pero, incluso si va un poco más allá, verá que la mayoría de las personas saben aquello que los sociólogos y psicólogos llevan diciendo desde hace años: ¡su calidad de vida depende principalmente de sus relaciones!

Piénselo. Puede tener dinero, una casa grande, e incluso un súper trabajo… Pero si no tiene nadie con quien compartir su vida… La consecuencia es obvia: pierden su valor. Por otro lado, con buenas relaciones, incluso una vida más modesta, una casa más pequeña, y un trabajo más humilde se pueden volver agradables.

Personalmente, pienso en los trabajos que he tenido (desde trabajar en una fábrica para pagar mis estudios hasta posiciones académicas) y,

¿sabe qué? Los que recuerdo con más afición no son necesariamente los bien pagados. ¡No! Haga lo mismo... Piense en sus trabajos anteriores... O incluso escuelas... ¿Cuál es su recuerdo más vívido sobre ellos? ¡Sus compañeros y sus colegas de trabajo! Mis trabajos favoritos fueron aquellos en los que tenía buenas relaciones.

Pero aquí va una pregunta para usted. ¿Cuántas relaciones (de cualquier tipo) ha tenido en su vida? No me cuente; no soy una persona entrometida... Sólo quiero que piense en ellas. Y ¿cuántas ha "conservado hasta ahora"? Muy pocas, imagino. Y usted no es una excepción.

Hay una cifra que se está barajando, (también en el Seminario de Amor de Hellen Chens) diciendo que el 85% de las "citas" terminan en fracaso. No puedo asegurar que esto sea cierto (veremos por qué luego...), pero seguro que muchas, si no la mayoría, de nuestras relaciones fracasan.

Y hay más... *Incluso las relaciones exitosas no están exentas de estrés, ansiedad y problemas.* De hecho, podemos decir sin temor a equivocarnos, que el porcentaje de relaciones que nunca han tenido un problema debe estar muy cerca del 0,000 y pico por ciento...

Y ahora pensemos en nuestras vidas. *¿Qué impacto tienen los problemas de relación en nuestras vidas?* De nuevo, no hace falta ir muy lejos para afirmar *que una buena parte de nuestro día la pasamos pensando (o preocupados) sobre nuestras relaciones sociales y personales.*

Hay estudios psicológicos y sociológicos que demuestran el impacto de las relaciones sociales:

- *Rendimiento laboral y escolar*
- *Nuestra respuesta al estrés y la enfermedad (incluso nuestro sistema inmunológico)*
- *Nuestro estado mental (incluida la capacidad de hacer frente a la demencia en nuestra vejez).*

En definitiva, pueden afectar a la mayoría de los ámbitos de nuestra vida. Y todos lo sabemos, lo hemos sentido en carne propia. Después de una ruptura, es difícil de funcionar. Ir a trabajar es una pesadilla, al igual que ir a la escuela. A menudo se pierde el apetito, se pierde la vitalidad, todo se vuelve gris, frío y negativo...

Qué pensamiento tan escalofriante... Así que, apartémoslo ahora... ¿Existe una solución para todos estos problemas de relación?

Suspenso...

Sí, pero espere, en este libro no le voy a dar una varita mágica. Como con todos los problemas personales e interpersonales, hay soluciones comprobadas para los problemas, pero requieren aplicación, habilidades e incluso tiempo para que funcionen.

Tendrá que dedicarle tiempo, pero este libro le enseñará todo lo demás.

Utilizaremos la *psicología*, la *sociología*, pero también otros campos como la *lingüística*, para darles dos cosas:

- *Un conocimiento profundo y exhaustivo de cómo funcionan (o fracasan) las relaciones*

- *Un conjunto de estrategias y "trucos" para mejorar sus relaciones.*

En realidad estoy emocionado porque hay tantas cosas que quiero mostrarle en este libro... ¿Sabía que hay conceptos sencillos que pueden convertir las relaciones marchitas en fructíferas? ¿Sabía que realmente puede cambiar una relación simplemente mirándola con un ojo diferente (y más experimentado)?

Por otra parte, ¿cuántas veces ha tenido la sensación de que "esto no es lo que realmente quiere decir" pero has podido hacer algo al respecto? Después de leer este libro, ¡lo hará! Y esos pequeños "fallos" diarios que se sienten como un "desgaste" de sus relaciones... ¿Cómo puede detenerlos? ¡Está a punto de verlo!

Y mucho más...

Pero también hay consejos *prácticos* que estoy deseando darle... Verá, como todos nosotros los profesionales, leí *sociología* y *psicología*, e incluso lingüística en mis estudios académicos... Pero sólo cuando me convertí en mentor de jóvenes (algunos con problemas muy graves también) desarrollé todas esas pequeñas estrategias que podía dar como solución rápida a algunos problemas.

No me malinterprete. Una solución rápida puede ser temporal, pero a veces la necesita para desescalar una situación. A veces puede ser tan simple como la elección de las palabras que usa... Y si hubiera visto la angustia en las caras de estos jóvenes... Y luego la sonrisa cuando volvieron a la siguiente sesión y dijeron: "¿Sabe qué? Sí funcionó".

Esto me permitió pasar al siguiente paso, que es reparar las heridas más profundas de una relación. Es como intentar llegar al corazón cuando todavía llevamos una armadura... Mejor empezar a "pelar" los problemas como una cebolla...

Hay cambios (a veces pequeños y sencillos) en el comportamiento, el lenguaje, incluso el lenguaje corporal, y los patrones de vida que puede utilizar para transformar una relación de negativa a positiva. ¿Le he dicho que he estudiado *psicología positiva* con la que posiblemente sea la mayor autoridad del mundo, la Dra. Ilona Boniwell? Es un campo enorme, pero el concepto clave es sencillo, y lo utilizaremos también en este libro. No, lo siento: *lo utilizará* para cambiar no sólo sus relaciones, sino también para mejorar lo que siente por usted mismo.

Verá, nuestra historia personal nos da un montón de "inseguridades personales"... Estas, luego se reflejan en nuestras relaciones... Pero si quiere conseguir efectos a largo plazo, tenemos que abordar estas inseguridades también. Entonces, incluso en la próxima relación, usted comenzará con una mejor base...

La mayoría de nosotros no podemos ni siquiera ver cómo nuestras *inseguridades tienen efectos en los demás*... Como Sheila (el nombre es falso por razones de privacidad)... Ella es una de las jóvenes de las que hablé. Básicamente tenía miedo de ser juzgada por su origen familiar... Y eso significaba que mantenía a los demás "a distancia". Sin embargo, no era consciente de que lo hacía...

Debo decir que fue muy receptiva cuando le señalé que su enfoque era un poco agresivo al principio... Bueno, lo cambió, y también su vida...

La última vez que la vi, parecía una mujer feliz (había crecido); sus inseguridades desaparecieron, ahora mostraba su fuerza de carácter a través de una apariencia sorprendente, muy artística y colorida. Era un poco como ver a Cenicienta vestida para el baile...

No puedo entrar en el calor de todo esto ahora. Pero apenas puedo contenerme.

Este será el viaje de su vida para muchas personas. Desde la comprensión de los fundamentos de la psicología y la sociología, hasta el aprendizaje de cómo afrontar situaciones muy concretas, este libro sigue un camino completo para mejorar las relaciones personales, pero también las sociales. Y todas ellas: las relaciones amorosas, las familiares, las de amigos, las de compañeros de trabajo, las ocasionales... Todas siguen patrones similares, aunque las relaciones personales y las románticas especialmente, son las más influyentes en nuestra vida.

Sí, le llevará algún tiempo aprender todo esto. Al final, este libro comprime años de estudio y práctica en unos pocos cientos de páginas... Pero todo se presentará con claridad, y usted recordará este libro como "una buena y agradable lectura".

Ahora, cuente los días desde este momento hasta el final de este libro... ¡Cada día es un día para tener todas las herramientas que necesita para hacer brillar sus relaciones! Y ahora cuente cada día *sin todos esos problemas, ansiedad e inseguridades sobre sus relaciones...*

Mi pregunta es la siguiente: ¿Vale la pena perder más tiempo? ¿No debería empezar a mejorar su vida ahora mismo? ¿Realmente vale la pena retrasar un día más el viaje para cambiar su vida? No lo creo...

Cuanto antes lea este libro, más sonrisas tendrá en su vida, para dar y recibir...

Y volvemos al principio: *su calidad de vida...* Lea este libro ahora y su calidad de vida empezará a mejorar *muy* pronto. Le prometo que verá los primeros resultados en semanas o incluso días. Así que... ¿comenzamos?

1

¿QUÉ SON LAS RELACIONES? ENTENDER LOS CONCEPTOS BÁSICOS

Una casa está hecha de paredes. Una mesa está hecha de madera (plástico, etc.) tiene patas y una superficie plana... Fácil. Pero cuando se trata de un concepto abstracto como el "amor" o la "felicidad" o las "relaciones", resulta más difícil definir el significado.

Esto no se debe a que el significado sea impreciso, o a que falten definiciones. Es porque un concepto abstracto tiene cierta moderación en la forma en que lo aplicamos. Me explico... ¿Es el amor romántico, de hecho, "amor"? Seguramente sí. Pero el "amor a la naturaleza", por ejemplo, puede significar mucho para un defensor de los árboles (término que no utilizo como despectivo, sino todo lo contrario) y algo muy diferente para un cazador... ¿Y qué hay de cuando decimos "amo estos zapatos"?

Del mismo modo, si tiene una pareja, seguro tiene una relación con él o ella. Seguramente con los miembros de su familia... Pero a la mayoría de nosotros ya nos resulta incómodo utilizar el término "relación" con los compañeros de trabajo. Sin embargo, tenemos relaciones con objetos, como nuestros vehículos, incluso, como hemos dicho, nuestros zapatos (no todos, para ser justos).

Entonces, ¿de qué estamos hablando realmente?

¿Qué es una Relación?

Le sorprenderá saber que la "relación" puede definirse de muchas maneras, pero quizá la que tiene más "potencial" de significado es ésta:

*Una relación es **la forma** en que dos o más personas, animales o cosas están conectadas.*

Por tanto, no podemos considerar las relaciones como "cosas", sino como:

- Formas
- Estados
- Procesos

Yendo a un ejemplo extremo (desde nuestra perspectiva), las relaciones son estados: "El verde y el rojo son complementarios". "El bien y el mal son opuestos". Utilizamos las relaciones para describir el estado de las cosas. Pero incluso si decimos: "Carol y Mohamed son marido y mujer", hablamos de los estados relativos de las dos personas.

Sé que parece que me he ido al otro "extremo" del significado de la palabra, pero tenga paciencia... aguante porque volveremos a ello.

Pero una relación, para la mayor parte de nuestra vida personal, es principalmente un proceso. Es la *forma en que interactuamos con las personas (y cómo nos sentimos al respecto) en nuestra vida cotidiana.*

Por lo tanto, si la palabra "relación" es abstracta, en realidad describe una forma de práctica. Sin una "vivencia de la relación" práctica, la relación no existe. Curiosamente esta es la razón por la que tarde o temprano nos desconectamos de las viejas relaciones...

No quiero sacar a relucir pensamientos negativos, así que le pediré que recuerde a su amigo más antiguo. No el más antiguo que tiene ahora... esa cara sonriente de sus primeros años... Seguramente todavía tiene un apego emocional a esa experiencia - ¡cuando la recuerda!

Pero como han pasado años (décadas) desde la última vez que vio a su amigo, ya no tiene una relación estable con él o ella... *El lado práctico de la relación, el "vivirla" se ha ido.*

Considerar sus relaciones como "procesos" ya le da una perspectiva diferente, ¿no es así? Tenemos que detenernos en este punto, porque es un concepto que cambia la vida.

Relaciones como Estados y Relaciones como Procesos

John y Greta se casaron hoy hace 25 años. Hoy, de hecho, han decidido celebrar sus bodas de plata recreando su boda, con votos y todo...

Y este es el texto de sus votos matrimoniales:

"Yo Greta te *tomo* a ti John como mi esposo, para *tenerte* y *retenerte* desde este día en adelante, en lo bueno y en lo malo, en la riqueza y en la pobreza, en la salud y en la enfermedad, etc." (No, "etc." no está realmente en los votos)...

Estos son los votos clásicos que la gente hace cuando se casa. Y he puesto algunos verbos en cursiva: "tomar, tener, conservar" por una razón: el primero expresa el inicio de un estado, los otros dos la conservación de un estado.

Brenda y Joshua también celebran sus bodas de plata y también leyeron sus votos. Pero escribieron los suyos propios e incluyen frases como "*te amaré para siempre*", "*prometo ayudarte*", etc. En los verbos, se ve que ven su relación más como un proceso, no sólo como un estado.

Y hemos llegado al origen de muchos problemas en las relaciones.

Al mirar hacia atrás, muchas personas que recuerdan sus votos matrimoniales también pensarán: "No fue lo que yo esperaba". Pero vivimos en un mundo en el que los cuentos de hadas y las comedias románticas terminan con la frase "Y vivieron felices para siempre". Lo que importa es que Cenicienta se casó con el Príncipe Azul. Eso es todo. El vínculo está formado, es un estado inmutable, y el cuento ha terminado.

¿Ve el problema? La sociedad nos engaña haciéndonos creer que las relaciones son "estados" que no pueden (o no deben) cambiar. Imagine a un niño (sobre todo a las niñas, pero la sociedad es estructuralmente sexista)... Crece leyendo Cenicienta, Blancanieves, La Bella Durmiente, La Bella y la Bestia...

Verás, estas historias (al igual que *Orgullo y Prejuicio*, *Los Diarios de Bridget Jones* y todas las películas románticas) cuentan un *arquetipo* (una historia básica, un concepto básico, una versión básica de la realidad): *"el proceso está en encontrar la relación, pero una vez que la establezcas será un estado, siempre será el mismo y nunca cambiará".*

Esto es muy cierto en las relaciones románticas para muchas personas. La gente entra en ellas con expectativas, se imaginan dentro de veinte años -sí, con hijos- pero *con la misma relación que ahora*. Sabemos que es imposible... Pero esta es la historia que nos cuentan para que la creamos, o al menos para que la persigamos...

Entonces, cuando las cosas cambian, ¿qué pasa?

En la mayoría de los casos, *a la gente le cuesta admitir que la realidad no es la misma que el "sueño"* (o el mito, deberíamos decir) Verá, es difícil aceptar que un "estado puede cambiar". Y si nuestra boda es un estado, cuando cambia, está fuera de nuestro alcance, no sabemos qué hacer al respecto y, muy a menudo, *acabamos negándolo*.

Curiosamente, esta experiencia es más común en las mujeres. Los hombres no están tan expuestos al mismo arquetipo que las mujeres. Los estudios demuestran que las historias para hombres están llenas de "acción", "procesos" y "verbos performativos". Las historias para mujeres están llenas de "adjetivos", "estados" y "verbos pasivos".

Nunca se insistirá lo suficiente en la influencia que tiene lo que experimentamos (leer, ver, oír, sentir, etc.) cuando somos niños y adolescentes en nuestra vida adulta. Y esto es realmente el núcleo de gran parte de la psicología, como sabrá. *No son* "sólo cuentos de niños"... Conforman nuestra forma de ver e interpretar el mundo y, sobre todo, lo que esperamos de nuestra vida...

Ahora el lado del *"empoderamiento"*... si deja de ver su relación como un "estado fijo" y empieza a verla como un "proceso" entonces usted es *libre de construirla y mejorarla*.

Ahora, veamos estas dos afirmaciones:

1. *Una relación es un lienzo en blanco para pintar juntos.*
2. *Una relación es un vínculo fijo que hay que preservar a toda costa.*

Ahora...

1. ¿Con cuál de ellas está más de acuerdo?
2. ¿Hasta qué punto?
3. ¿Cómo se ven sus relaciones, a) o b)? Tenga en cuenta que cada relación es diferente.
4. ¿Cuál tiene más potencial?
5. ¿Con cuál se siente más cómodo?
6. ¿Puedes convertir a) en b) y al revés?

Tome una taza de té, relájese, reflexione sobre las preguntas en su momento y luego nos volveremos a encontrar aquí mismo, ¿vale?

...

¿Qué tal su taza de té? Repasemos juntos estos puntos con calma...

Para empezar, la pregunta i). *No se sienta avergonzado si ha elegido la b)*. Sé que a estas alturas está claro que *las relaciones no deberían ser así*. Pero para la mayoría de nosotros esto es lo que parecen las relaciones "sobre el terreno". Y para muchos de nosotros, esto es todo lo que han sido las relaciones. Llegaremos a eso cuando analicemos las relaciones y la cultura...

Lo que importa es que a estas alturas ya sabe que una relación debe ser más parecida a un lienzo en blanco que a un vínculo. Incluso si lo entiende puramente sobre una base "ideal", eso está absolutamente bien y no se espera nada más de usted.

ii.) Puede imaginar su relación ideal como un lienzo o "más como un lienzo pero con un vínculo". No es necesario que elimine el concepto de "estado" o "vínculo" de las relaciones. Puede coexistir con el concepto de "lienzo" o "viaje"...

Los problemas surgen cuando el concepto de "lienzo" desaparece por completo. *En cualquier relación de éxito tiene que haber flexibilidad, puertas abiertas y posibilidades de mejorar, y eso significa cambiar.*

Veremos en detalle que *muchos de nosotros tenemos miedo al cambio en las relaciones*. Pero ésta es a menudo *la razón por la que las relaciones fracasan*. Por el momento, no desarrollaremos mucho más este punto, pero llegaremos a él con mucho detalle muy, muy pronto. De momento, quédese con el concepto clave.

iii.) Lo más probable es que haya algunas relaciones que se parezcan más a un lienzo y otras más a vínculos, y muchos grados intermedios. Esto es para mostrar que los dos elementos suelen coexistir en muchas relaciones.

Pero también es bueno que aprenda a *poner las relaciones que tiene en esta escala, en esta línea...* Eso será muy útil porque es mucho *más fácil cambiar, mejorar o reparar una relación "lienzo" que una relación "vínculo".*

En general, las *amistades son más "lienzo" mientras que las relaciones familiares son más "vínculo".* Puede que no sea el caso de todos, pero es una tendencia o patrón muy común. En cuanto a las relaciones de pareja, bueno... Algunas son más "lienzo" (sobre todo al principio), otras son más "vínculo" y muy a menudo cuando se convierten en "vínculo" también empiezan a deteriorarse. Lo del "matrimonio" es más que una compañía de comedia...

Esto también responde al punto iv). *Todas las relaciones tienen potencial.* Este potencial depende de muchos factores (potencial individual, afinidad, contexto cultural, acontecimientos vitales, etc.....). Sin embargo, *es más fácil expresar el potencial de las relaciones "de lienzo".*

Si ve su relación como un "vínculo", ya es todo lo que va a ser. Puede agregarle cosas, como si fuera un recipiente... En él caben los recuerdos, otros vínculos (los que se tienen con los hijos, por ejemplo) las propiedades y la mascota de la familia. Pero, por definición, no será fácil cambiar la propia relación.

Afortunadamente, muy pocas relaciones se basan 100% en el vínculo (las sociedades comerciales lo son, pero aquí no nos ocupamos principalmente de ellas). Si está pensando en mejorar una relación basada en el vínculo, mi consejo es que e*mpiece a buscar elementos de lienzo con ella ahora, o lo antes posible.*

Esos serán los elementos que utilizará para corregir, mejorar, cambiar o remodelar la relación.

¿Ve que aunque tengamos que "hablar de teoría" hemos pasado directamente a ella?

Saber qué lados, aspectos, elementos y patrones de una relación puede cambiar con éxito es el primer paso que debe dar.

El siguiente punto, v.), o "¿Con qué te sientes más cómodo?" es en realidad un punto crítico. Comprendo perfectamente que diga: "En realidad, me siento más cómodo con las relaciones "de vínculo"". Sin embargo, si este es el caso, *trate de encontrar el estar cómodo con* **algún cambio**, *con* **algún "lienzo"**.

No hay otra solución. Pero le voy a dar una muy buena noticia*: siempre se puede cambiar una relación, al menos en cierto grado.* Y otra gran noticia: *puede cambiar su relación también mediante pasos muy pequeños y manejables que hacen que su progreso sea fácil de aceptar, incluso sin problemas.*

Lo mismo se aplica a los cambios que tiene que **introducir en su propio papel, actitud, hábitos, comunicación, etc. dentro de la relación.**

De hecho, ésta es una regla muy importante. Si va a terapia, incluso de pareja, no llegará a casa un día y dirá: "¡Vaya, toda mi vida ha cambiado en 50 minutos!". No, no funciona así. Su perspectiva de la vida puede cambiar en cuestión de minutos; por eso tenemos epifanías. Pero el trabajo diario real... No...

Un buen cambio no traumático y permanente se produce lentamente. De hecho, cuanto más suave y fluido es el cambio (especialmente en las relaciones), más se adhiere y más eficiente ha sido el terapeuta

Por lo tanto, si no tiene confianza en el cambio, ¡no se preocupe! Trabajará a su propio ritmo, no sólo con este libro, sino con la relación que quiera cambiar. En realidad, *mi consejo absoluto es que evite a toda costa los cambios drásticos y traumáticos.*

Hay muchas razones para ello:

- No quiere que su relación se convierta en un "bache".
- Tiene una responsabilidad hacia su pareja, o hacia la otra persona o personas. Se arriesga a molestarles con grandes cambios repentinos.
- Necesita tener espacio para retroceder en caso de que algo no funcione.
- Debe que reducir al mínimo las consecuencias imprevistas.

Así que, si, comprensiblemente, desconfía del cambio, espero que ahora se sienta un poco más tranquilo y cómodo con él.

Es más, *a menudo tememos al cambio, porque no nos sentimos en control de él. No sabemos cuál será el resultado final.* Pero esto no es en absoluto lo que vamos a hacer con este libro. *Lo que va a conseguir es un **cambio controlado**.* Es un cambio que va:

- En la dirección que desee.
- Donde usted quiera.
- Al ritmo que desee.

Y finalmente, llegamos al punto vi). - sí, se puede convertir un lienzo en un vínculo y un vínculo en un lienzo. Pero este punto y el anterior, que tratan de las "relaciones cambiantes", merecen una discusión más detallada.

Cambiar su Relación de "Lienzo" a "Vínculo" y Viceversa

Philip y Adele llevan 40 años casados. Cuando se casaron soñaban con llevar adelante su propia granja, pero la vida no fue demasiado amable con ellos. La falta de dinero, la falta de oportunidades e incluso el hecho de que hace décadas no se podía investigar el proyecto en Internet... bueno, todo esto combinado hace que ahora vivan en un piso en una gran ciudad.

Por las noches, pasan la mayor parte del tiempo frente al televisor, y discuten por pequeñas cosas... Les siguen gustando los animales y las plantas, pero lo único que hacen es cuidar de sus tres gatos...

Veamos su historia (que por supuesto es un ejemplo), en realidad, la historia de su relación. ¿Ve el lienzo que nunca fue? La granja era un sueño de trabajo, un sueño de estilo de vida... Pero también era un *sueño de relación. Como no funcionó financieramente, el potencial de su relación nunca se cumplió.*

En su lugar, la televisión "intervino" y tomó ese "espacio", ese "tiempo" que estaba reservado para el potencial de su relación. Ahora es la televisión (la sociedad) la que pinta su relación (gris) en lugar de ellos.

¿A cuántas personas como Philip y Adele conoce personalmente? Apuesto a que muchas. Apuesto a que la mayoría de sus vecinos están en esa situación. Apuesto a que la mayoría de las personas de más de 35-40 años que conoce tienen ahora su tiempo privado controlado por la televisión.

En el caso de Philip y Adele, un "lienzo" se ha convertido en un "vínculo", hecho de acciones rutinarias, controlado por alguna empresa de medios de comunicación, pero sigue siendo un vínculo, una relación estática. Obsérvese también que *la televisión controla ahora parte de su comunicación.* Dicta lo que hablan, los incita y filtra sus tiempos de comunicación.

¿Qué podrían hacer para cambiar esto? En este caso concreto, deberían darse cuenta de que todavía pueden "pintar su relación" incluso fuera de su sueño de vida. La "tercera persona" o elemento de su relación era la Naturaleza, así que... Dejar la Naturaleza fuera ha dejado un hueco, y ese hueco lo ha llenado la sociedad.

De hecho, *es muy fácil y común convertir una relación de "lienzo" en una de "vínculo".* Esto se debe a muchas razones, o a mejores *fuerzas en juego sobre nuestras relaciones:*

- *La sociedad tiende a convertir todas las relaciones en vínculos a través de fuerzas financieras, sociales, culturales.* El mero hecho de que su vida se convierta en una rutina significa que está atrapado en un patrón, y su relación se adaptará a ese patrón diario y repetitivo... Eso se convierte en un "vínculo" y produce una relación estática.
- *Nos adaptamos de forma natural a nuevas situaciones, incluidas las relaciones.*
- *Tendemos naturalmente a conservar lo que tenemos (por lo que convertimos nuestras relaciones en estáticas).*
- *A veces es más fácil dejar las cosas como están, o no sabemos cómo cambiarlas.*

En algunas parejas, pues, la idea de "cambiar la relación" es en sí misma vergonzosa. Hay un tabú social... Imagina una pareja de ancianos que de repente decide cambiar de aires, redescubrir su pasión, etc..... Estoy seguro de que en privado *nos sentiríamos orgullosos de ellos*. Pero en muchos lugares, los vecinos empezarían a cotillear, la idea de "no envejecer con gracia" sigue significando mucho para mucha gente etc....

Entonces, la gente puede sentirse avergonzada, también con la pareja. E incluso decir: "escucha, tenemos que cambiar nuestra relación", requiere cierto valor. Acudir a una terapia de pareja o de relación sigue siendo visto por mucha gente como "tener problemas" y no como "encontrar soluciones". Muchos de nosotros, por razones sociales y culturales, *tenemos tanto miedo de admitir el problema que ni siquiera nos planteamos encontrar una solución.*

Pero si los cambios de "lienzo" a "vínculo" *(de dinámico a estático)* son habituales y están impulsados por la sociedad, ¿qué hay de lo contrario? *Cambiar una relación de estática a dinámica requiere esfuerzo y pasos conscientes.* Y esto tiene dos caras:

- Por un lado, *hay que trabajar en ello, invertir tiempo, energía, recursos, etc...*
- Por otro lado, *puede controlar este proceso y llevarlo hacia donde quiera.*

¿Ve que hemos cerrado el círculo? *Cambiar tu relación de estática a dinámica es también una forma de tomar el control de su vida.*

De hecho, *las relaciones demasiado estáticas o rígidas suelen acabar siendo una carga para uno o todos los miembros.* Las personas que se quejan del "padre estricto" cuando no son sólo adultos, en la mayoría de los casos esas relaciones tienen impactos que nos hacen "volver a ellas" incluso cuando somos viejos y estamos jubilados... Los ejemplos son realmente muchos...

Pero ahora que sabe que le pido un poco de esfuerzo, vamos a relajarnos un segundo... Volvamos a nuestro ejemplo de Philip y Adele... ¿Qué haría para ayudarles?

Yo diría que, para empezar, tienen que identificar la razón por la que su relación se ha fosilizado. Y eso es porque su vida laboral no ha funcionado como querían.

Esto, para empezar, les liberará. Verá, en muchos casos *nos sentimos culpables por el estado de nuestra relación y eso nos impide mejo-*

rarla. Pero no es culpa de nadie si su sueño de nuestras vidas no se hizo realidad...

Eliminar cualquier sentimiento de culpa de la pareja abre las puertas más hermosas de una relación. Espero que atesore esto y lo recuerde.

A continuación, bueno, ¡hay que reinsertar el tercer elemento! De acuerdo, no tendrán un hogar, pero el potencial de su relación todavía tiene que expresarse. Y todavía puede, pero necesitará una ruta alternativa, un lugar alternativo, un proyecto alternativo...

¿Quizás puedan ir a ayudar a la granja local de la ciudad? Vale, no es como tener su propia granja, pero tiene *oportunidades similares para su relación*. La televisión ciertamente no.

Y aquí hay otro pequeño punto que me gustaría que llevara con usted. *Cuando un proyecto compartido fracasa, los miembros de la relación no deben atar el futuro de su relación a él. En su lugar, deben buscar un plan B, un proyecto alternativo que permita que el potencial de su relación florezca.*

Al final, ¿cuántas veces ha tenido un "proyecto práctico", pero la "agenda oculta" era la relación involucrada? Lo hacemos de niños cuando invitamos a amigos a jugar a nuestra casa. Lo hacemos cuando invitamos a alguien a una cena romántica (vamos, sabemos que en realidad no ha ido por el plato principal...)

El problema de las relaciones a largo plazo es que luego acabamos olvidando el "plan oculto" y se convierte en algo oculto para nosotros mismos. Esto es lo que les pasó a Philip y a Adele... Ahora necesitan redescubrir su propio plan original, que era para ellos mismos y para su relación, no sólo un plan de trabajo...

Ansiedad, Inseguridades, Relaciones Estáticas y Dinámicas

Unamos estos conceptos. Verá, no he introducido estos dos conceptos de las relaciones sólo porque son arquetipos fundamentales... No, *estas perspectivas también están en las raíces de cómo se siente con su relación.*

Hasta ahora, de hecho, hemos utilizado el aspecto práctico, el de "vivir la relación", como punto de partida de nuestra conversación (vale, lo sé, hablo más que usted... Pero en su mente, estoy seguro de que conversa con este libro...) Ahora, *tenemos que empezar a ver la dimensión emocional de las relaciones.*

¿Recuerda cuando le pedí que recordara a su amigo del colegio? Bien, la relación actual no tiene realización física. No se conocen, puede que ni siquiera sepa qué ha pasado con él o ella... (suponiendo que no se hayan casado entretanto, pero ya me entiende...) Pero *un aspecto de la relación, dura mucho más que su realización cotidiana: el emocional.*

Piense en una gran amistad de su pasado y no materializará a la persona delante de sus ojos, no, pero *el sentimiento seguirá estando presente y será tal como en aquél entonces.* Tal vez sea menos fuerte, pero el sentimiento persiste.

Entramos en el campo de la filosofía cuando decimos que *los sentimientos tienen una dimensión extemporánea.* ¿Qué queremos decir?

Queremos decir que no están ligados al tiempo. Si uno se tropieza con un dedo del pie, el dolor físico durará el tiempo necesario y luego desaparecerá. Pero *los sentimientos existen incluso en ausencia de lo que los provoca: una vez que los ha sentido, son suyos para siempre.*

Y, de entre todos los sentimientos, ¿hablamos del amor? ¿Cuántos tipos de amor ha sentido en su vida? Los griegos tenían *cuatro palabras para designar el amor...* "Eros" es el amor apasionado y romántico; "storge" es el amor que se tiene por los miembros de la familia; *"phileo"* es el amor fraternal, la idea es la del "amor de amistad"; por último, *"agape"*, difícil de definir, pero similar al "amor desinteresado" o al "amor incondicional"...

Esto nos dice una cosa a nivel básico: los griegos atribuían más importancia al amor que nosotros. Cuando las lenguas tienen muchas palabras para un mismo concepto, es porque ese concepto es importante para ellas (los esquimales tienen más de 50 palabras para "nieve"; claro, están rodeados de ella, sus casas están hechas de hielo y nieve, la utilizan para beber, etc......).

Es revelador que en español tengamos una palabra que se puede utilizar de forma bastante general para decir una amplia gama de cosas, desde "eres mi amigo" hasta "estoy apasionadamente enamorado de ti"... Pero me pregunto cuántas personas se sienten realmente seguras de utilizar la palabra "amor" en el punto álgido de la intimidad y la pasión...

Curiosamente, la mayoría de nosotros nos sentimos más cómodos utilizando esta palabra con alguien que es poco más que un conocido que con nuestra pareja. No todos, ni mucho menos. Pero si se siente avergonzado con el uso de esa palabra, *no se culpe*. Es la sociedad la que nos enseña que expresar los sentimientos es "poco masculino", "infantil", "poco apropiado", "un signo de debilidad", etc...

Ahora estamos en este punto... **Nunca se culpe a sí mismo o a su(s) pareja(s) de las responsabilidades de la cultura y la sociedad.** Son influencias tan poderosas en su vida que liberarse de ellas es casi imposible, sobre todo por su cuenta. **La sociedad y la cultura suelen ser la fuente de la ansiedad en las relaciones.**

Entonces, decíamos... Incluso dentro del mismo tipo de amor, tendrá diferentes "matices", o "sabores" o "tonos", etc. Puede amar a tu hermano y a tu madre por igual en grado, pero el sentimiento exacto es diferente. Con sus parejas anteriores, si ha tenido más de una, sabrá que *cada amor sabe, o se siente, diferente.*

Dicho esto, sin embargo, **la sociedad y la cultura promueven patrones de relación estáticos, incluso "fuera de la norma".** Esto tiene un profundo propósito funcional. Cuando uno sube a un avión, por ejemplo, ya sabe cómo comportarse. Nos encontramos con muchas personas cada día y si no tuviéramos un "manual de reglas" para seguir, no sabríamos cómo comportarnos.

Así, tenemos un simple conjunto de reglas de "cómo comportarse con el sacerdote", pero también "cómo comportarse con el dependiente de la tienda", "cómo comportarse con el profesor", "el conductor del autobús"... ¡la lista continúa! Ya ve lo práctico que resulta todo esto en una sociedad como la nuestra...

Pero... El hecho es que estas "relaciones prefabricadas" de la sociedad, a menudo afectan o rozan nuestras relaciones personales y privadas. En el pasado (y en muchos países) la relación entre marido y mujer estaba dictada por estrictas normas sociales. Para muchos de nosotros, esto es bastante llamativo, pero incluso en Estados Unidos o Europa, nuestros padres y abuelos lo daban por sentado. *¡Entrar en una boda formal significaba aceptar las reglas que la sociedad ponía a la pareja!*

Incluso había leyes que decían lo que se podía o no hacer con su marido o mujer (el adulterio era un delito hasta hace un tiempo; y sigue siendo inaceptable para muchos grupos culturales). ***Esto, por supuesto, ejerce presión sobre las personas que inician una relación. Todas las expectativas que la sociedad pone en una relación son una fuente de ansiedad.***

Y aquí llegamos al punto clave: **tanto el lado estático como el dinámico de las relaciones pueden ser causas de ansiedad y/o inseguridad.**

Esto depende en gran medida de cómo se relaciona con estos aspectos. Sí, significa "cómo se relaciona con su relación"... No es un trabalenguas...

- *Es posible que se sienta ansioso e inseguro porque el* **equilibrio de lo estático y lo dinámico** *en su relación no le conviene.*
- *En una* **relación muy estática**, *sentirá el peso de las expectativas que conlleva. Muchas personas sienten que no*

están a la altura de ellas, lo cual es una fuente importante de ansiedad e inseguridad.
- En una **relación muy dinámica**, puede sentir que no tiene esas pautas claras (reglas), esos parámetros y las garantías (de que va a durar, por ejemplo) que necesita. Esto puede ser una causa de ansiedad e inseguridad.

Así que, antes de lanzarse a decidir de forma idealista, **debe encontrar el equilibrio adecuado entre lo estático y lo dinámico en la relación entre usted y su(s) pareja(s).** Si lo ideal es una relación superdinámica de "amor libre", por ejemplo... Bueno, para muchas personas eso es tan decepcionante como el cuento de la Cenicienta, de hecho. No es fácil de conseguir. Es idealmente fantástico, pero tal vez su pareja no tenga tantas ganas, tal vez usted también sufra por una relación que tiene tan pocos puntos estables, si es que los tiene...

Como todas las cosas en la vida, no es una cuestión de "blanco y negro". Es una cuestión de delicados matices y tonalidades de todos los colores del arco iris. Incluso el lienzo... No es fácil, pero lo que tiene que hacer es **conseguir un equilibrio en su relación teniendo en cuenta:**

- *Lo que desea.*
- *Lo que necesita.*
- *Lo que puede lograr.*
- *Lo que su pareja desea.*
- *Lo que su pareja necesita.*
- *Lo que su pareja puede lograr.*

Esto va en la línea de estático/dinámico, pero también de abierto/cerrado, intensivo/relajado, mutuamente dependiente/mutuamente independiente, etc...... Todo esto lo veremos muy pronto.

Recuerde que en una relación, todo lo que usted hace afecta a su pareja, como dicen los investigadores y psicólogos Zeider, Heimberh e Iida en 'Anxiety Disorders in Intimate Relationships: A Study of Daily Processes in Couples' publicado en la revista *Journal of Abnormal Psychology* en febrero de 2010, hay un:

..."*efecto cruzado de la pareja, de manera que en los días en que las esposas experimentaban un aumento de la ansiedad, sus maridos eran más propensos a informar de una reducción de las cualidades positivas de la relación*".

Esto, en cierto modo, confirma que las relaciones funcionan como procesos. Lo que uno hace dentro de ella repercute en las demás personas implicadas y en la propia relación. Al mismo tiempo, es más fácil entender la dinámica de causa y consecuencia de las relaciones si las miramos desde esta perspectiva y no como estados.

Entonces, por supuesto, **cambiar su relación puede incluir cambiarse a sí mismo también, y en la mayoría de los casos, es necesario. Pero ahora que sabe que sus ansiedades e inseguridades provienen sobre todo de la "estructura" (dinámica) de la propia relación, ¡puede empezar a dejar de lado algunas inseguridades y ansiedades!**

Este es un primer paso importante.

Ahora, ¿no siente que las cosas ya empiezan a cambiar? ¿Puede ver lo rápido que ha cambiado su perspectiva de las relaciones? Estoy seguro de que ha visto abrirse puertas en su mente y en su vida al leer este capítulo. Si comenzó a este libro con la idea de que "ciertas cosas no se pueden cambiar", ahora seguro que ve que hay un camino, pero implica cambiar la forma de entender las relaciones.

Le prometí que así sería, y ahora estoy seguro de que se siente mucho más positivo y confiado.

Pero estamos al principio de un largo viaje, y lo que sigue, bueno, digamos que tenemos que empezar a leer las "señales de tráfico", o a distinguir los diferentes tipos de relaciones.

2

TIPOS DE RELACIONES Y ANSIEDAD

Sheila se despierta y su pareja, Stephen, ya está fuera de la cama, preparándole el desayuno (¡de vuelta a Cenicienta y los cuentos de hadas!) Despierta a su hijo, Tom, que tiene que ir al colegio. Luego pasa un rato chateando en una famosa red social, antes de ponerse a trabajar. Mientras Stephen va a la escuela, Sheila va a tomar un café rápido en una cafetería local, luego toma el tren con los compañeros de viaje habituales e intercambia unas palabras con ellos. Finalmente entra en la oficina y saluda a sus compañeros, pero hoy es un día muy especial... Entra a grandes zancadas en el despacho de su jefe, porque tiene algo importante que contarle...

Un día típico... En realidad, una o dos horas típicas de la mañana... ¿Cuántas relaciones ha detectado en esta historia? Bien, le ayudaré. Son siete grupos diferentes de relaciones y un número indeterminado de relaciones reales. No sabemos cuántas son sus colegas y sus compañeros de viaje...

Podemos ver cómo *las relaciones son omnipresentes en la vida de la mayoría de las personas*. Pero hay más: **existe una amplia gama de tipos de relaciones.** Esto es cierto en muchos niveles. De hecho, podemos incluso aventurarnos a decir que "hay tantos tipos de relaciones como relaciones reales". Pero esto no es muy práctico, porque acabaríamos con miles de millones (si no trillones) de grupos, categorías o tipos. Es un poco como cuando la gente le pregunta: "¿Qué tipo de persona es usted?". Si responde: "Cada individuo es único", pues tiene razón, pero no está siendo útil, ¿verdad?

Por lo tanto, necesitamos una manera de poner las relaciones en grupos. Y hay muchas razones para ello... Una de ellas, que está en el centro de nuestro libro, es la siguiente pregunta: imagine a Sheila hablando con su hijo, Tom, luego con los compañeros de viaje y finalmente con su jefe. ¿Utilizará ella el mismo lenguaje?

La respuesta es no. Sigue siendo español, pero la elección de palabras, el tono, el registro (formal e informal) y muchas otras cosas cambiarán. De hecho, podemos decir que **cada (tipo de) relación tiene su propio lenguaje.**

Tenemos una forma especial de relacionarnos y hablar con diferentes personas... Incluso el chat online que tenía Sheila antes de salir tiene su lenguaje, ¿no? La forma de hablar con los niños, con un conductor de autobús más que con un amigo, con sus padres, etc., es siempre diferente, a veces de forma muy marcada.

Las Relaciones y La Comprensión de la Ansiedad

Además, *cada tipo de relación tiene sus ansiedades y sus inseguridades. Ahora bien, no hay una lista precisa para cada tipo de relación.* Esto no es física... Pero *algunos tipos de relaciones son más propensas a causar ansiedad e inseguridades en ciertas formas, situaciones y por razones específicas.*

Un ejemplo lo hará más claro... Volvamos a Sheila... Su hijo, Tom, tiene algunas dificultades de aprendizaje. ¿Cuáles cree que serán las ansiedades e inseguridades de Sheila? Por supuesto, lo que me viene a la mente es que está preocupada por su carrera académica, por lo que hará en el futuro. Tal vez ella esperaba que se convirtiera en médico, y eso es poco probable. Además, los alumnos con problemas académicos suelen volverse traviesos, etc.

Olvidé hablarle del jefe de Sheila. Verá, es un hombre grande, alto y fuerte. Fuma en su oficina, y trata a las mujeres con falta de respeto. Verá, no hay nada técnicamente impropio, pero si usted es una mujer en su oficina, o incluso un hombre "no macho", puede sentirse un poco intimidada, o incluso simplemente no estar a gusto con él... De nuevo, ¿qué tipo de ansiedad o inseguridad cree que puede tener Sheila sobre su relación con su jefe?

Aunque la ansiedad es siempre la misma emoción (en diferentes niveles), se manifiesta de diferentes maneras en nuestras vidas. Puede tener diferentes "objetos" y "razones", o "temas" y "desencadenantes". Diferentes relaciones desencadenarán la ansiedad por diferentes razones y sobre diferentes objetos y "temas".

En el caso de Sheila y Tom, por ejemplo:

- El *objeto* de la ansiedad de Sheila es Tom.
- El *tema* de la ansiedad de Sheila es su rendimiento escolar.
- La *razón o causa* de la ansiedad de Sheila es el hecho de que Tom tiene problemas de educación.
- Los *detonantes* pueden ser muchos: un informe escolar, que Tom vuelva a la escuela o que vaya a la escuela, etc.

El detonante es lo que desencadena cada "ataque de ansiedad", que puede ser un pequeño acontecimiento, un recuerdo, un objeto físico o una situación, y no es lo mismo que el motivo o la causa. Esa es la fuente profunda, el origen de esta emoción realmente horrible, no lo que la enciende...

Ahora, ¿le apetece encontrar el objeto, sujeto, razón o causa y desencadenante de la ansiedad de Sheila en el caso de su jefe? Si es así, me voy a tomar un café y nos vemos aquí en cinco minutos, ¿bien?

...

¡Aquí estamos! Comparemos nuestras observaciones... No es necesario que nuestras palabras coincidan. Lo que importa es el concepto global. Además, un análisis basado en unas pocas palabras, en pocos datos, es siempre genérico y corre el riesgo de cometer errores. Esto es sólo un pequeño ejercicio de entrenamiento. En la vida real, tendrá muchos más detalles en los que basarse.

- El *objeto* de la relación de Sheila puede ser su carrera, su vida

laboral, su propia sensación de seguridad y tranquilidad en el trabajo...
- El *tema* de la relación de Sheila es la personalidad y el comportamiento de su jefe.
- El *motivo o la causa* es que su jefe la hace sentir incómoda o amenazada.
- Los *detonadores* pueden ser muchos, desde entrar en la oficina, hasta tener que hablar con su jefe, incluso sólo pensar en él.

Lo que hay que sacar de esto es que **la ansiedad tiene una realización compleja, o una manifestación en la vida real.** Debido a los **factores que la provocan**, la gente suele sentir ansiedad incluso en ausencia de la razón o causa real.

Por ejemplo, si las personas están ansiosas por los exámenes, pueden sentirlo incluso cuando se preparan para ellos, o cuando hablan de ellos, etc. Pero este proceso inicia un círculo vicioso... *Cuanto más se desencadena la ansiedad en ausencia de la causa, más se arraiga en la personalidad de la persona.*

En pocas palabras, si se siente ansioso por la primera impresión cuando queda con una persona, y sigue pensando en ella (desencadenándola), más crece su ansiedad. Pero la respuesta no es "ignorarla". Es llevarla a cabo de forma controlada, de modo que *pueda disminuir la ansiedad que se genera.*

Por ejemplo, en lugar de mirarse en el espejo a primera hora de la mañana, cuando hasta Marilyn Monroe se habría "dado contra el espejo", puede hacerlo cuando se vea mejor. De este modo, no se genera el mismo *nivel de ansiedad.*

Las cosas en pequeñas cantidades son manejables. Incluso la ansiedad. Pero incluso puede decirse a sí mismo: "Oye, me veo bien" y, por qué no... comer un poco de chocolate antes... le hace sentir bien y la *serotonina* que produce, realmente combate la ansiedad a nivel químico y neurológico.

Volveremos a encontrarnos con la serotonina, ya que es nuestro principal "amigo químico natural" para combatir la ansiedad... Por cierto las setas son muy ricas en ella...

Puede ver que las cosas suceden con conocimiento, análisis, pero también con pequeños pasos, lo que en sí mismo es muy alentador y ofrece una sensación de seguridad... Y tenemos muchos amigos inesperados a nuestro alrededor (como el chocolate y las setas).

Por otro lado, si asocia un desencadenante negativo a otro factor negativo (no se siente bien, le duele la cabeza, etc...) *empeora su ansiedad.* Por desgracia, tendemos a pensar en cosas negativas cuando no estamos bien (física, mental o emocionalmente).

Así que lo primero que debe hacer es esto: ***cuando se sienta mal (física, emocional y/o mentalmente) oblíguese a pensar en algo positivo.***

Puede que ahora diga: "Sí, es fácil de decir, pero no es tan fácil en la práctica, ¿verdad?". Vale, entiendo su punto de vista. Pero si sufre de ansiedad, hay algunos pequeños trucos que puede utilizar. Por ejemplo, llevar algo que le traiga buenos recuerdos, como una fotografía de las vacaciones, la foto de alguien a quien quiere, tener su canción favorita que le levante el ánimo en su teléfono (iPod, o lo que use)...

Céntrese en *colores positivos y relajantes* cuando sienta que se acerca el detonante. El verde y el azul le ayudan especialmente a contrarrestar la ansiedad (evite colores como el rojo, el rosa chillón y el amarillo, y nada de gris o negro). El rojo, el amarillo y el rosa chillón son muy energéticos, pero en un estado de preocupación, pueden aumentarla en lugar de calmarla.

Utilice lavanda, sándalo, espino blanco, etc. Estos tienen un efecto calmante, y son muy buenos para alejar la ansiedad...

Veremos muchos más. Pero como prometí, hay muchos "amigos" a nuestro alrededor para tratar la ansiedad.

Esto, en general, sobre la ansiedad y las relaciones... Pero hay más... ¿Qué nivel de ansiedad tiene? Algunas personas tienen un nivel medio bajo de ansiedad en su vida diaria; otras tienen uno muy alto, con o sin relaciones de por medio. Lo que normalmente definiríamos como "ser (o no) una persona ansiosa".

Recuerde que *nunca debe avergonzarse si tiene un problema, una cuestión o, en este caso, si es "naturalmente" ansioso*. Pongo "naturalmente" entre comillas porque así es como la gente suele decirlo. Desde el punto de vista psicológico, es un error, y decirlo así lo empeora. El hecho es que uno no es "naturalmente" ansioso... Es la sociedad la que, trabajando especialmente en nuestros primeros años, nos ha hecho ser ansioso. Somos "socialmente" ansiosos... Una vez más, es culpa de la sociedad. *No suya.*

Si usted está *ansioso a menudo, es más probable que también lo esté en su relación.* Y esto tiene muchas consecuencias:

- Su perspectiva sobre su relación será menos objetiva.
- Puede acabar estropeando momentos y oportunidades (esto ocurre con bastante frecuencia y, de nuevo, no es Su culpa, pero puede acabar siendo culpado por ello).
- La calidad general de la relación se verá afectada.
- Su(s) compañero(s) sentirá(n) la ansiedad.
- Su(s) pareja(s) también puede(n) ponerse nerviosa(s).

Lo contrario le ocurrirá a usted si su pareja tiene una personalidad ansiosa... Por lo tanto:

Si alguno de los miembros de una relación tiene una personalidad ansiosa, es necesario abordarlo; ese nivel de ansiedad "de fondo" debe reducirse, o la relación se resentirá.

Pero todavía no hemos visto cuántos tipos de relaciones hay. Y entonces puede tener otra pregunta válida: ¿el tipo de relación afecta a la ansiedad y a las inseguridades?

Tipos de Relaciones

¿Qué utilizaría para poner una relación en uno u otro tipo? Se pueden describir las relaciones de muchas maneras... ¿Intentamos hacer una lista? Usted primero...

...

Puede que se le ocurran palabras como "feliz e infeliz", "a largo y a corto plazo", "anticuado y moderno" y, para ser sinceros, incluso se pueden utilizar colores, ¿qué tal "rojo y verde"?

La cuestión es qué parámetros, estándares o descriptores, son realmente útiles... Hablando con un amigo puede describir su relación como "Un viaje ligeramente especiado en un jardín de rosas del viejo mundo en un día de finales de verano". Bien, pero no podemos usar esto como un estándar científico.

Incluso "bueno y malo", "feliz e infeliz" son difíciles para los psicólogos. Verá, por un lado son fundamentales, por otro son subjetivos. Si lee estudios psicológicos y sociológicos, los encontrará como "personas que *piensan* que su relación es buena/mala/feliz/infeliz". Sí que es importante. Pero hay que tener en cuenta que a lo mejor la pareja ni siquiera está de acuerdo...

Lo primero que necesita es *tener unas categorías claras para identificar y analizar su relación.* Una vez más, se trata de "cualidades dentro de la relación" y hay una enorme gama de niveles, pero son específicos, no vagos. Así que... allá vamos...

Relaciones equitativas y desiguales

Este es un punto muy importante. ¿Son las dos partes iguales en la relación? Puede ver que las relaciones comerciales y laborales casi nunca son iguales. Las relaciones entre padres e hijos no son iguales. Algunas pueden ser "más iguales", otras menos (y en el pasado eran más desiguales, en promedio, que hoy). Pero una relación padre-hijo totalmente igualitaria es inviable e irresponsable.

Muchas de las relaciones e intercambios que mantenemos a diario no son equitativas. Y esto, de nuevo, se debe a menudo a los **roles sociales** que intervienen en ellos. Por ejemplo, cuando sube a un tren o a un autobús, el supervisor tiene una posición de poder sobre usted. Cuando un agente de tráfico le pone una multa... ¿adivina? Cuando se somete a un examen médico, el médico también tiene una posición de poder.

Las relaciones comerciales son interesantes, es decir, cuando se va de compras. Hay tantos enfoques diferentes... Los buenos compradores son los que se ponen en control, y no permiten que los comerciantes lo hagan. Pero si va a un mercado de frutas y verduras al aire libre cuando se acerca la hora de cierre, por ejemplo, verá que está en una posición de poder, y los comerciantes querrán vender barato todo lo que les sobra.

Vale, ya ha entendido que puede haber, y a menudo hay, *juegos de poder en las relaciones.* ¿Pero qué hay de las relaciones emocionales y románticas? Eso también varía mucho. En algunas culturas, el hombre es siempre "dominante" en la relación. Esto viene dictado por la sociedad en la que viven.

Aquí volvemos a lo que decíamos en el capítulo anterior. *La sociedad suele dictar normas sobre las relaciones personales e incluso íntimas.* Aunque en realidad es una invasión de su propia vida privada. Éticamente es difícil de aceptar. Pero muchas personas no sólo lo aceptan, sino que lo esperan, lo fomentan, lo perpetran y lo imponen. Y la familia de la pareja (o la sociedad local) suele ser el agente más fuerte de esta imposición.

En pocas palabras, suelen ser los padres y la familia política de la pareja (tíos, abuelos e incluso hermanos) los que animan a la pareja a utilizar las estructuras, los patrones, las dinámicas y las relaciones de poder que la sociedad acepta. Dicho de forma aún más sencilla, estas personas suelen querer que la joven pareja copie la misma estructura de relación que los anteriores. Y si las mujeres tenían menos autoridad en su relación, esperan que sus hijos, etc., hagan lo mismo.

Esto no siempre tiene éxito. Depende mucho de los valores y creencias de la pareja, y mucho de la influencia que los padres, etc., tengan sobre ellos, como de su determinación o apertura mental...

Pero allá vamos... *Algunas relaciones románticas son equitativas, otras no.* En las culturas occidentales, las relaciones suelen ser "nominalmente igualitarias". La pareja femenina es reconocida oficialmente como igual al hombre, incluso *por la ley* y las *reglas sociales manifiestas*. Pero luego tenemos *dinámicas sociales encubiertas* que empujan en la dirección opuesta.

Los hombres siguen ganando más que las mujeres; tienen más perspectivas profesionales; tienen muchas ventajas sociales sobre las mujeres que pueden acabar afectando a la propia relación. Incluso cuando la pareja masculina es súper equitativa y la persona más abierta de la tierra, *el mero hecho de que la pareja femenina gane menos, puede ser una grave causa de ansiedad, inseguridad y frustración.* Y viceversa, aunque es menos frecuente.

Lo que me gustaría que se llevara a casa es que *existen estructuras y dinámicas de poder incluso dentro de las relaciones románticas*

y que éstas suelen ser la causa de la ansiedad, la inseguridad y la frustración.

Y a menudo son difíciles (pero no imposibles) de abordar. En algunos casos, los más difíciles, la *desigualdad tiene su origen en el propio ideal romántico de uno de los dos miembros de la pareja, normalmente el masculino.* Y no me refiero aquí a la sexualidad, que puede verse como un "juego consensuado de sublimación entre los miembros de la pareja". Traducido: en realidad es parte de la solución expresar esas fantasías en el acto sexual en lugar de hacerlo en las relaciones sociales de la pareja...

Traducido... Una pareja que tiene una relación de igualdad durante su vida diaria, cuando trabajan, cocinan, salen, ven la televisión, etc. y luego "juegan" durante sus momentos íntimos, normalmente será una pareja feliz. La parte social de su relación es igualitaria. Por el contrario, cuando esta desigualdad se produce durante el "tiempo social", uno de los miembros de la pareja suele sufrir.

¿Cuál es la solución? Depende mucho, pero sin duda empieza por **comunicar y expresar el problema, la frustración y la ansiedad con la pareja.** Pero no se precipite si este es su caso... La mayoría de las veces esto acaba convirtiéndose en una bronca que no lleva a ninguna parte. Pero pronto veremos cómo se puede hacer esto de forma correcta. En realidad es una **cuestión de comunicación y lenguaje.**

Relaciones Abiertas y Cerradas y Relaciones Inclusivas y Exclusivas

Habrá oído hablar de las "relaciones abiertas", es decir, que dos (o más) parejas románticas no ven el "adulterio" o las relaciones con personas externas a la pareja, como un problema. Pero una relación abierta no tiene por qué ser romántica e íntima. Las amistades suelen ser abiertas, o bastante abiertas.

Sin embargo, verá que los adolescentes (sobre todo las chicas) experimentan con relaciones abiertas y cerradas a nivel de amistad. La relación de "mejor amigo" no es en realidad muy abierta, ¿verdad? Y suele ser una fuente de celos, frustración, ansiedad y conflicto. Aunque se trata simplemente de una relación de amistad, *en realidad se convierte en algo exclusivo y formalizado, casi institucionalizado...*

Y de hecho, sería mejor utilizar los términos **relaciones exclusivas e inclusivas**. Y esto funciona en una gama muy amplia de niveles cuando hablamos de relaciones románticas. No sólo significa "tener otras parejas románticas ocasionales o regulares".

Aunque se trata de un nivel de apertura muy elevado, las **relaciones abiertas y cerradas, o inclusivas y exclusivas, tienen también una dimensión social.** Permítanme hablarles de dos parejas que conozco...

Patricia está ahora casada con Robert; Maya está casada con Carl. Vienen del mismo círculo de amigos. Solían salir juntos, etc..... Ya sabe, la típica vida de un grupo de jóvenes amigos...

El problema es que desde que Patricia y Robert se casaron, se "encerraron" en casa... Apenas se reúnen con otras personas y se han aislado en parte... *básicamente no invitan a otras personas al espacio social de su relación.* Muy pocas cenas con amigos y una copa de vino con Patricia y Robert.

Por el contrario, Maya y Carl tienen un enfoque diferente de su espacio social compartido. Suelen invitar a sus amigos, pero también tienen una vida social activa... Salen a correr con sus amigos, tienen "noches de chicas" y "noches de chicos" con sus antiguos amigos, etc....

Seguro que puede ver que las dos parejas tienen un estilo de vida completamente diferente. No hay ningún problema intrínseco en ninguna de las dos. Si la pareja es feliz así, bien... Los problemas empiezan cuando uno de los dos miembros de la pareja no está contento con lo abierta o cerrada que es su relación con los demás.

Ambas cosas pueden ser frustrantes. Con una relación inclusiva puede acabar deseando pasar más tiempo íntimo con su pareja. Además, a veces mantener una vida social intensa puede resultar agotador, sobre todo si se trabaja, se viaja al trabajo, se tienen hijos y se vive en zonas urbanas...

Lo contrario también puede ser cierto. Si sólo somos "tú y yo", puede resultar tedioso, aburrido y, además, frustrante. Aquí la frustración viene del hecho de que cada día puede parecer una copia del anterior. Puede empezar a sentir que su vida no es gratificante, incluso que has fracasado, etc.....

Esto suele ser un problema cuando uno de los miembros de la pareja trabaja y el otro no. El que trabaja tiene una vida social fuera de la pareja, pero también estará cansado y sin ganas de reunirse con la gente después del trabajo o el fin de semana. El que no trabaja, en cambio, se sentirá aburrido, ya que su vida estará aislada y carecerá de perspectivas, así como de una dimensión social gratificante.

Esto no es en absoluto inusual. En realidad, esta situación es una de las fuentes más comunes de frustración, ansiedad e inseguridad, y una causa habitual de rupturas, divorcios y fracasos en las relaciones.

Con una pequeña nota de empatía... El mundo industrial ha costado la frustración y el sufrimiento de un enorme número de mujeres. Ahora hay más mujeres que trabajan, pero la sociedad de posguerra de "marido y ama de casa trabajadores" (en lugar de marido y mujer) ha pesado sobre los hombros de millones de mujeres frustradas e infelices...

Susan Sprecher y Diane Felmlee analizan la importancia de los amigos y las personas significativas en la felicidad de las relaciones románticas en un estudio titulado "The Influence of Parents and Friends on the Quality and Stability of Romantic Relationships: A Three-Wave Longitudinal Investigation' (en *Journal of Marriage and Family*, 1992) y dice que:

"...el efecto positivo del apoyo de la red [...] aumentó la estabilidad de la relación".

Así que, aunque uno de los miembros de la pareja no esté dispuesto a reunirse con amigos y familiares y a tener una vida social más amplia con su pareja, esto es una visión corta. Las relaciones que "respiran" en su dimensión social son, de hecho, más estables que las que se cierran sobre sí mismas.

Y esto podría ser el punto de partida o incluso el argumento ganador si usted quiere abrir su relación. Pero, una vez más, no siga adelante hasta que hayamos hablado de *cómo expresarse.*

Como es habitual, esto también tiene diversos grados. Pero las cosas pueden volverse crónicas e incluso extremas a veces... El patrón general que han descubierto los sociólogos es que solemos pasar por fases con **nuestro círculo de amigos:**

- Es bastante pequeña en cuanto a los niños, formada principalmente por los hijos de los amigos de los padres al principio.
- A medida que crecemos, ampliamos este círculo.
- Durante la adolescencia, ampliamos enormemente el círculo.
- El círculo se mantiene amplio hasta nuestra joven adultez (los 20 años).
- A medida que formamos una relación estable con una pareja romántica, este círculo empieza a reducirse.
- El círculo se reducirá después del matrimonio y, sobre todo, durante la mayor parte de nuestra vida laboral y, especialmente, después del nacimiento de nuestro hijo o hijos.

Como puede ver, durante todo el periodo que va desde los 30 años hasta los 60 y más, el círculo de amigos se reduce... Al mismo tiempo, crecen las responsabilidades y la ansiedad relacionada con el trabajo... Esto es muy poco saludable.

Pero cuando se jubilan, algunas parejas consiguen de repente ampliar su círculo de amigos, y esto suele ser una de las causas de una "segunda primavera" o "verano indio" de su relación. Los que no pueden hacerlo, en cambio, suelen enfrentarse a la insatisfacción y la frustración.

¿Qué aprendemos de todo esto? Una vez más, *el estilo de vida, la sociedad, nuestra vida laboral, etc., suelen ser la causa de que las relaciones se cierren sobre sí mismas y reduzcan su círculo social.*

Pero al mismo tiempo, aprendemos *que las relaciones románticas que consiguen contrarrestar este encogimiento suelen ser más estables y más gratificantes.*

¡Mantenga la puerta abierta a sus amigos!

Volveremos a hablar de las "relaciones abiertas" en el sentido común; éstas son, ojo, bastante difíciles de manejar pero no imposibles y a menudo pueden ser gratificantes. Sin embargo, tendrá que aprender algunos puntos importantes sobre cómo puede tener una relación exitosa. Esto, por supuesto, requiere toda una sección detallada.

Relaciones Unidireccionales y Bidireccionales

¿Cuánto obtiene de su relación? ¿Cuánto obtiene Su pareja? De nuevo, no hace falta que me responda... Pero esta es una charla que quizá quiera tener algún tiempo primero consigo mismo y luego con su(s) pareja(s).

En una relación sana, tiene que haber satisfacción mutua. Esto puede ser un problema de desigualdad, pero no necesariamente. Puede ser simplemente que un miembro de la pareja obtenga más satisfacción que el otro. Las razones y la dinámica pueden ser muy variadas para ello. Prestar atención a que su pareja también sea feliz con su relación es fundamental para su éxito.

La relación en sí debe ser la fuente de satisfacción para todos los socios o miembros. Esto se aplica a las relaciones románticas, pero también a las familiares, a las amistades e incluso a las relaciones laborales.

Cuando una relación es mutuamente satisfactoria, se produce un círculo virtuoso de satisfacción que rodea a las partes de esa relación. O, si se quiere, va de un lado a otro, lo que hace que sea una relación bidireccional.

Pero este ir y venir no es sólo para la felicidad y la satisfacción; se aplica a:

- La satisfacción
- Los problemas
- Los proyectos
- Las ideas
- La responsabilidad

Por el contrario, si esto no sucede o se detiene, una de las partes se convierte en receptor y el otro en tomador: esto forma una relación unidireccional. Y esto se aplica a los mismos elementos: satisfacción, problemas, proyectos, ideas y responsabilidad. Tal vez sólo uno de ellos, tal vez más, y tal vez todos.

Pero también puede ocurrir que un elemento vaya en una dirección y otro en la contraria. Por ejemplo, una de las partes puede llevarse la mayor parte de la satisfacción mientras que el otro se lleva la mayor parte de los problemas...

Puede considerarlos como "ingredientes" de su relación. Lo que quiere es tener una "comida equilibrada para compartirla en partes iguales", o lo más equitativa posible en cualquier caso. Cada día la comida será diferente, por supuesto, pero siempre debe intentar tener una dieta equilibrada durante cualquier periodo de tiempo.

Incluso en este caso, **parte de la solución es la comunicación.** Pero si siente que su relación "va un poco por un lado" hay algo que puede empezar a hacer ahora, incluso antes de ver cómo hablar de estos temas.

Por supuesto, si sospecha que su pareja no está "recibiendo lo que le corresponde", puede empezar a cambiar las cosas para que sea feliz. Pero "lo debido" también significa responsabilidades, etc..... También ocurre que cuando una relación va en una dirección en un elemento, ocurre que va en la dirección contraria con respecto a otro elemento.

De momento, compruebe si es así. Compruebe qué elementos van en un sentido, cuáles en el otro, y cuáles en ambos... Bien, tómese un tiempo en esto.

...

Ahora, ¡bien hecho! ¿Qué sugiere hacer? Tal vez usted pensó que esta es una "situación de negociación"... ¿Sabe qué? No está muy equivocado. En efecto, lo que puede hacer, al menos ésta es una de sus "herramientas de negociación", es proponer cambiar las cosas para que la distribución y la dirección de los elementos se vuelvan uniformes y bidireccionales.

Pero de momento, reflexione sobre ello. Tiene parte de la solución en sus manos, pero para ponerla en práctica necesitará las habilidades de comunicación que vamos a empezar a aprender pronto.

Relaciones Intensas y Leves

¿Con qué frecuencia se reúne con su pareja? ¿Cuánto tiempo pasa con él o ella? ¿Con qué frecuencia están solos? ¿También trabajan juntos? Veamos los dos extremos.

Aida y Frank se despiertan por la mañana; son una pareja de recién casados que han decidido alejarse de todo y ahora viven solos en medio de la nada. No tienen "trabajos clásicos"; trabajan en una granja que han comprado, así que, después del desayuno, se ponen a trabajar juntos. Pasan el día juntos y luego, por la noche, rara vez salen... Pasan las tardes juntos jugando a juegos de mesa, ya que no ven la televisión. Ah, por cierto, no tienen hijos.

Es una *relación intensa.* Por "intensidad" no nos referimos a la profundidad o la pasión de los sentimientos... No, estamos siendo técnicos. Nos referimos a que *las personas de la relación están en contacto estrecho, frecuente y repetido.*

¿Sabía que Aida tiene una hermana, y se llama Celia...? Ella también tiene una pareja. Se llama Matilda. Aida trabaja como voluntaria ayudando a los huérfanos en un pueblo muy pobre de África, mientras que Matilda es profesora en Ottawa. Piensan mucho la una en la otra, pero sólo pueden enviarse mensajes de texto de vez en cuando, porque donde trabaja Aida no hay línea y tiene que ir al pueblo más cercano incluso para enviar un mensaje. Se ven, pero sólo una vez cada pocos meses, y durante una semana más o menos...

De acuerdo, se trata de una relación *ligera (o leve)*. Con esto, de nuevo, queremos decir que pueden amarse más que a nadie en el mundo, pero su tiempo real juntas es limitado. En este caso, mantienen una relación distante.

En el medio, puede tener diferentes niveles y etapas: pueden haber parejas que vivan cerca o más lejos. Puede que vivan juntos y tengan trabajos diferentes. Incluso el tamaño de su casa puede ser un factor a tener en cuenta.

Y ahora le pido que use su capacidad de análisis. Observe las vidas de Aida y Frank, por un lado, y de Celia y Matilda, por otro. ¿Cuáles cree que podrían ser las fuentes de ansiedad, problemas, inseguridades y frustración en los dos casos?

Tómese su tiempo y estaré esperando - aquí. No voy a ninguna parte...

...

Le dije que estaría esperando... ¡Aquí estoy! ¿Quiere ir primero? ¿Encontró muchas áreas problemáticas? ¿Potencial de ansiedad? Apuesto a que sí, en ambos casos.

¿Quizás usted también pensó que Aida y Frank corrían el riesgo de ponerse nerviosos? Entonces estoy de acuerdo. Una relación tan intensa necesita una afinidad exquisita y una sintonía fina de personalidades. Pero aun así, con el paso de los años, esta misma cercanía todo el tiempo puede acabar dañando su relación.

¿Y qué hay de Celia y Matilda? Todos sabemos que estas relaciones son muy duras. Cuanto más independientes son las personas, más probabilidades tienen de triunfar. Pero entonces, por supuesto, es más que probable que aparezcan algunos pequeños pensamientos de celos. Cuando uno de los miembros de la pareja siente la necesidad de intimidad, por ejemplo Celia, empieza a pensar que Matilda también siente lo mismo. Y como a Celia le resulta difícil resistirse, puede sospechar que Matilda tiene el mismo problema... y ya sabemos a dónde vamos con esto.

Por otra parte, cuando las relaciones a distancia son también duraderas en el tiempo, uno o ambos miembros de la pareja pueden realmente cambiar, en términos de personalidad, actitudes, valores, pero también físicamente con el tiempo. Volver después de mucho tiempo y encontrar una persona cambiada... Ya sabe lo que puede suponer...

Tanto en una relación intensa como en una muy leve, la comunicación es esencial. Y aquí por "comunicación" debemos incluir también la comunicación no verbal. Si habla demasiado en una relación intensiva puede provocar una reacción negativa. Aunque enviar mensajes de texto o escribir cartas no es lo mismo que la comunicación cara a cara. Por otra parte, si Celia vuelve y Matilda ha cambiado su forma de vestir, su color de pelo, etc., Celia puede sentirse muy insegura sobre su relación...

Sin embargo, las ***relaciones que son extremas en ambos aspectos suelen necesitar cambios para sobrevivir.*** Las relaciones a distancia sólo funcionan bien en las novelas románticas victorianas. Funcionan con los miembros de la familia, menos con los amigos, pero las relaciones románticas de este tipo tienen un límite de tiempo.

Cuando están demasiado cerca, hay muchos factores en juego...

Algunas parejas jóvenes piensan que, como se apasionan el uno por el otro, pueden vivir juntos todo el tiempo. Y a veces funciona. No hay ninguna "regla" real que diga que esto no es posible. Sin embargo, esto funciona mejor en el campo. ¿Por qué? Porque tienen más espacios abiertos, y porque la naturaleza es en realidad un "amigo", un "otro significativo" con el que puedes relacionarte, lo que hace que la relación sea menos intensa y aún más abierta. Incluso puedes invitarla a cenar, aunque normalmente es ella la cena...

De todos modos, sí, a veces puede funcionar. Pero en muchos casos, hay problemas. La pasión puede ser un buen comienzo, pero no es garantía de que una relación muy intensa vaya a funcionar. Se necesita ese respeto mutuo que se encuentra en las relaciones antiguas, probadas y comprobadas. Ese tipo de relación que tienen los abuelos. Personas que se conocen perfectamente y, sobre todo, se respetan perfectamente.

Más que pasión, necesitará sabiduría para tener éxito en una relación muy intensa.

Un Mundo de Relaciones

Por otra parte, se pueden distinguir las relaciones según las personas (animales) implicadas. Puede tener relaciones amistosas en lugar de apasionadas incluso dentro de una relación amorosa... Y las veremos en un capítulo aparte. Pero primero quiero darle las bases de cómo usar el lenguaje para tratar los problemas, la ansiedad, la inseguridad, etc. en su relación.

¡Y quiero hacerlo ahora mismo!

3

EL LENGUAJE DE SANAR Y LAS RELACIONES

Sé que está deseando ponerse en marcha, así que, incluso antes de que veamos todas las facetas de las relaciones, me gustaría darle algunas herramientas para empezar a trabajar en la suya. Como ya he dicho, antes de meter la pata, o de meterla mal, debe aprender a hablar de sus ansiedades, problemas, inseguridades y frustraciones. **Utilizar un lenguaje equivocado puede tener el efecto contrario al deseado.**

Este punto es tan importante que necesito enfatizarlo. ¿Cuántas parejas conoce en las que los dos miembros repiten lo mismo y nada cambia? Especialmente en las relaciones largas y maduras esto es muy común. Tom sigue diciéndole a Sandra que no interrumpa a la gente y lo único que consigue es que Sandra siga interrumpiendo. Sandra siempre le dice a Tom que no se queje todo el tiempo y lo único que consigue es que él se queje aún más.

Este es un ejemplo que estoy muy segura de que a todo el mundo le resulta familiar. Y usted no quiere acabar así, ¿verdad? Pero, ¿no es extraño que al ver estas relaciones desde fuera parezca que el mismo hecho de que un miembro de la pareja diga "no hagas esto" hace que el otro lo haga de verdad? Y en cierto modo, esto es cierto...

El hecho es que nadie quiere aceptar sus propios defectos. Y escuchar a su pareja sacarlos a relucir es visto como un reto, un insulto, una excusa para reñir, un menosprecio... Y en lugar de *convertirse en una solución, exponer el problema se convierte en el detonante para "portarse mal"* como los niños traviesos que hacen lo contrario de lo que pide el profesor...

Sin embargo, se trata de un proceso que empieza pronto y que tarda años o incluso décadas en arraigar tanto en la relación que en muchos casos se necesitaría la ayuda de un profesional. En algunos casos, estas actitudes pueden llegar a ser incluso agresivas, y lo que es un problema crónico puede convertirse en agudo y patológico.

He visto un caso de una mujer mayor que ataca a su marido con tal vehemencia por los asuntos más pequeños y con un ímpetu tan repentino, que es realmente chocante presenciarlo. Y esto es una larga historia, pero esta mujer ataca al marido por asuntos menores porque el marido lleva décadas tratando de demostrar que tiene razón en otros puntos... Ella se siente tratada como inferior por esos puntos y encuentra cualquier excusa para "anotarse un punto" y demostrarse a sí misma y a su marido que no es estúpida.

¿Y sabe lo que hace a cambio? Le dice que se equivoca y todo el espiral descendente vuelve a empezar... Este es un caso patológico con el que he tenido que lidiar recientemente.

Pero es bueno mostrar dos cosas:

- *La frustración, la ansiedad, la inseguridad o el problema, no se presentaron ni se expresaron correctamente la primera vez.* Entonces, se recibió como un desafío, no como una solución. Y esto ha desencadenado una cadena de problemas que puede durar literalmente décadas en una relación.
- *Hay que romper estas cadenas. Y a veces, la mejor forma de comunicación es el silencio...* Aquí, el marido debería dejar de intentar establecer quién tiene la razón y dejar que ella gane algunos puntos.

Silencio

Tenemos que entender la importancia del silencio en una relación. El ejemplo que acaba de ver es extremo. Pero utilizar el silencio correctamente, puede suponer una gran diferencia en la comunicación dentro de su relación.

¿Cuántas personas hablan por encima de su pareja cuando ésta intenta expresarse?

Especialmente cuando no estamos de acuerdo, tendemos a hablar por encima del otro. A menudo, esto se debe a que estamos ansiosos por exponer nuestro punto, que "sabemos que desacreditará su punto". Sí, pero no lo hace... porque entonces nuestro compañero saca otro punto (incluso sobre un tema ligeramente o no tan ligeramente diferente), *así que acabamos saltando de un punto a otro sin llegar a estar de acuerdo en ninguno de ellos.*

Y aunque salimos de la discusión convencidos de que tenemos razón, también nos vamos *frustrados porque no hemos llegado a un acuerdo claro y bien expuesto sobre nada en absoluto.*

Es **mejor tratar un punto a la vez, y dar al otro tiempo para que lo exprese plenamente. Y esto significa guardar silencio cuando nuestra pareja (amigo, etc.) está hablando.**

Los buenos profesores escuchan a los alumnos, los buenos padres escuchan a los hijos, los buenos médicos escuchan a los pacientes y los buenos políticos... ¡no existen! Es una broma, por supuesto, ¿o no? **Los buenos socios se escuchan mutuamente con respeto.**

Ahora, póngase en el lugar de su pareja... Está intentando que vea algo, que le entienda... Y si al menos escucha con respeto, demuestras que le importa. Puede que entonces no lo entienda, pero ¿qué cree que es mejor? ¿Un compañero que se preocupa pero no entiende o uno que no se preocupa? No importa si el compañero que no se preocupa lo entiende o no, ¿verdad? En la mayoría de los casos también será "no", pero incluso si es "sí" *ha fallado en el nivel más básico como pareja... el nivel empático, emocional.*

Ahora bien, especialmente si alguien está tratando de expresar sus sentimientos, escuche con atención y evite interrumpir. Imagine que es como si intentara sacar una ola de su pecho... Si alguien le interrumpe y se la devuelve, ¿qué consigue? Una ola más grande dentro de usted. Y las olas grandes no son manejables. Así es como **muchas discusiones se convierten en peleas.**

Por supuesto, esto no significa que no pueda decir nada. Pedir más detalles y aclaraciones, mostrar empatía o el simple "mm" para mostrar que está escuchando está bien.

¿Recuerda a Aida, Frank y su intensa relación en una granja? Algunas personas son muy habladoras por naturaleza (¡yo lo soy!) Esto está bien, pero si usted lo es, intente conseguir algunos hechizos de silencio.

Ser hablador, es genial en las reuniones sociales, con desconocidos, con conocidos, incluso en el lugar de trabajo y desde luego si usted es un vendedor o incluso un cómico...

Pero trate de entender que, cuando se está en una situación intensiva, escuchar siempre la misma voz se convierte en algo tedioso e incluso molesto. Y usted no quiere que su voz se asocie con "ser molesto". Verá, una vez que establecemos un vínculo entre dos cosas ("voz" y "molesto") a veces es difícil deshacerse de él... especialmente si el vínculo se recuerda con frecuencia...

Tenga en cuenta que ser **capaces de estar en silencio juntos es un signo de una relación cómoda.** Ya sabe que a veces la gente "habla para romper el silencio" y esto es porque el *silencio es embarazoso entre extraños...* ¡entre extraños! No entre compañeros...

Por lo tanto, hay momentos para hablar y hay momentos para callar... sea sabio.

La Calidad de la Conversación

Las conversaciones triviales están bien cuando se está con conocidos, y también forman parte de nuestra vida diaria con nuestras parejas. Sin embargo, *no debería ser toda o la mayor parte de la conversación que mantenemos con nuestras parejas.* Es triste, a veces, cuando las personas discuten y luego vuelven a empezar con charlas triviales para evitar el tema y fingir que no ha pasado nada. Pero al mismo tiempo, saben que es un "espectáculo" que ambos están montando.

Esto es por supuesto a veces necesario; *si la persona no está preparada para afrontar un tema, nunca hay que forzarla.*

Dicho esto, sin embargo, intente **mantener la calidad de la conversación en su relación.** Esto tiene muchos efectos, entre ellos:

- Hace que la relación sea más gratificante y significativa.
- Puede ser un elemento de unión.
- Facilita el tratamiento de los problemas graves en la relación.

Sobre este último punto, imagine que usted y su pareja sólo/en su mayoría hablan de pequeñas cosas irrelevantes como qué marca de legumbres deben comprar... Parece extremo pero en realidad hay bastantes relaciones así... Ahora, ¿Cuán cómodo se sentiría si/cuando tuviese que abordar un problema serio dentro de su relación? Muy poco o nada.

Mantener la calidad de la conversación dentro de la relación, es una práctica para cuando tenga que afrontar los problemas de la relación.

¿Cómo puede mantener alta la calidad de la conversación? Aquí tiene algunos consejos:

- Hable de sus aficiones e intereses en detalle.
- No se limite a ver las noticias. Discuta la actualidad, la política, etc.
- Hable sobre lo que ha leído.
- Hable del trabajo en detalle. Explique cómo es y qué hace con detalle. Es sorprendente descubrir cuántas personas sólo tienen una vaga idea de lo que sus parejas hacen realmente en el trabajo.
- Invite a cenar a amigos con una conversación inteligente.
- No tenga miedo de expresar sus sentimientos.

Y en este punto, debemos hacer una larga pausa, un largo respiro y...

Expresar Sentimientos y Emociones

Bienvenido al centro de todo. El corazón de las relaciones. La sala de curación de todos los problemas de las relaciones: ¡el corazón, en efecto!

Hay muchas otras cosas que necesitará, pero no hay **nada más importante en una relación que ser capaz de expresar sentimientos y emociones o estados de ánimo.** Ese es el factor más importante en cualquier relación.

Y, por desgracia, la mayoría de nosotros estamos muy mal equipados para ello. Por ejemplo, hoy en día el "hombre en contacto con su lado femenino" está más aceptado, y muchas mujeres de hoy en día encuentran a estos hombres muy atractivos... Pero retrocedamos unas décadas, se esperaba que todos los hombres fueran masculinos, machistas y, sobre todo, que nunca expresaran sus sentimientos...

Afortunadamente, las cosas han cambiado y esto es un buen augurio para las relaciones. Sin embargo, todavía estamos mal equipados. Sí, algunos hombres han aprendido a respetar sus emociones, nosotras venimos de sistemas escolares, sistemas de valores, entornos laborales, entorno social, etc. que no valoran los sentimientos y nos dificultan expresarlos.

Una vez más, es la sociedad la que causa la mayoría de nuestros problemas. Y luego, cuando se forman nuevas relaciones, hay muchos factores y variables en juego. *Si no empieza a expresar sus sentimientos libremente al principio de la relación, más tarde le resultará más difícil y embarazoso hacerlo.*

Esto también se debe a que *nos acostumbramos a las cosas habituales*, y si en la relación se habla poco de las emociones, nos sentimos incómodos al cambiar este aspecto de la relación. De hecho, podemos llegar a *sentirnos ansiosos por ello*.

Sé que muchas personas no se sienten seguras de expresar sus sentimientos y esto puede ser una causa importante de ansiedad en una relación. Y ahora el valor de escuchar en silencio se hace aún más claro y explícito.

Pero, ¿cómo se pueden decir esas palabras tan difíciles y asegurarse de que se entienden?

El Lenguaje de los Sentimientos y Emociones

¿Recuerda que dijimos que el problema suele ser que hay "cadenas de desacuerdos" que empezaron hace mucho tiempo (como las diferencias) porque el *punto no se expresó correctamente la primera vez*? Permítanme mostrarles dos ejemplos:

Joseph no para de quejarse por todo... Clarissa, su compañera, lleva años aguantando sus enfados y lamentos y ahora no lo soporta más... Están frente al televisor, él se queja de un tonto anuncio y ella se dirige a él, y con un tono enérgico y cortante le dice: "¡Oh, deja de quejarte por el amor de Dios!".

¿Cómo cree que reaccionará Joseph? ¿Cuál cree que será su primer pensamiento, su primer sentimiento?

...

Estoy seguro de que estará de acuerdo en que tal vez su primer pensamiento o sentimiento sea de sorpresa, de disgusto, incluso de incredulidad... Pero luego, el "sentimiento de daño personal" se instalará y... bueno, Clarissa sería muy afortunada si se lo tomara bien. Si se calla, puede interiorizar la ofensa y eso puede causar todo tipo de problemas psicológicos graves más adelante. Desde inseguridad, hasta autodesprecio, etc.

Entonces, ¿qué puede hacer? Verá, Clarissa le *ha puesto en una situación en la que debe defenderse.* Aunque no lo sepa conscientemente, al menos sabe inconscientemente que si no reacciona está en juego su propio bienestar emocional. Así que la respuesta más probable en una situación de (aunque sea pequeño) pánico y sorpresa no es racional ni correcta... Es "devolver la pelota". Tal vez niegue que se queja, tal vez diga que no estaba quejándose, tal vez diga algo parecido a: "No puedes decir ni una palabra en esta casa", o tal vez responda de vuelta con: "Y tú... ¿dejarás de hablar con tu hermana cuando vea la televisión?".

Esto último es bastante común. Si un compañero dice: "Tú haces esto", la respuesta "Tú también" es muy común e instintiva. Lo aprendemos en la escuela. El profesor dice: "George deja de meterte con Juan", y el "Pero él..." es previsible y rápido...

Pero esto también establece un vínculo entre el enfado de Joseph y la llamada telefónica de Clarissa a su hermana. Este vínculo tiene una gran carga emocional, y es probable que se convierta en una de esas cadenas que se prolongan durante décadas... Dentro de veinte años, seguirán lanzando estos dos argumentos, uno contra otro en cada desencadenamiento...

Lo único peor que podría haber hecho Clarissa es añadir un insulto personal, como "viejo tonto". Y la única forma en que Joseph podría haber salvado el día habría sido recomponerse, tragarse el dolor y decir: "¿Es eso lo que realmente te molesta? ¿Podemos hablarlo con calma?"

Pero, como sabe, estas son palabras muy difíciles de encontrar cuando uno acaba de ser herido...

Ahora usaré una máquina especial, es incluso más avanzada que una máquina del tiempo... Esta máquina puede trasladarlo a una dimensión paralela... ¿Listo? ¡Aquí vamos! Ahora, en esta dimensión Joseph sigue siendo un gruñón y un malhumorado. Todavía ve la televisión y se deja llevar por los anuncios tontos (yo también lo hago, no me diga que Joseph está basado en mí...)

Pero en esta dimensión, Clarissa había leído este libro, y sabe cómo comunicar las emociones... En esta dimensión los anuncios siguen siendo los mismos, y aparece el mismo anuncio. Y Josh se queja...

Clarissa está realmente cansada de esto, y decide resolver el problema... Sale de la habitación... Va a ordenar sus pensamientos, y al mismo tiempo, *permite a Joseph superar el momento de enfado.* Verá, aunque sólo se queje, aunque pueda parecer algo muy pequeño y superficial, el mero hecho de que reaccione así, puede significar que hay algo más profundo en su mente.

Ese anuncio tiene una gran carga emocional para él. Tal vez presenta a la sociedad de una manera que le perjudica. Piense en todos los anuncios que muestran a mujeres en la cocina... pueden tener una carga emocional para algunas personas...

Bien, entonces ella vuelve y dice: "Joseph, tengo que decirte algo". Así *prepara a Joseph para lo que va a decir, evitando una sorpresa, un choque y una reacción impulsiva.*

Y finalmente, cuando él está listo, la televisión está fuera de su "obra maestra":

"Joseph eres un hombre encantador, pero cuando te enfadas por estas cosas, me hace sentir mal".

Podría haber dicho: "Me hace sentir triste, cansada, vieja..." cualquier cosa que exprese su estado de ánimo y sus sientimientos.

¿Pero ha visto la diferencia? ¿Se ha dado cuenta de cómo *ella abre su corazón a Joseph diciéndole realmente la verdad y al mismo tiempo le invita a abordar el problema de forma constructiva?*

Y le deja el terreno de juego a Joseph, para que le pida más detalles.

Y la conversación podría seguir así:

"Oh, de verdad, no me había dado cuenta. ¿Cómo te sientes exactamente al respecto?"

Pero para la mayoría de las parejas, estas son realmente historias de otra dimensión.

Veamos todos los pasos en detalle.

- *No reaccione inmediatamente.*
- *Ordene sus pensamientos antes de expresarse.*
- *Permita que su pareja salga de la situación que desencadenó lo que usted desea criticar o abordar.*
- *Prepare a su pareja para lo que va a contarle.*
- *Asegúrese de que tiene toda su atención.*
- *La frase que utilice debe tener elementos claros.*

1. *Debe tener un cumplido o una frase empática al principio. "Te quiero mucho pero..."*
2. *Debe señalar la actividad, la acción, no la persona ("cuando haces esto", no "eres").*
3. *Debe utilizar un verbo como "sentir" para expresar el*

sentimiento y la emoción. *De este modo, el interlocutor entiende que le está haciendo daño.*
4. **Nunca debe pedir una acción inmediata** *("deja de quejarte"... dele tiempo para que se enmiende).*
5. **A continuación, debe darle espacio a su pareja para que responda.**

Es el momento de frenar y hacer un balance de lo que hemos aprendido. Esta estructura es tan fundamental para la comunicación en las relaciones, que debemos asegurarnos de conocerla perfectamente.

Cada paso y cada elemento de esta estructura son necesarios. Pero puede añadir partes, por ejemplo una frase final de unión. Pero sólo puede añadir afirmaciones positivas. No se pueden recortar partes. Ahora, póngase en el lugar de alguien que escuche esto... ¿Cómo se sentiría? A pesar de que esto está expresado de la manera más suave posible, tiene *consecuencias emocionales*.

Para la mayoría de las personas escuchar una frase como la que hemos visto es:

- *Desconcertante;* cuando escuchamos los sentimientos expresados con honestidad y calma, sólo ponemos en marcha todos nuestros mecanismos de defensa (que son los que Clarissa activa... y todos hacemos cuando acusamos a alguien sin presentar nuestro dolor...)
- *Una epifanía* en muchos casos; las personas se dan cuenta de que han hecho algo malo de lo que, muy probablemente, no eran conscientes.

- *Catártico* en muchos casos; la persona puede sentir sus propios sentimientos surgiendo y queriendo "salir" y ser expresados.

Si sólo consigue la primera, habrá abierto una vía sólida para la discusión, un camino a seguir. Si obtiene las tres, lo más probable es que pase directamente a un momento resolutivo. La conversación se volverá emocional (en el buen sentido) y la solución en estos casos suele estar al alcance de la mano en esta misma "sesión".

En otros casos, puede pasar algún tiempo antes de llegar a un acuerdo. Realmente depende de la complejidad del problema, del momento, de cómo responda su pareja y de cuestiones prácticas. Si, por ejemplo, siente que necesita unas vacaciones y su pareja no se ha dado cuenta, puede pasar algún tiempo antes de que se ponga las sandalias y se vaya a una playa soleada...

Pero ahora tiene una herramienta muy importante a su disposición, intente aprenderla de memoria y practíquela antes de utilizarla con su pareja. Y aquí tiene algunas sugerencias para memorizarla y "perfeccionarla".

- *Escriba unas cuantas frases con este formato.* Cambie el contenido pero mantenga el formato y escriba varios para familiarizarse con la estructura.
- *Practíquelo frente al espejo.* Tiene que asegurarse de que el discurso sea creíble, no exagerado ni subestimado, tranquilo y que suene natural. Haga lo que hacen los actores y los

bailarines de ballet: mírese al espejo y corrija las partes que no le gusten.

- *Pruébelo con "personas menos importantes"*. Puede utilizarla (con temas y sentimientos menos personales) con conocidos, compañeros de trabajo e incluso clientes o consumidores si quiere. Una cosa es decirse una "frase" a usted mismo y otra es usarla frente a un público. Empiece con un público "sin consecuencias" para que cuando tenga que enfrentarse a su pareja, se sienta mucho más seguro. ¿Tiene un perro o un gato? Son el público perfecto para probar esto. Sí, incluso los periquitos y los hámsters...

No puedo dejar de insistir en la importancia de comunicar correctamente las emociones y los sentimientos. Así que, ¡practique, practique y vuelva a practicar!

Pero ahora sí que puede empezar a cambiar su relación a un nivel muy profundo. Hay tantos aspectos diferentes en una relación que, por supuesto, ésta no es la solución a todo. Pero es necesario crear un campo de juego uniforme antes de construir su relación (e incluso su personalidad). Y estos malentendidos y problemas son enormes obstáculos en el camino...

Así que empiece a deshacerse de lo que le hace daño y luego podrá mejorar lo que le agrada...

Lenguaje Fático

Muchas de las cosas que decimos no tienen una función práctica real. ¿Un ejemplo? El anticuado "¿cómo está usted?". No significa lo que dice, ¿verdad? La respuesta tampoco tiene sentido. En el Reino Unido, incluso "¿cómo está usted?" se está convirtiendo en lo mismo. La gente contesta cada vez más a menudo "¿Cómo está usted?" sin molestarse siquiera en dar una respuesta adecuada...

Entonces, ¿a qué viene todo esto? Son **expresiones de unión;** sólo sirven para (re)establecer *un vínculo social y emocional, para decir: "Nuestra relación está bien".* Y esto es lo que llamamos "lenguaje fático".

¿Dice buenos días cuando se levanta y ve a su pareja? ¿Dice algo agradable antes de salir de casa? Curiosamente, algunas personas lo hacen y otras no...

Hay muchas variables sociales e influencias culturales en el uso del lenguaje fático, así que vamos a intentar arrojar luz sobre esto. Algunas personas consideran que el lenguaje fático es una "pura formalidad" o incluso una "conversación trivial". Pero si bien puede ser "parte de una conversación trivial" en algunos casos, no es una conversación trivial cuando se utiliza para establecer un vínculo.

Pero esto significa que algunas personas también colocan el lenguaje fático - erróneamente - en la categoría de "cosas que se dicen en el trabajo, con extraños, cuando estoy de traje y corbata" y no con sus allegados o parejas.

Sucede que en algunas relaciones, el lenguaje fático desaparece lentamente o se vuelve menos regular. ¿Sigue diciendo "gracias" y "bienvenido" a su pareja o se encuentra utilizando estas palabras más puntualmente con desconocidos?

¿Qué dice cuando llega a casa? ¿Va directamente al "qué día tan horrible en la oficina" o se toma el tiempo de decir primero "hola, qué tal el día"?

Cosas que parecen innecesarias, irrelevantes y redundantes, pueden marcar una gran diferencia en la calidad de la relación. Esto es tan importante, de hecho, que incluso las redes sociales han tenido que aceptarlo... La gente empezó a utilizar de forma natural letras, para expresar conceptos de unión sencillos, como :-), o ;-), la variante del guiño o :-D... Las empresas captaron la indirecta y crearon los emojis...

Existe, de hecho, un estudio de Wang, Tucker y Rihll, titulado "On Phatic Technologies for Creating and Maintaining Human Relationships" (en *Technology and Society*, vol. 33, 2011) que explora la forma en que los usuarios de los medios sociales han sentido y expresado la necesidad de utilizar el lenguaje fático en la web y sus plataformas como una forma "de establecer, desarrollar y mantener relaciones sociales."

Entonces, si sentimos la necesidad de usar el lenguaje fático con nuestros "amigos" de Facebook ¿por qué nos da miedo usarlo con nuestras parejas?

Ahora, sea consciente de su uso del lenguaje fático. Obsérvese a usted mismo durante un día (de forma intermitente, por supuesto), y luego, al final del día, responda a estas preguntas:

1. ¿Utiliza el lenguaje fático todo el tiempo o lo omite a veces?
2. ¿Con quién y en qué situaciones lo utiliza más?

3. ¿Lo utiliza habitualmente con su pareja?

Y puede volver a esto después de haber contestado.

...

Si su uso del lenguaje fático es regular, homogéneo y uniforme durante el día y con las personas que conoce, ¡bien hecho! Sólo tiene que asegurarse de mantenerlo. Sin embargo, este no es el caso de la mayoría de las personas. Algunas personas lo utilizan más por la mañana y menos cuando se cansan. Otras lo utilizan más con personas en posición de poder (su jefe) y menos con sus compañeros.

Bueno, ya sabe que las personas que lo usan con frecuencia también tienen ventajas en su carrera... Pero si sólo lo usa con su jefe, puede perder la colaboración de algunos de sus compañeros... Sí, es tristemente cierto que las personas con poder suelen recibir más "gracias" que nuestros compañeros y colegas...

¿Y con su familia, sus amigos y su pareja? Si cree que hay margen de mejora, propóngase utilizar el lenguaje fático más a menudo. Recuérdelo por la mañana y luego, por la noche, pregúntese: "¿Lo he utilizado un poco más?".

Poco a poco, volverá a su lenguaje cotidiano como si nunca se hubiera ido.

Y ahora que tiene las herramientas básicas para mejorar su comunicación, puede empezar a "ensuciarse las manos"...

Así que, a continuación, podemos tener por fin un "capítulo rosa"... Adivinó, estamos entrando en el reino del romance, y vamos a explorar todos los diferentes tonos y matices que las relaciones románticas pueden tener...

¿Listo para cincuenta sombras de relaciones románticas?

4

CINCUENTA SOMBRAS DE LAS RELACIONES ROMÁNTICAS

Y no son cincuenta... En realidad, con todos los sentimientos, como con los colores, podemos encontrar tantos matices como podamos ver, prácticamente hasta el infinito. Pero hay algunas "grandes áreas" que merecen cierta atención. Decíamos que ninguna relación romántica es igual a otra, pero hay algunas cosas que podemos asegurar:

- *Las relaciones románticas son las más íntimas de todas.*
- *Las relaciones románticas están entre las más importantes de nuestra vida* (los hijos suelen ser más importantes, pero no necesariamente).
- *Las relaciones románticas suelen ser de las más intensas que tenemos.*
- *Las relaciones románticas tienen una gran carga emocional.*

- *Las relaciones románticas se desarrollan con el tiempo.*

Y es con este último punto con el que empezaremos...

Cómo se Desarrollan las Relaciones Románticas

Una relación romántica es un poco como un día... Puede que vea el mismo lugar, tal vez una encantadora casa de campo rodeada de flores, árboles y pájaros en el campo. Pero mientras la casa de campo es la misma, por la mañana sale el sol y la luz es brillante al principio, luego, al mediodía, los colores se vuelven más cálidos, ya que la calidad de la luz solar cambia. Por la tarde, las sombras se extienden en el suelo y los colores se vuelven más suaves, luego más oscuros, hasta que se ve una cálida puesta de sol detrás de la casa de campo que rompe el cielo...

Bien, he querido ser poético... Pero seguro que entiende lo que quiero decir. En cualquier momento de este día, no podemos ver cómo va a cambiar el escenario y, además, *no creemos ni admitimos que nuestra relación vaya a cambiar nunca, sobre todo al principio.* Cuando estamos en brazos de la pasión, no creemos que un día podamos acabar siendo dos viejos "compañeros de vida"... Pero si la relación dura, lo más probable es que esa sea la "tarde" que te espera...

Además, *nos resistimos a los cambios en nuestras relaciones sentimentales.* No siempre y no siempre conscientemente. Nos resistimos a los cambios. Seguramente de forma consciente, cuando las cosas van bien. Una de las principales fuentes de ansiedad en una relación es el *"miedo a separarse"*. El "vamos a hacer una pequeña pausa para pensar" es un pensamiento horrible para cualquiera. Nunca queremos que llegue ese momento. Por eso, cuando las cosas van bien, cualquier cambio es un riesgo...

El problema es que a veces, en realidad muy a menudo, tenemos tanto miedo a cambiar nuestras relaciones que, consciente e incluso inconscientemente, *nos resistimos a los cambios incluso cuando van a mejorar nuestra relación.*

Un ejemplo típico es *cuando una relación necesita desarrollarse.* Tal vez, de la etapa de la pasión, hay que pasar a una etapa más responsable... Irse a vivir juntos, por ejemplo, o tener un hijo. No es un paso fácil de dar... ¿Qué pasará con toda la pasión? Por otro lado, puede ser la única solución, porque la pasión se está consumiendo y la relación no tiene otra forma de sobrevivir si no cambia.

En algunos casos, la única opción es "bajar" la escalera de la intimidad. En el caso de dos personas casadas que se separan, esto es muy claro. Ambos deben renunciar a la relación romántica e íntima y pasar a una relación de tipo amistoso. Si uno de los miembros de la pareja no puede aceptarlo, toda la relación (en términos generales) está en peligro... y si todavía está (muy) enamorado de su pareja, este es un paso muy difícil de dar.

Así que *tenemos que entender que las relaciones evolucionan y estar preparados para dejar que suceda y evolucionar con ellas, pero cualquier cambio puede ser un reto.* Algunas relaciones pueden, en teoría, permanecer igual para siempre, aunque no creo que conozcamos ninguna todavía... Pero lo que sí podemos hacer es ***fijarnos en las diferentes etapas de una relación romántica y estar preparados para los numerosos cambios.***

Esto por sí solo *puede disminuir la ansiedad, la preocupación, la frustración y la inseguridad.*

Ahora bien, tenga en cuenta que lo que sigue es una *lista de todas las etapas posibles, no de las necesarias...* Se sabe que hay personas que se enamoran, se casan y se divorcian en 48 horas, y hay algunas etapas que hay que saltarse para conseguirlo... Así que tenga en cuenta que *no todas las relaciones pasan exactamente por las mismas etapas.*

Sin embargo, una cosa es que, *con las diferentes etapas de las relaciones románticas, el lenguaje cambia y las parejas deben cambiar también.* Y pronto abordaremos este punto en detalle. Algunas etapas son previas a la relación y otras son posteriores.

Etapa 1 - Encuentro (normalmente antes de la relación)

Por supuesto, lo primero que hay que hacer en la mayoría de las relaciones es conocer a la pareja. Para la mayoría de nosotros ese es un "momento mágico" que recordaremos con cariño toda la vida. Y la forma en que lo recordamos es siempre una pista sobre cómo nos sentimos en nuestra relación. La típica comedia en la que uno de los miembros de la pareja maldice ese momento de forma creativa. En la vida real esto no suele ocurrir, si no es como una broma compartida...

Por eso, mire a su pareja a los ojos cuando recuerde ese momento y verá ese brillo que le reafirma en que siguen muy enamorados el uno del otro, aunque a veces cueste expresarlo.

¿Pero he dicho "para la mayoría de nosotros"? Sí, porque no siempre es así. Muchas personas en matrimonios concertados sólo conocen a sus parejas después del compromiso, y esto ha ocurrido como norma con las familias reales de toda Europa durante siglos.

Etapa 2 - Enamoramiento (normalmente antes de la relación)

Es esa época en la que el mundo cambia... Se siente tan extraño, ¿verdad? La luz es diferente, los olores son distintos, la comida sabe diferente, incluso el tiempo parece haber cambiado de ritmo. Pero, sobre todo, en esta etapa sólo podemos pensar en una cosa durante todo el día: en realidad, en una persona.

Pero el enamoramiento es una fase de transición: en la mayoría de los casos, el enamoramiento sólo dura unos meses. Pero depende mucho de la persona y de la situación. Algunos enamoramientos pueden durar literalmente unos días. Después, puede que razones prácticas, o incluso un cambio de opinión (¿de corazón?) le pongan fin.

Algunas personas pueden controlar el enamoramiento. Algunos la detienen porque la persona ya está encariñada y pueden hacerlo. Otros la detienen porque la persona es un colega. Otros la detienen porque "no están preparados" para una relación. O, en algunos casos, el enamoramiento simplemente se desvanece tan rápido como había llegado.

En cualquier caso, *el enamoramiento es para muchas personas bastante fácil de controlar e incluso de terminar.* A pesar de ser un sentimiento muy poderoso, no hay demasiado en juego, porque suele ser algo que ocurre antes de que comience realmente una relación.

Por lo general, de nuevo, porque existen las excepciones habituales, como, bueno, incluso la gente que se enamora de su esposa o marido después de años de matrimonio... O la gente que se vuelve a enamorar etc.... ¡El amor es realmente impredecible!

En cualquier caso, *durante el enamoramiento nos resulta fácil expresar nuestros sentimientos, tanto a nosotros mismos como a los demás.* Es la época en la que no dejamos de decirle a nuestro amigo que "Oh, estoy tan enamorado de..." y luego suspiramos distraídamente...

También es el momento en que *los sentimientos se imponen a la razón.* Es cierto que esto parece contradictorio con el hecho de que algunas personas pueden dejar de encapricharse muy fácilmente. Pero la mente es mucho más compleja de lo que la gente cree. Cuando somos irracionales, el único pensamiento racional ("no es el momento, no es el momento") destaca muy claramente, mucho más que cuando nuestra mente está atestada de otros pensamientos racionales, analíticos y lógicos...

De todos modos, el enamoramiento es una gran experiencia.

Etapa 3 - Conocimiento mutuo (antes/durante la relación)

Para ser sinceros, nunca se deja de conocer a alguien, pero aquí nos referimos a "conocer el grueso de la personalidad de alguien" los primeros pasos clave. Ahora bien, *la forma en que haga esto realmente puede determinar el tipo de relación que es probable que construya.*

Esto también es algo sobre lo que las personas suelen tener grandes preferencias, aunque sean subconscientes. Algunos tienen en mente que la forma de conocer a su pareja es, por ejemplo, casual. Para estas personas, las aplicaciones, agencias y sitios de citas quitan toda la magia de conocer gente nueva.

A otras personas les gustan las "fases de conocimiento" repentinas e intensas. A otras les gusta que las amistades se conviertan en relaciones románticas. Por otra parte, hay personas a las que les impide convertirse en pareja romántica y quieren que esta fase sea nueva con el enamoramiento.

¿Puedo repetirlo? El amor es realmente imprevisible. *Pero es probable que esta fase deje una huella en toda la relación.*

Si su fase de conocimiento fue de amistad, es probable que su relación romántica tenga fuertes características de amistad. Todos sabemos que las parejas que conoció en la infancia tienen relaciones muy íntimas pero también comprensivas. Si conoció a su pareja durante unas vacaciones de verano, su relación puede tender a esa dimensión apasionada pero descuidada que dan las vacaciones. En cambio, una fase de conocimiento en el trabajo puede incorporar a la relación intereses comunes, incluso el respeto mutuo.

Sea consciente de la importancia de esta fase sin preocuparse por ella. En cierto modo, ésta también es una fase de bajo riesgo. Es el momento en el que todavía puede cambiar de opinión. Así que, sin provocar una ansiedad inútil, tenga en cuenta que esta fase también es muy importante y que siempre puede mirar atrás para calibrar el funcionamiento interno y la estructura básica de su relación.

Etapa 4 - Citas (inicio de la relación)

Esta es una fase muy maravillosa y romántica. Las citas pueden durar desde una sola noche o un solo día hasta... bueno, tanto como se sienta cómodo. Algunas personas que aman su vida independiente convierten la fase de las citas en la parte principal de su relación romántica. Esto también ha sido promovido por muchas comedias estadounidenses, en las que los personajes salen durante toda una serie (o dos, tres series) antes de sentar la cabeza...

Se trata de una fase en la que, por lo general, las personas están *ansiosas por expresar sus emociones, pero pueden sentirse ansiosas o inseguras al respecto.* Es totalmente comprensible. *Es el momento en que la mayoría de la gente dice "te quiero" por primera vez.* Y este es un paso muy difícil y lleno de ansiedad.

Una cosa que podría sugerir en este momento es *no decir nunca esas tres palabras a menos que realmente lo crea.* Algunas personas pueden decirlo porque abre la puerta a una relación estable. Pero si esta es la única razón, en realidad puede conducir a una gran frustración, incomprensión e inseguridad.

Además, evita decir esas palabras demasiado pronto. A no ser que haya una gran química entre los dos, lo más probable es que parezca un poco "apurado" o "demasiado entusiasta" si dice "te quiero" a alguien a quien sólo ha visto una o dos veces. Pero en esto, por favor, use su discreción. Puede que haya amado a alguien a distancia, por ejemplo (y en este caso, curiosamente, lo normal es que quiera retrasar la pronunciación de esas palabras...)

Y elige un buen momento para decirlo... Besarse a la luz de la luna siempre es mejor, o frente a una fantástica puesta de sol... Haz que ese momento sea especial para los dos...

Y si su pareja lo dice primero, *no se sienta obligado a corresponder a menos que le quiera de verdad.* Decir "te quiero" por cortesía puede causar más daño a largo plazo de lo que imagina. No se metas en una relación para la que no está preparado. De acuerdo, el amor no es necesario para una relación (para muchas personas). Pero si su pareja empieza una relación con usted pensando que le quiere y no es así.... Ellos pueden tener mayores expectativas mientras que usted sólo quieres una relación ligera. O puede desarrollar una relación desequilibrada y desigual.

No utilice las citas únicamente como "un medio para alcanzar un fin". Tiene que ser una fase que realmente disfrute. Y no utilice las citas para asegurar una relación estable. Aunque sea el final definitivo de una fase de citas, debe surgir de forma natural y no porque haya forzado los acontecimientos.

Tenga en cuenta también que las citas deben ser, sobre todo al *principio, abiertas.* Empiece con la idea de que *las cosas pueden o no funcionar durante esta fase y que no es culpa de nadie.* Y si las cosas no funcionan para usted, bueno, ¡todavía puede haber pasado un buen rato!

No cargue las citas con expectativas. Le sorprendería saber que *su pareja puede (y probablemente lo hará) realmente "sentirlo".* Las personas se dan cuenta cuando se les imponen expectativas, incluso a nivel subconsciente. Y si lo hacen, pensarán que está "necesitado" y en muchos casos, esto en sí mismo impedirá el éxito de la fase de citas.

En lo que respecta a las citas, nunca intente forzar las cosas o la mano de tu pareja; en pocas palabras, *¡sigua la corriente!*

Etapa 5 - Experimentación (inicio de la relación)

La primera fase de la mayoría de las relaciones tiene un carácter experimental. Esto no significa sólo en la intimidad, aunque también. También significa en términos de la forma interpersonal y social de la propia relación. ¿Suena un poco abstracto?

Es en este periodo cuando *los miembros de la pareja descubren si son compatibles sexualmente,* pero también es el periodo en el que *establecen sus roles dentro de la relación.* También es el periodo en el que la pareja (o más, ya llegaremos a esto) *establece patrones sociales con los demás.*

Esto tiene muchas consecuencias.

- En esta etapa, se pueden desarrollar hábitos que luego se *osificarán* en la relación. Y esto es muy importante. En esta etapa suele ser más difícil *darse cuenta de los rasgos desagradables de la pareja o de la relación.* Pero si lo hace, intente cambiar las cosas ahora, antes de que se conviertan en un hábito, en algo *"dado",* antes de que se den por sentadas.

En esta fase, preste especial atención al *tipo de relación* que está formando: igualitaria/desigualitaria, unidireccional/de doble sentido/abierta/cerrada, etc. Una vez más, en esta fase está *negociando el tipo de relación que quiere construir.*

Sé que verlo en términos de negociación no es una perspectiva romántica de cuento de hadas. Y puede (debería) mantener el romance a toda costa. Pero añada esta dimensión a su relación. Sin preocuparse, *no dude en hablar de las direcciones que le gustan y las que no.*

Si lo hace ahora, cuando la relación aún es maleable, se ahorrará muchos dolores de cabeza más adelante.

- A no ser que se proceda del mismo grupo de amigos, es entonces *cuando los dos grupos de amigos se involucran.* En algunos casos, uno de los miembros de la pareja abandona a sus amigos (más a menudo ella) y empieza a salir con los amigos de la pareja. Esto es muy arriesgado. Para empezar, requiere un esfuerzo adicional por parte de la pareja. *Tener una nueva pareja y nuevos amigos al mismo tiempo es difícil de gestionar.*

Es más, en la mayoría de los casos, la persona desafortunada siempre seguirá siendo "el novio de fulano" o "la novia de fulano", especialmente si los amigos se conocían desde hace tiempo.

Esto, a su vez, significa que *si la relación se rompe, el "la persona fuera del círculo de amistades" se quedará sin pareja y sin amigos.*

Por lo tanto, **nunca deje de ver a sus antiguos amigos.** Perdone si lo repito, pero nunca podré insistir lo suficiente en lo importante que son los amigos para una relación. Hay un libro maravilloso sobre ello,

Vite Normali, de los sociólogos R. Brigati y F. Emiliani. Desgraciadamente, sólo está en italiano, pero describe cómo una vida sana necesita de otros significativos, y los amigos son fundamentales en la dinámica de la felicidad y la "normalidad".

Aunque tenga que verlos de "forma secundaria" y no como su grupo social principal, mantenga siempre con usted a unos cuantos amigos íntimos. Son su mejor refugio cuando las cosas van mal, y también necesitará su perspectiva, sus opiniones y sus consejos a medida que avanza su historia romántica.

- También suele ser el momento en que se producen los *primeros encuentros con la familia de la pareja.* De nuevo, no es una "regla del 100%"; puede que los conozca desde la infancia, o que se encuentres con ellos antes. Aun así, este también es un momento muy importante. ¿Por qué?

Con la familia conocerá el pasado, el trasfondo social y los valores que han formado a su pareja. Por otra parte, ¡es tan difícil establecer una relación de colaboración con la familia política! En la mayoría de los casos, acaban siendo relaciones "conflictivas", pero depende.

Si la familia de su pareja tiene una mentalidad abierta, lo más probable es que lo acojan como un nuevo miembro de la familia. Sin embargo, algunas familias ven cualquier "adición" *como un desafío potencial a la identidad, la historia y los valores de su familia.* Esto puede acabar provocando tensiones en la relación.

¿Qué puede hacer si este es el caso? *Intente no enemistarse con sus suegros.* Establezca un "sentido de complicidad" con el pariente político del sexo opuesto al suyo. Puede que vea que el compañero de tu propio sexo es el que más lo critica. *No se lo tome como algo personal;* su suegro/a simplemente está defendiendo su identidad y su papel familiar con su pareja.

Al mismo tiempo, sin embargo, *no permita que sus suegros o sus propios padres dominen la relación. Ahora bien, sólo podrá hacerlo si colabora con su pareja.* Es la pareja la que tiene que establecerse como una unidad social independiente y autónoma. Me explico...

Si permite que sus patentes tengan una influencia indebida en lo que hace con su relación, su pareja se sentirá con derecho a hacer lo mismo con sus padres, sus suegros, y viceversa... Verá, si hace esto, acaba con *ambos grupos de suegros* interviniendo en su relación personal.

Deje las cosas claras con su pareja, estas fuerzas pueden destrozar literalmente una relación. Establezca que *todas las sugerencias de los padres y de la familia política deben ser discutidas por ustedes como pareja (o más) y que la decisión debe ser conjunta.* No puede haber uno de los miembros de la pareja trabajando con sus padres en contra del consentimiento, la voluntad, los planes o sin el pleno conocimiento del otro. Eso es una fractura dentro de la propia relación.

- También es el momento en el que se establecen *aficiones, intereses, deportes, actividades al aire libre y actividades culturales en la pareja.* En esta etapa, la mayoría de las personas infravaloran lo *importante que es conseguir un equilibrio con ellas y ser lo más completo e integrador posible.*

¿Le gusta la observación de aves? ¿Intenta llevar a su pareja con usted? ¿A su pareja le gustan las galerías de arte? Acompáñela... Tendrá que *prescindir de algunas actividades,* pero intente mantener todas las que pueda y, sobre todo, *compartir todas las que pueda.*

Este intercambio de actividades comunes es como una fuente fresca y continua de vitalidad para su relación. E imagine que su relación se convierte en la que tendrá para toda la vida... *Tener un conjunto de intereses y actividades compartidas hace maravillas para la calidad de vida en las relaciones maduras e incluso en las antiguas.*

Dicho esto, no sea "pegajoso"... *Mantenga al menos una actividad que haga sin su pareja y espere que ella (ellos) haga lo mismo.*

"¿Cuánto dura esta fase?", se preguntará usted. Para ser sinceros, no hay un tiempo final. La gente experimentará y deberá experimentar con su relación hasta que dure. Lo que realmente ocurre es que la parte experimental disminuye progresivamente y la relación se vuelve más fija y menos mutable.

Sin embargo, en la mayoría de los casos esta fase dura un año (no necesariamente). Los primeros meses son muy experimentales. Una vez que se ha vivido un año completo en pareja, las cosas empiezan a ser repetitivas. Un ejemplo que lo demuestra bien son las vacaciones juntos. Es una situación nueva, y muy grande... Lo planean juntos, van juntos, se ven en un lugar nuevo, con libertad, nuevos retos, etc..... ¿Qué pasa el año que viene? El lugar puede ser diferente, pero ya habéis pasado por la experiencia de planificar juntos, etc.

"¿Puede haber más de una fase experimental?" Sí, absolutamente. Hay acontecimientos como irse a vivir juntos, tener un hijo, jubilarse, montar una actividad juntos, etc. que *desencadenan una nueva fase experimental.*

En algunos casos, la gente opta por una de ellas (¡bueno, normalmente no se retira!) también para "rejuvenecer su relación" o, como se suele decir, para "reavivar la chispa". La realidad es que, de hecho, la relación puede haberse vuelto aburrida, sin vida y no funcional y lanzarla a una nueva fase experimental puede ser una solución. Lo que estas personas buscan es, *en realidad, una razón para experimentar con su relación.*

Desde el punto de vista ético, no sugeriría tener un hijo como razón válida. Puede ser incluso irresponsable. Pero tengo un pequeño consejo para usted: *encuentre pequeñas razones para hacer pequeños experimentos regularmente.* En lugar de esperar a que la relación en su conjunto se vuelva "tensa", mantén la experimentación a un nivel bajo. Para ello, puede, por ejemplo:

- Busque nuevas actividades para hacer juntos.
- Encuentre nuevos intereses.
- Consiga nuevos amigos.
- Visite nuevos lugares.

Incluso cambiar de restaurante o de tipo de películas puede ser una buena idea. Empiece a ir al teatro si no lo hace, o a lecturas de poesía. Encuentre un bonito parque natural cercano para visitar. Empiece a hacer yoga o a pintar... Cada experiencia es un pequeño experimento y es mucho más probable que las *relaciones reaccionen bien frente a muchos pequeños experimentos que uno grande, sobre todo cuando ya muestran signos de tensión y/o debilidad.*

Y para demostrar lo importante que es esta fase, muchas relaciones se rompen al final de la misma. Si pasa los primeros meses, básicamente ha "superado el experimento", y si esto ocurre, la mayoría de la gente se siente preparada para una fase de mayor compromiso: la fase de la responsabilidad.

Etapa 6 - La fase de responsabilidad (la relación alcanza la madurez)

Si el experimento va bien, normalmente los *miembros de la pareja sienten que la relación es lo suficientemente fuerte como para asumir nuevas responsabilidades.* La más importante, por supuesto, es tener un bebé (por nacimiento o adopción). Pero no es la única. Las responsabilidades *pueden incluir cualquier proyecto que emprendan como pareja, desde los más pequeños hasta los más grandes.*

Desde formar un hogar juntos, hasta comenzar un negocio juntos, pasando por diseñar el patio o cambiar los muebles del dormitorio, esta fase *se caracteriza porque la relación asume cada vez más responsabilidades.* Pero esto tiene dos caras:

- Por un lado, *consolida la relación;* también añade nuevas dimensiones y significado a la relación. Si tiene éxito, puede ser una fuente de gran satisfacción.
- Por otro lado, esto puede *poner en tensión la relación*, sobre todo si los proyectos no tienen éxito o si son demasiado pesados para la pareja (o más).

Una de las razones por las que la planificación familiar es buena para las relaciones es que las parejas que de repente tienen la responsabilidad de un hijo pueden ceder bajo su peso. Tanto si está de acuerdo como si no lo está desde el punto de vista moral con la planificación familiar, una *pareja (o más) que planifica cuándo tener hijos tiene muchas más probabilidades de ser feliz y tener éxito que una que no lo hace.*

Ahora piense en lo difícil que puede ser para las parejas que se conocen, ella se queda embarazada durante la fase de noviazgo, y se saltan todos los pasos que una relación necesita para madurar. En realidad es un conjunto de problemas mucho más profundo de lo que la gente entiende... Significa no sólo que pueden no tener medios económicos para hacer crecer al niño de forma adecuada. A menudo significa que cada miembro de la pareja está resentido con el otro por lo que ha ocurrido (una situación muy "tóxica"). En realidad significa que ni siquiera han tenido la oportunidad de comprobar si el "experimento ha funcionado".

En general, una pareja responsable debería aspirar a tener hijos sólo cuando haya pasado con seguridad a esta fase. Lo temprano o lo tarde que sea puede depender de muchos factores (no sólo el económico).

Pero ahora que sabe que asumir nuevas responsabilidades puede tener un efecto negativo en la relación ¿está seguro de que la primera responsabilidad que quiere es un hijo? Le estoy tomando el pelo, o dejando caer migajas hacia una solución...

Sea experimental y prudente incluso con las responsabilidades.

Sí, porque ser experimental no excluye ser sabio. La idea es:

- *Empiece a asumir pequeñas responsabilidades.* Vea cómo aguanta su relación con ellas.
- *No asuma más de una responsabilidad a la vez, si es posible.* Y esto es importante... Las parejas (o más) que creen que pueden hacerlo todo con la "fuerza de su amor" -bueno, a veces lo consiguen-, pero se arriesgan a sobrevalorar la fuerza y la estabilidad de su relación y pueden enfrentarse a momentos difíciles, incluso al fracaso y pueden llegar a perder la fe en su propia relación.
- *Si puede, tómese un descanso entre proyectos y responsabilidades.* Bien, ya ha comprado su casa. ¡Ahora disfrútelo! Tómese un tiempo libre, disfrute de la vida antes de pasar al siguiente paso. ¿Entiende lo que quiero decir? Necesita descansar y recargar sus niveles de energía...
- *Asuma responsabilidades que sean progresivamente mayores.* Es muy tentador empezar directamente con "la grande", pero ¿es prudente? ¿Quiere tener una granja? Empiece con un pequeño jardín...
- *Reflexionar.* Reflexionar, en educación, significa hacer una pausa, *mirar hacia atrás, analizar, evaluar y decidir lo que hiciste bien y lo que necesitas mejorar.* Es esencial para el *proceso de aprendizaje.* Aproveche cada experiencia como una oportunidad para mejorar y aprender. Sin embargo, una cosa es que la reflexión no se puede hacer con prisas.
- *Esté preparado para parar, incluso para abandonar un proyecto.* Pero, a ser posible, no piense que si un proyecto fracasa, usted ha fracasado. Esta es una gran mentira que la sociedad nos ha contado durante demasiado tiempo. Los

proyectos fracasan por diversas razones. Y tienen éxito por diversas razones. La sociedad, las oportunidades sociales y los factores macroeconómicos (como una recesión) *son factores mucho más importantes para el éxito de un proyecto* que la capacidad y el trabajo de las personas implicadas. El resto es un cuento de hadas para niños (y adultos). Así que...

- *Si fracasa, no se culpe.* Bien, puede que haya cosas que tenga que mejorar. Pero siéntese y analice todas las causas posibles y probables del fracaso. Descubrirá que lo que acabamos de decir es probablemente el caso. Hay que contar con los factores externos. Y sobre todo, aunque haya cometido errores, *es totalmente natural y humano.* No se sienta "inadecuado"; aprenda de ellos y siga adelante.
- *Mantener un plan B.* Que, por supuesto, una vez más no se puede con un niño. No puede decir: "Bueno, vamos a sustituir al niño por un roedor". Pero en términos de plan B, esto sugiere una cosa: asegúrese de que el plan B es más ligero, más fácil y menos exigente que el plan A.

Esta es una parte muy importante de la relación. *A menos que pase a una "relación constructiva", acabará sintiéndose insatisfecho con su relación.* Por eso, esta fase debe gestionarse bien, con prudencia, lentamente y en pequeños pasos.

Al mismo tiempo, *esta fase puede cambiar, y de hecho lo hace, el carácter de la relación. De un carácter apasionado y romántico, la relación pasará a ser más "orientada a objetivos" y responsable.*

Esto puede ser una fuente importante de ansiedad y frustración.

Puede ocurrir que ambos miembros de la pareja se dediquen de lleno a los proyectos y a las responsabilidades y luego miren hacia atrás y digan: "Pero, ¿dónde se ha ido toda la pasión?", y esto sería malo. Pero hay algo peor...

¿Qué tal si uno de los miembros de la pareja dirige toda su atención al lado "constrictivo" de la relación y el otro quiere centrarse más en el lado romántico y apasionado? En este caso, se pueden ver nubes muy oscuras en el horizonte. De hecho, **cada vez que los miembros de la pareja no están en sintonía puede causar graves problemas a la relación.**

Pero para todo hay una solución. En este caso, hay dos:

- En esta fase, **haga que la comunicación honesta y abierta sea una parte central de su relación.** Deben hablar regularmente de sus proyectos, pero también de su relación.
- En esta fase, **mantenga vivo el romance y la intimidad.** Una de las razones por las que debería **tomar descansos** es para mantener vivo el calor del amor, el romance y la intimidad. Es demasiado fácil cambiar de enfoque por completo. No espere más de un mes para abordar la pérdida de romance e intimidad. Sí, puede ser duro, *pero tendrá que hablar con su pareja sobre ello lo antes posible.* Si no lo hace, puede caer en ese círculo vicioso en el que cuanto más

espera más duro se hace y cuanto más duro se hace más se siente incómodo por ello y espera...

Etapa 7 - La etapa de la "cosecha"

Muchas relaciones acaban convirtiéndose en un "taller" de actividades y proyectos, y se mantienen así hasta el final. Otras, sin embargo, introducen un *nuevo elemento: el disfrutar de la relación.*

De hecho, se trata más de un elemento que de una fase. Para empezar, *no excluye nuevos proyectos y responsabilidades.* Pero a medida que la relación avanza hacia los últimos años, las personas tienden a reducir las nuevas responsabilidades y a sustituirlas por "tiempo juntos" y, cuando es posible, por "divertirse juntos".

Cuando éstas se convierten en la parte predominante de la relación, podemos hablar de una "fase de cosecha".

Verá, no hay ninguna ley o regla real que diga que la fase productiva debe ser todo lo que hay (preservando el romance) de una relación. Y cuando observamos a las parejas de edad avanzada, podemos comprobar que las que han encontrado una forma de divertirse han reavivado su relación (y a menudo la pasión, incluso la vida sexual, puede ser mejor más adelante, sobre todo después de la jubilación).

Esta fase aporta una "segunda primavera" a las relaciones. Piense en cuando sea mayor; quizá no tenga energía para seguir asumiendo grandes responsabilidades. En algunos casos, es incluso irresponsable asumir responsabilidades a una edad avanzada. No es una paradoja... Piense en adoptar un recién nacido a los 70 años...

Y *la jubilación suele marcar el inicio de esta fase.* Pero no tiene por qué ser así y, de hecho, es mejor que *esta fase se introduzca por etapas, con una planificación previa a la jubilación.*

De hecho, la jubilación puede suponer un auténtico shock en la vida de las personas. Y esto es especialmente cierto para las personas que no han seguido mis consejos hasta ahora:

- Quienes no han conservado amigos
- Quienes han permitido que su intimidad se enfríe
- Quienes no han compartido actividades con su pareja
- Quienes no han dado forma a una relación equitativa, inclusiva y bidireccional.

Para estas personas, retirarse puede acabar significando: "Ya no es útil y no tiene nada que hacer en su vida". Y eso suele traducirse en una disminución de la libido y comienza todo un ciclo negativo que a veces desemboca en una depresión.

Si, por el contrario, la relación ya ha empezado a ver "el lado divertido de tener tiempo libre", ¡incluso esas jubilaciones pueden convertirse en una gran oportunidad para disfrutar de la vida!

También le da la oportunidad de **ver su relación como un valor en sí mismo.** Si centra su relación en un enfoque externo, como un proyecto, la crianza de un hijo, etc., puede acabar creyendo que ese mismo proyecto o actividad es la razón por la que tiene una relación. Esto no significa que sea malo tener un enfoque externo. Como en todas las cosas, es una **cuestión de equilibrio.**

Si, por ejemplo, usted y su pareja comparten un proyecto común, por ejemplo tener una tienda, la conversación girará sobre todo en torno a ello. Y eso puede quitarle algo de estrés a la propia relación.

Por otro lado, hay personas que piensan que están "casadas porque necesitan criar hijos"... Bueno, eso es reduccionista, ¿no? Un enfoque saludable sería que criaran a los hijos como una pareja casada que se ama independientemente del hecho de tener esos hijos.

Pero entrar en un "modo" es bastante sencillo... Volver al modo "romántico" y "vamos a divertirnos juntos" es mucho más difícil. Por eso debe **mantener siempre viva esta dimensión de diversión y disfrute de su relación.**

Una pareja feliz (o más) necesitará **al menos una tarde o noche a la semana para disfrutar y divertirse juntos.** Tenga cuidado aquí: *cambie la actividad y mantenga constante el "divertirse juntos".* Muy a menudo la gente tiene esas noches, pero se convierten en noches rutinarias. El tipo de "martes por la noche en casa de los vecinos" se vuelve monótono y entonces, de nuevo, cambiará el enfoque de dentro de la relación (divertirse) afuera (¡mantener las relaciones sociales con los vecinos!)

Así que, para evitarlo, guarde una noche a la semana (por la tarde o por la mañana) en la que esté libre de todos los compromisos rutinarios y haga algo placentero, divertido, agradable con su pareja y que no sea fijo. Llámelo "su noche salvaje" si quiere...

Etapa 8 - El post-relación (tras el fin de la relación)

Esta no es una fase que tenga que pasar. Puede suceder o no. Todos soñamos con el final "feliz para siempre", pero la mayoría de las relaciones terminan... Y lidiar con relaciones pasadas no es nada fácil.

La clave es **intentar cerrar la relación en términos consensuados y amistosos**. A veces es difícil, sobre todo porque su ex pareja no lo permite. Si este es el caso, debe asegurarse de no culparse por ello. Deja una puerta abierta para cuando esté preparada para aceptar los nuevos términos de vuestra relación y seguir adelante.

Tiene que ser muy firme y tranquilo cuando comunique a una (futura) ex-pareja que *quiere una sensación de cierre y que tiene la intención de seguir en términos amistosos.* Su mejor oportunidad es hacerlo cuando está:

- Solo (un parque es mucho mejor que una carretera concurrida e incluso un restaurante).
- Libre de otros compromisos (tratar de resolver estas cosas durante la pausa del almuerzo no es una buena idea).
- Relajado (en la medida de lo posible) y sin prisas.
- Ambos preparados (intenta no sorprenderle si es posible).

Aquí también debe expresar **empatía e incluso tristeza por el fin de la relación.** Frases como: "Por fin puedo ver tu otra cara", aunque a veces sea muy veraz, no es la mejor manera de negociar un trato, y eso es lo que quiere hacer.

Quiere asegurarse de que *su relación pasada no se convierta en un problema para su vida futura*, y una ex pareja enfadada no es la mejor solución. Esto es imprescindible para usted. Es su principal objetivo. Y esta es la razón por la que **nunca debe terminar una relación intentando dejar a la ex-pareja con un sentimiento de culpa, de ser "la/el mala/a", etc.** Si es posible, por supuesto.

Si no es posible, **al menos trace una línea; haga que su ex entienda que, sí, las cosas serán difíciles de superar, pero que no quiere más problemas.**

Si es posible, intente también **convertir su relación en una buena amistad.** Esto también es a veces muy difícil, y es más fácil si su relación romántica ya tiene fuertes elementos de amistad. También requiere que los dos estén de acuerdo en dejar de estar juntos.

Es cierto, tiene razón; muy a menudo el dolor en uno o ambos miembros de la pareja (o la herida, en cualquier caso) es tan grande y fuerte que esto es imposible. Pero tal vez le diga a él o a ella que está dispuesto a reiniciar como amigo cuando ambos estén preparados.

Esto le dará a su ex (y a usted mismo) algo que esperar, y una perspectiva que utilizar para remodelar la relación. No se puede imaginar lo poderosa que es esta herramienta. Nuestra mente fantasea mucho, y cuando sabemos que algo es remotamente posible, nos sentimos cómodos imaginándolo.

Y si empieza a imaginar algo, como una amistad, *empieza a aceptarlo.* Y eso pondría a su pareja (y a su amigo) en el primer paso para convertir lo que era una historia de amor en una amistad.

Así que, como puede ver, si gestiona bien sus relaciones y, por supuesto, con una pizca de suerte, pero sobre todo con la colaboración de sus compañeros, el final "feliz para siempre" no es sólo cosa de cuentos de hadas.

Muy pronto veremos también muchos más matices y colores y sabores que pueden tener las relaciones. Lo que hemos visto es que las relaciones evolucionan y cambian. Para tener una vida larga, normalmente una relación necesita hacerlo. Pero con cada cambio, hay nuevos retos, nuevas inseguridades y, a menudo, también nuevos problemas.

Pero hemos visto cómo gestionarlas, para que su relación sea feliz en cualquier etapa. Parte del éxito se debe al estilo de vida y a las elecciones vitales, pero mucho es también cuestión de comunicación, y a esto nos dirigimos a continuación.

5

"LA CHARLA SOBRE LA RELACIÓN"

Puede ser una de las cosas más embarazosas... Piensa en ello durante días (incluso semanas). Se altera por ello. Te preocupas por ello. Lo intenta delante del espejo... Pero cuando llega el momento, le flaquean las rodillas y habla del último reality de la televisión...

Se trata de una situación demasiado común. Eso sí, a algunas personas se les da mejor que a otras y, de hecho, son muchos los elementos que intervienen en la "charla de pareja", con la que, por supuesto, nos referimos a esa charla tan difícil que a veces tenemos que tener con nuestra(s) pareja(s) para salvar, cambiar o mejorar (o a veces terminar) nuestra relación.

Así, la propia conversación sobre la relación puede ser causa de inseguridad, ansiedad y, si no funciona, incluso de frustración. Y por eso hay que hablar de ello...

Qué NO hacer en una "Charla sobre la Relación"

Acabo de mostrarle lo que no hay que hacer... Supongo que ha comprendido el chiste... "Por eso tenemos que hablar de ello", no es el mejor comienzo de una conversación. Suena como si tuvieras un hueso que cortar, que usted es el que controla la conversación y, en muchos casos, puede sonar como si quisiera poner a su pareja en un aprieto.

Y hay otra cosa que no debe hacer: *no dé por sentado que su pareja es consciente del problema.* Puede que no lo sea (aunque esto es bastante infrecuente), pero primero empiece a averiguar si ya es consciente del problema. Esa sería la forma correcta, educada y amable de actuar.

No lo convierta en una prueba de fuerza

Enfoque todo el proceso como una "negociación" o, mejor aún, como una "colaboración" o como "reunirse para resolver un problema". Si cambia su perspectiva a esto, ya le resultará más fácil, menos ansioso y más centrado al mismo tiempo hablar de algo tan importante como hacia dónde va su relación.

No convierta los defectos y faltas de su pareja en el centro de la charla

¿Qué sentido tiene decirle a alguien que no aprecia sus formas? A no ser que tenga un objetivo y un resultado positivo en mente, sólo se percibe como un ataque personal. Este es un punto clave de la psicología positiva (que ya he mencionado): *si realmente debe señalar algo negativo, enmárquelo de forma positiva y dé una alternativa o solución positiva.*

Tenga en cuenta que en estas conversaciones *hay mucho en juego.* Y no me refiero solo a su relación... También están en juego la identidad, la confianza, los aspectos emocionales... Las mismas razones que pueden preocuparle se aplican a su pareja: *ambos son muy vulnerables durante esta charla.*

Piensa en lo embarazoso que es "perder la reputación". Al final, si quiere que las cosas funcionen, piense que su pareja tendrá que vivir con usted *incluso después de la charla,* y si se siente mal por ello, su relación puede sufrir.

Y este es uno de los principales motivos de ansiedad ante estas charlas... "¿Cómo será mi relación después de la charla? ¿Será igual? ¿Sentiré lo mismo por mi pareja? ¿Sentirá mi pareja lo mismo por mí?". Todas estas son preguntas que están en el fondo de nuestra mente cuando tenemos que afrontar una "charla de pareja".

La buena noticia es que la respuesta depende realmente de usted; si *no hace que la conversación gire en torno a los defectos y faltas de su pareja, sino a las soluciones, lo más probable es que su relación mejore.* De lo contrario, puede ocurrir lo opuesto.

Pronto veremos cómo enfocarlo y estructurarlo, no se preocupe, pero creo que ya puede respirar aliviado... ¿Bien? Cambie el enfoque de su malestar a la solución, o sólo se convertirá en un ejercicio de señalar con el dedo... Y esto es exactamente lo que le preocupa...

No intente tener una "posición dominante" durante la charla

Perdón si tengo que quejarme de la sociedad y del sistema educativo... Nos enseñan que "ser poderoso, estar en una posición ventajosa, en una negociación significa ganar". Lo vemos en la televisión, forma parte de la cultura occidental, etc.

Para empezar, esto no es necesariamente cierto. Además, puede funcionar en una transacción depredadora, en la que uno quiere "arrebatarle algo al otro" (como hacerse con un negocio, ganar un concurso, etc.....), pero no funciona cuando se quiere construir algo juntos...

Y sin embargo, muchos de nosotros lo enfocamos como una competición... No lo es. Y si es así como se sientes al respecto, entonces el problema está en usted. Tiene que posponerlo hasta que haya encontrado por fin el enfoque real de la "charla sobre la relación".

Esto también se aplica a cómo se habla, cuándo se habla y dónde se habla... Y ahora, demos la vuelta al reloj de arena: después de haber visto lo *que no hay que hacer, podemos pasar al lado positivo y ver cómo gestionar la "charla de pareja".*

Cómo sobrellevar una "Charla sobre la Relación" exitosa

Ahora que sabe lo que debe evitar, ya debería tener un "sentimiento" más positivo sobre la "charla de pareja". Ahora, paso a paso, verá cómo gestionar toda la charla, desde que la piensa por primera vez hasta que la tiene y hasta después...

Encuentre el enfoque de la charla: "¿Qué quiere de ella?"

Martha necesita tener una "charla sobre la relación" esta es su idea fija: "Necesito decirle a Paul lo molesto que ha sido últimamente, sale con sus amigos y me está ignorando". Al otro lado del mundo, en Nueva Zelanda, Ari también tiene un problema similar con Laura, y está pensando. "Tengo que conseguir que Laura salga un poco más conmigo, porque últimamente sale con sus amigos mientras yo tengo que quedarme en casa". ¿Quién cree que está más cerca de conseguirlo?

Por supuesto, es Ari en Nueva Zelanda quien tiene el enfoque correcto. Y el enfoque correcto te le la perspectiva adecuada. Por eso *tiene que* **encontrar un momento en el que pueda dejar de lado los disgustos y centrarse en lo que quiere conseguir.**

Verá, comprendo perfectamente que si está alterado, si le han hecho daño, es muy difícil ver lo positivo. Pero aquí tiene un amigo, el tiempo. No puede esperar demasiado tiempo, ni mucho menos hasta que renuncie a resolver un problema. Pero tiene que esperar lo suficiente para tener ese "momento de lucidez".

Entonces sólo tiene que **encontrar y exponer el resultado positivo que quiere obtener de la charla.** ¿Ya está? Bien, repítalo para sí mismo una y otra vez, hágalo durante unos días de vez en cuando. Cuando sienta que este es un enfoque claro que puede utilizar. Cuando sienta que si se mete en una discusión del tipo "me haces más daño", puede recordar su enfoque real y volver a él... entonces *está listo para llamar a la charla.*

Elija el tiempo y el lugar correctamente

Piense en la *mejor situación posible para tener la charla.* Ya sabe que no debe ser en un lugar apresurado y con mucha gente. Juguemos a un juego... ponga las siguientes opciones en orden del peor lugar al mejor (pensando en usted y en su pareja):

- En el trayecto al trabajo
- En su casa luego del trabajo
- Volviendo a casa luego del cine
- Durante la pausa para comer en una cafetería
- En un parque en un día soleado de fin de semana
- En su casa antes de ir a la fiesta de cumpleaños de un amigo

El ejercicio se explica por sí mismo; hay que negociar diferentes factores:

- *El lugar*, que debe ser neutral y pacífico.
- *El tiempo*, que tiene que ser abierto, y no estar apretado entre otros compromisos.
- *Los gustos y necesidades personales de su pareja y de usted mismo;* si es primavera y su pareja tiene fiebre del polen, quizá el parque no sea la mejor solución...

En cualquier caso, *elija un lugar y una hora que sean buenos para los dos;* ambos tienen que estar cómodos. Y esté *dispuesto a negociar el lugar y la hora.* No haga sentir a su pareja que está bajo presión o que le ha "impuesto la reunión".

Si viven juntos, piensen en salir a dar un paseo... Hablar de los problemas en el lugar donde "viven", en lugares llenos de recuerdos de estos problemas puede traerlos de forma negativa. En cambio, salir de un lugar "cargado de problemas" ya es una experiencia liberadora.

Planee y Estructure la Charla pero no la Recargue

A algunos nos gusta improvisar, y eso está bien hasta cierto punto. Es decir, si realmente es usted una de esas personas que siempre puede mantener la mente nivelada, que siempre puede encontrar las palabras adecuadas, etc., por favor, si quiere confíe en sí mismo.

Pero para la mayoría de nosotros, este no es el caso. Especialmente cuando hay una implicación emocional, es difícil recordar todo lo que queríamos decir. Por lo tanto, necesitaremos algo de planificación. Ahora bien, tenga en cuenta que *la planificación en sí misma reduce la ansiedad y las inseguridades.*

Podemos pasar de la situación de Catherine, que pensó que lo superaría sin planearlo, se encontró con su novio en la orilla del río y se limitó a decir: "Er...", y luego calló a Matthew, que, totalmente falto de confianza, fue a la reunión con su querida Charlotte con todo un conjunto de notas. Por desgracia, a Charlotte no le gustó la idea de un "discurso tipo mitin político", como dijo ella, y todo acabó en fracaso y frustración.

La planificación debe ser general y flexible. No puede predecir todo lo que va a ocurrir, ni tampoco cómo va a reaccionar su pareja. *Mantenga su plan sea lo suficientemente sencillo como para que pueda memorizarlo fácilmente.*

Todo lo que necesita son de tres a cinco puntos clave y tal vez algunas palabras clave, pero sobre todo asegúrese de *tener claro su objetivo.*

De las palabras clave, *piense detenidamente en cómo puede describir lo que ha sentido o siente.* Recuerde que expresar correctamente cómo se siente, como decíamos en el capítulo 3, es la clave del éxito. *Siga la estructura del capítulo 3, "El lenguaje de Sanar y las Emociones".*

Permita ***también que su pareja exprese sus sentimientos después de que usted lo haya hecho (o viceversa).***

Esto ya debería asegurar que *ambos se sientan en igualdad de condiciones y con poder en la charla.*

Divida la charla en tres partes:

- *Expresar el problema.*
- *Discutir la solución.*
- *Acordar los siguientes pasos.*

Así que, después de que ambos hayan expresado sus sentimientos, podéis, si les apetece, **perdonarse mutuamente.** Esto sería lo ideal. Si lo hacen, que sea con una sonrisa y un abrazo, etc. Pero esto no debería significar que todo está bien. Este debe ser un primer paso para que las cosas no se repitan.

A continuación, puede pasar al segundo paso: **negociar la solución.**

Este es un tipo de conversación totalmente diferente. Se trata de la negociación propiamente dicha. No intente imponer su solución, pero *preséntela como algo práctico, muestre sus ventajas y arguméntelas.*

Pero también debe estar preparado para *adaptarlo, cambiarlo e incorporar las sugerencias de su pareja.*

¿Y qué pasa si su pareja tiene otra solución en mente? Prepárese para esta posibilidad y *esté muy abierto a la solución de su pareja*. No se trata de "quién gana". Se trata de *elegir la mejor solución*. Y si cree que la de su pareja es mejor, que así sea.

Asegúrese de *hacer una pausa en la solución que ha elegido*; tiene que estar muy clara para ambos. Cierre con un brindis, un helado, una pequeña celebración de cualquier tipo... Eso resaltará el aspecto positivo de la relación.

Ahora puede **acordar los siguientes pasos** Esta es la fase de "implementación" de la solución. Pero yo añadiría un pequeño elemento que le contaré al final...

Intente ser *bastante específico pero relajado con este paso*. Si el problema es el mismo que el de Ari y Laura y quiere que su pareja pase más tiempo con usted, quizá deba hacer lo siguiente. Por un lado, elija un día concreto (dos, tres, etc.....) que pasarán los dos solos, juntos y divirtiéndose. Por otro lado, debe permitir que su pareja se reúna con sus amigos libremente, siempre que cumpla su parte del trato con usted.

También deben decidir *cuándo empezar* y, si se trata de una solución compleja, *dividir la solución en pasos manejables y trazar una secuencia y un calendario para ellos*. Sin embargo, esto no debe convertirse en una fuente de estrés. Debe convertirse en un proyecto placentero. Dese tiempo, tómalo con calma.

Ah, se me olvidaba... El último consejo... **Tómese un tiempo para reforzar lazos después de la charla.** Verá, asegurarse de que su relación es tan sólida y cariñosa como antes es esencial en esta etapa.

Aunque se consiga mucho con la "charla de relación", nunca es fácil, y habrán pasado por una dura negociación, han utilizado la lógica y la razón...

Todo esto le distrae del valor y la dimensión emocional y profunda de su relación; así que es el momento de "restablecer ese vínculo emocional entre la pareja".

¿Ensayar "La Charla sobre la Relación" es una buena idea?

Como con todas las cosas importantes, sí. Pero no lo convierta en una serie de televisión de 24 episodios

Ensaye sólo algunas partes, como la estructura o rutina de "expresión de sentimientos y emociones". Así se asegura de no equivocarse en los momentos más importantes. Ensaye quizá algunas partes y puntos clave. Busque frases o conceptos que tenga en mente que deba asegurarse de decir y ensaye sólo esos.

Pero *ensaye sólo las partes clave y sólo hasta que se sienta bastante seguro con ellas. Hay que evitar que la "entrega perfecta" acabe siendo una "entrega sin alma".* Si ensaya demasiado, acabará limitándose a "decir las palabras" sin expresar los sentimientos. Y eso sería malo para toda la charla.

¿Sabe que uno de los principales problemas de los actores y actrices de cine es que si no aciertan con la entrega en las primeras tomas, se corre el riesgo de que ni siquiera ellos logren "deliberar" las líneas?

¿Y ha intentado alguna vez repetir una palabra una y otra vez hasta que no tenga sentido? Este fenómeno es bien conocido y se llama *"saturación semántica"*. A otro nivel, esto también ocurre con las "líneas ensayadas en exceso".

Y *no ensaye toda la charla; esto puede ser muy contraproducente.* Para empezar, no sabe cómo va a ir. Si la ensaya y su compañero la lleva en otra dirección, le resultará más difícil adaptarse, cambiar y, al final, conseguir lo que quiere.

Es más, si lo ensaya todo, puedes acabar pensando que si no sale como ha planeado, no es un éxito. Y no saldrá exactamente como lo había planeado. Incluso si tiene éxito. Así que ensayar toda la charla (como hacen los políticos con los discursos y los actores con los guiones) acabará siendo una fuente de frustración...

Cómo Actuar Durante la Charla

Una vez que tenga una buena idea de lo que quiere obtener de la charla, de lo que va a decir (en términos generales) y de cómo se estructurará la charla, podrá "enfrentarse a la música" con mucha más confianza y un corazón más fuerte.

Pero, como en todos los "eventos en vivo", siempre hay sorpresas e imprevistos. ¿Qué puede hacer entonces? Aquí tiene algunos consejos útiles...

Sea flexible

Esté preparado para cambiar de rumbo y seguir a su compañero. Esto no significa "rendirse", sino colaborar. Mantenga su objetivo en mente, pero no sea demasiado estricto con los caminos que puede seguir para conseguirlo.

Estar tranquilo

Intente mantener la calma y el control de sí mismo, en lugar de controlar la conversación. Si se altera, tómese un tiempo. Debe concederse a usted y a su pareja cinco minutos para calmarse si es necesario, o incluso más, cada vez que sean necesarios.

Lo que nos lleva al siguiente punto...

Tome Descansos

Si usted o su pareja se cansan, se alteran, se ponen nerviosos, lloran, se confunden, etc., estén absolutamente dispuestos a hacer una pausa. Incluso si la charla se prolonga demasiado...

Hay que *centrarse en hacer las cosas bien, con calma y serenidad (en la medida de lo posible) en lugar de hacer las cosas "rápidamente".*

Y en este sentido...

Esté preparado para suspenderla

Qué palabra más oficial... Pero la cuestión es que si no puede llegar a un acuerdo, y se sientes cansado, frustrado, o en general siente que no avanzas, deje la charla y acuerden volver a verse en otro momento.

Pero otro momento no significa "algún tiempo"; decidan el momento y el lugar y háganlo lo antes posible. Dense el tiempo suficiente para "ordenar sus pensamientos y reflexionar" y luego vuelvan a reunirse.

Una larga espera puede ser frustrante e incluso inducir ansiedad. Así que "la semana que viene" es un poco tarde, y si puede hacerse en uno o dos días, hágalo.

Vaya al grano: no inicie cadenas ni "vaya por el carril de los recuerdos"

Intente centrarse en sus puntos, los que había previsto, en la medida de lo posible. Sobre todo, evite hacer largas listas de "las veces que..." o "las cosas que...". Éstas pueden tomarse como una "insistencia en algo doloroso". Pueden sentirse más como una acusación que como una charla con una solución en mente.

Al mismo tiempo, si surgen recuerdos del pasado, elija sólo los positivos para compartirlos con su pareja. Si surgen recuerdos negativos, evite "bajar al carril de los recuerdos" con ellos... tendrá el mismo efecto que antes: *su pareja se sentirá como si estuviera siendo juzgada mientras usted le lee los recuentos de las acusaciones.*

Evite posibles "ataques"

Esto es muy importante, y lo veremos con más detalle a continuación, cuando hablemos de "desescalar", una habilidad que es tan útil en todas las relaciones de todo tipo y que viene bien en tantas situaciones...

Comprenda que su pareja -por experiencias pasadas, tal vez- podría tener una idea equivocada de lo que es todo el ejercicio... Estamos "programados" para reaccionar a cualquier crítica con un "pero usted" o "¿qué la vez que usted?" etc.... Vemos estas situaciones como un "enfrentamiento" en lugar de una colaboración. Y esto puede ocurrir incluso si utiliza las palabras más simpáticas, suaves y acogedoras...

La mejor solución es ignorar cualquier "ataque". Esto puede ser difícil, y veremos cómo puede tener éxito en esto a continuación, pero por ahora, piense que si cae en esa lógica de "usted contra mí" toda la charla se va a convertir en una discusión.

Por lo tanto, *esté muy atento a cualquier signo de que la charla se convierta en una discusión.* Cuando los detecte:

- *Ignórelos*
- *Anticípese (incluso con una broma)*
- *No los devuelva*
- *Si es necesario, aléjese y tome un descanso*

Si puede, dígale a su pareja que su intención no era discutir y que no es el momento de sacar a relucir todos los pequeños desacuerdos y problemas que tienen...

Y esto nos lleva directamente al siguiente capítulo. De hecho, uno muy, muy importante sobre la desescalada de situaciones... E incluso las mejores y más románticas relaciones a veces tienen "sus momentos". Entonces, ¡más vale estar preparado!

6

CÓMO AFRONTAR LAS DISCUSIONES EN SU RELACIÓN

"... Y vivieron felices para siempre", discutiendo de vez en cuando y con alguna que otra bronca inolvidable. Seamos realistas, incluso la pareja más unida tendrá alguna que otra crisis. Por supuesto, hay excepciones, pero son muy raras. Y tenemos que estar preparados para todas las eventualidades.

De hecho, todos tenemos experiencia de primera mano con las peleas... Y aquí es donde vamos a empezar. Es un pensamiento desagradable, lo sé, pero piense en un enojo que recuerde bien. Incluso uno que haya visto en una película, si quiere mantener cierto distanciamiento.

Primero, repáselo como si fuera una historia, una narración normal. Luego, trate de identificar esto:

- La frase o acción que *detonó* la discusión.

- La *respuesta* a ese detonador.
- La escalada.
- El p*unto de inflexión*, que es cuando la discusión se convirtió realmente en "plena".
- Si puede, mire también antes de la pelea o discusión, y fíjese si una de las dos personas dio alguna señal de *"estar cerrada a los demás"*, de no querer enfrentarse a ningún reto, como la forma de caminar, hablar, mirar, sentarse etc....

Como siempre, tómese su tiempo... En realidad vivo en un armario y sólo salgo cuando me necesita...

...

Saldré del armario entonces... Respire hondo. Entiendo perfectamente el precio emocional de recordar episodios negativos... De todas formas, ¿ha identificado el *detonante, la respuesta, el aumento y el punto de inflexión*?

Apuesto a que sí, y es probable que también haya encontrado signos de cierre en alguno de los participantes.

Y si lo ha hecho, ahora sabe...

Las Etapas de una Discusión o Pelea

Hay una gran diferencia entre tener un desacuerdo y tener una discusión, o una pelea. Un desacuerdo es simplemente una cuestión de tener opiniones diferentes; en una pelea, hay un *enfrentamiento y signos de hostilidad*.

Y las disputas o discusiones tienen un patrón muy específico. Todos lo reconocemos, al menos inconscientemente. De hecho, todos sabemos cuándo una discusión está a punto de estallar entre dos personas porque reconocemos las etapas.

La etapa previa

Incluso antes de la pelea, suele haber elementos que pueden provocar el enfrentamiento. Pueden ser muchos, como una larga hostilidad o competencia entre las personas implicadas, o que una de las personas haya tenido un mal día (señalado a través de señales verbales y no verbales, como hemos dicho, señales que no son recogidas por la otra persona, la mayoría de las veces).

Ahora, imagine a una niña en la escuela, se llama Namina... Está muy enfadada y se niega a colaborar... Está mirando por la ventana, y parece enfadada. La profesora no sabe por qué Namina se comporta así. Pero está preocupada y no deja de mirarla y se acerca a ella. También se acerca a su lado del aula con bastante frecuencia, y luego intenta hablar con Namina...

Por supuesto, en vano... Namina, en lugar de colaborar, se enfada aún más.

Ahora, ¿puede ver lo que ha salido mal aquí? Mire este ejemplo y fíjese en lo que ha sucedido que ha echado a perder el esfuerzo de la profesora.

...

Mi armario está lleno de larvas, acabo de descubrirlo... ¿Ha tenido tiempo de pensar en ello? Puede que se le hayan ocurrido algunas respuestas como:

- Están en frente de otras personas, así que, este no es el lugar para hablar con Namina, ya que ella puede querer mantener su privacidad.
- ¿Quizás la profesora es la causa del malestar de Namina y ella no lo sabe?
- La profesora falló al leer el lenguaje corporal de Namina de "mantenerse alejada".
- ¿Tal vez Namina quiera que un amigo hable con ella?
- Ir a su lado repentinamente puede haber empeorado la situación.

Todas estas pueden ser buenas razones. El punto clave es *identificar las señales previas a la crisis o a la discusión en los demás*. Y, por supuesto, **si ve que se avecina una discusión, no la desencadene, ¡aléjese!**

En realidad, la única solución en esta fase es **dar tiempo a la otra persona para que resuelva sus problemas, se quede sola y se calme.**

El detonante

Esto puede ser muy pequeño. Puede ser una palabra, un gesto, incluso una simple mirada.

El problema es que el ***detonante no es la verdadera causa de la discusión, sino que a menudo se convierte en el centro de la propia discusión.*** Esto significa *que en las discusiones, la gente suele hablar y discutir sobre el punto equivocado…*

Todos sabemos que cuando las parejas (especialmente las jóvenes) discuten por cosas pequeñas, en realidad están discutiendo por "otra cosa". Esto ocurre tan a menudo, que "Comer con la boca cerrada", a veces puede significar "Nunca tenemos tiempo de calidad juntos…".

A corto plazo, las personas afectadas se ven atrapadas en un *tema que no dará ninguna solución real al verdadero problema.* A continuación, en los casos graves, cuando hay una larga historia de desacuerdos y problemas, esto puede convertirse en un puro "ejercicio de hostilidad". En esta etapa, el tema es totalmente irrelevante… Es una etapa patológica. Pero es mucho más común de lo que podríamos imaginar.

A largo plazo, la pareja suele utilizar este "cambio de enfoque en el desencadenante" para evitar enfrentarse al verdadero problema, que suele ser más doloroso, más difícil de abordar y resolver…

Ahora, guarde esta información durante unos minutos. La necesitará cuando hablemos de las soluciones.

La respuesta al detonante

Si el detonante pasa desapercibido, la discusión no se inicia (y esto es una pista…) Pero si se capta con hostilidad, entonces la discusión está en ciernes. En este caso, el desencadenante se ve como uno o todos estos:

- Un desafío (personal)
- Un acto de hostilidad
- Desigualdad
- Una señal de que la otra persona quiere discutir
- Un desafío a la propia posición

La respuesta, entonces, será de *confrontación, más que de reconciliación.*

También existen algunas cualidades típicas de esta respuesta, como que es rápida, es negativa, no es reflexiva, suele incluir gritos, etc.

Pero mientras se puede ver que con un análisis adecuado de la dinámica de los argumentos (como este) ya se pueden ver posibles caminos hacia una solución, le pediré que espere unos minutos... Llegaremos a ello pronto.

La escalada

Después del detonante suele ser difícil calmar las cosas. La oposición de las dos partes se hace cada vez más grande, más fuerte... las palabras son cada vez más fuertes y *cuanto más se prolonga el intercambio, más se distancian las personas implicadas.*

Esta es una fase llamada aumento. ¿Se acuerda de Namina? No le he contado lo que pasó después de que la profesora le preguntara:

"¿Qué le pasa, Namina?" (Pregunta incorrecta - ¡detonante!)

"Nada, señorita", responde Namina con un gruñido y mirando hacia otro lado.

"No puede ser nada", responde la profesora.

"No he dicho nada", insiste Namina.

"Está enfadada, Namina, ¿por qué?", dice la profesora, con la voz más alta.

"¿Por qué me molesta?". La voz de Namina también se hace más fuerte.

"¡Cómo se atreves a hablarme así!", grita la profesora.

Namina sale furiosa de la clase.

El aumento se caracteriza por lo siguiente:

- Ninguno de los participantes se rinde.
- Intensidad que incrementa.
- Aumento del volumen.
- Palabras más y más fuertes.
- A veces, incluso gestos agresivos.

El aumento empuja a uno de los participantes a pasar a la acción; en algunos casos, se trata de gritar tan fuerte que el otro se calla. En otros casos, puede llegar a ser física. Namina, una niña, tiene la mejor reacción que podría tener: sale furiosa, sí, rompiendo las reglas de la escuela, pero realmente detiene la discusión de la única manera que puede. Choca esos cinco, Namina. ¡Eres más sabia que la profesora! Y ya veremos por qué en la parte de la solución de este capítulo.

El punto de inflexión

El aumento fuerza un punto de inflexión: *como ninguno de los participantes está dispuesto a ceder, uno de ellos tiene que tomar medidas drásticas para poner fin a la discusión.* Este es también el punto más peligroso de una discusión. Suele ser en esta fase cuando, si una persona tiene tendencias agresivas, las cosas se vuelven físicas.

Incluso en las discusiones entre matones la dinámica es la misma y hay poca expectativa de violencia hasta el punto de inflexión. Al observarlas (incluso cómo se representan sus discusiones de forma realista en las películas) se pueden ver todas las etapas que conducen a lo que suele ser una reacción física.

Luego, por supuesto, en las películas hay amigos que los separan o las cosas se vuelven realmente desagradables.

Pero el final violento de las discusiones es relativamente raro. En la mayoría de los casos, hay *una ruptura total de la comunicación,* acompañada de palabras fuertes y enfadadas y una ruptura de algún tipo. No me refiero a la ruptura de una relación, no necesariamente, aunque hay relaciones que se rompen tras las discusiones, ¡bastantes! En caso de que uno de los miembros de la pareja tenga la cabeza fría que tiene Namina, la ruptura puede consistir simplemente en que uno de los miembros se aleje.

Ahora ya sabe cómo se sintió la profesora... Sintió que el alejamiento de Namina es un desafío a su papel y autoridad, incluso un insulto... Y cuando la relación es personal y aún más íntima, el alejamiento puede ser aún más duro, a menudo seguido de lágrimas, etc.

Pero hay gente que tiene esta estrategia de existencia, como Namina. Son personas que, por la razón que sea (puede ser una razón muy personal, como, en algunos casos, los niños que a menudo presencian las discusiones de sus padres) no pueden soportar una discusión. Su reacción visceral es alejarse.

Si su pareja es una de estas personas, *respete su "estrategia"*. En realidad es una buena y sabia estrategia. Pero lo fundamental es que *no se lo tome como un insulto personal, un desafío o una falta de respeto. Tampoco debe pensar necesariamente que su pareja no quiere afrontar el problema que tiene. Puede ser simplemente que su pareja no quiera afrontar el problema durante una discusión.*

Si nota esta actitud en su pareja, intente discutir el problema real (no el desencadenante) con serenidad, un poco como dijimos en el capítulo "charla sobre la relación". Si nota que su pareja está más dispuesta a hablar en ese momento, entonces ha encontrado la solución.

Y hablando de soluciones...

Cómo Evitar una Discusión Fuerte

Ya hemos visto algunas soluciones, y son bastantes las que vamos a ver ahora. Sin embargo, antes tenemos que ver algunos puntos generales.

Hay que *entender las etapas de los argumentos para aplicar la solución correcta*. Y usted acaba de verlas todas... así que, estamos en un buen punto.

En cada etapa, tiene una salida. Así que no se preocupe si la discusión se ha desencadenado, todavía tiene una forma de salir de ella, ¡quizás incluso con una sonrisa!

Su objetivo es evitar el punto de inflexión a toda costa. Verá, si mira una mala discusión desde su "clímax", desde su punto final, se da cuenta de que todo lo que pasa antes, aunque sea malo, es mucho menos doloroso. Así que, siempre que empiece una discusión, entienda que va a ser más y más dolorosa cuanto más tiempo pase, así que, como consecuencia...

...Intente detener la discusión en la fase más temprana posible. Deje a un lado su ego y sus objetivos inmediatos (que pueden ser "desahogarte" o "desahogar tu ira" o "esta vez no le voy a dejar escapar"). En su lugar, *céntrese en su objetivo a largo plazo, que es tener una relación feliz con la menor tensión posible y resolver los problemas...*

Si discute a menudo, se dará cuenta de que al principio conseguirá detener el vuelco justo antes de que se produzca o "suavizarlo" mientras aún se produce. Después, al cabo de un tiempo, suele detener las discusiones en fases cada vez más tempranas. Los hábitos, incluso los de las discusiones, son difíciles de romper y los progresos suelen ser graduales... Pero siga en ello y, mientras tanto, céntrese en lo más relajada y feliz que se está volviendo su relación.

Evitar la Discusión

Ya hemos hablado de ello. La mejor salida y la más temprana es entender cuando su pareja está *"cerrada"* y evitar regañarla o burlarse de ella. Lo mejor que debería haber hecho la profesora es lo que pedía Namina con su lenguaje corporal y su actitud: dejarla en paz. Le sorprenderá lo común que es la historia de Namina en las aulas... Y cómo algunos profesores siguen sin entender el punto clave de la estrategia: si un alumno se enfada, puede que no sea por usted, y no se lo tome como algo personal. Deje al alumno en paz y, si no lo hace, puede que se trate de usted...

Lo mismo ocurre a menudo con las parejas. ¿Cuántas veces han discutido las parejas porque uno de ellos estaba cansado y el otro no lo entendía? Llega a casa del trabajo y está hecho polvo. Ese no es el momento de que le lancen un gatillazo como: "¡Una vez más has olvidado sacar la basura!".

Entiende cómo se siente cuando le pasan estas cosas, ¿verdad? Piensa: "Estoy agotado, ¿no puede verlo?". Luego, cuando las cosas suceden una y otra vez, se cuela algún que otro pensamiento como: "Lo ha vuelto a hacer", o incluso: "Ahora lo está haciendo a propósito", y empeora aún más las cosas.

Por otra parte, podemos incluso tomarnos las cosas como algo personal, con pensamientos del tipo: "Si no ha visto lo agotada que estoy, significa que ni siquiera me ha mirado". Y este es un pensamiento bastante triste, en realidad. Pero tal vez no haya sido capaz de leer sus señales no verbales, como que se desplome en el sofá... Tal vez también esté cansado y le vea en el sofá mientras cocina...

Ahora bien, no estoy tomando partido (y esto es lo más sensato cuando ve que la gente discute...), sino que estoy tratando de hacerle pensar desde la perspectiva de su pareja. Seguro que ha estado en los dos papeles, ¿no?

Por lo tanto, el primer truco es **entender cuándo su pareja está "cerrada" y que en esta etapa, incluso cosas que pueden tener una intención muy inocente pueden ser vistas como "detonadores".**

Restar Tensión al Detonante

"¿Pero qué pasa si mi pareja se exalta cuando no era mi intención?" es su muy buena pregunta. La respuesta es sencilla. No siga su respuesta. En su lugar, *retroceda y explique que no era esa su intención.*

Imagine que una discusión es como dos barcos que chocan entre sí... Usted dispara (involuntariamente) y ese es el primer golpe, luego su pareja responde, si parte de su respuesta y sigue en esa dirección, le espera un viaje movido. Si da un paso atrás, le espera una navegación tranquila.

¿Ejemplo?

Tom: "Oye, Mary, aún no has publicado la carta".

Mary: "He estado trabajando todo el día, ¿qué has estado haciendo tú?"

Tom: "He estado buscando trabajo, ¿por qué me haces sentir culpable por ello?"

...Viaje agitado durante los siguientes 30 minutos.

Verá, Tom se alteró y luego respondió a la respuesta de Mary "¿qué has estado haciendo?" Pero esa pregunta realmente no quería una respuesta, ¿verdad? La verdadera función era desahogar la frustración de Mary...

Volvamos hacia atrás entonces:

Tom: "Oye Mary, aún no has publicado la carta".

Mary: "He estado trabajando todo el día, ¿qué has estado haciendo?"

Tom: "No, Mary, no quería acusarte. Sólo me di cuenta y te preguntaba si querías que la publicara..."

Mary: "Perdona que te haya entendido mal, gracias, si puedes..."

...Navegación tranquila y cena a la luz de las velas en 30 minutos entonces...

El único problema de este ejemplo es que la gente ya no utiliza el correo en papel, pero seguro que puedes ver que si detecta las cosas en esta fase temprana, puede convertir literalmente una situación potencialmente dolorosa en una experiencia agradable.

Pero, ¿qué ocurre cuando el detonante llega a usted? ¿Qué ocurre si realmente es intencionado? Lo mejor es *desviar el detonante*. Hay tres maneras de hacerlo:

1. *Ignore el detonante,* alejarse fingiendo no haberlo oído está bastante bien, pero si lo hace repetidamente puede poner nervioso/a a su pareja, dependiendo de su personalidad y de si tiene algún problema con usted.
2. *Tómeselo a broma,* esto puede ser arriesgado. Si es involuntario, normalmente las cosas se solucionan de inmediato, pero si no lo es su pareja puede tomarlo como un desafío, como "¡ni siquiera me toma en serio!". También depende de la importancia del tema...

3. *Explique sus sentimientos,* que es la respuesta más difícil pero la mejor y más segura. Algo parecido a lo que ya hemos aprendido, como: "Entiendo que estés molesto, pero por favor, comprende que yo también estoy muy cansado ahora", y luego añada una sugerencia o un "punto de acción", como les gusta llamar a los empresarios: "¿Hablamos de ello después de la cena, cuando estemos más relajados?".

Esto suele dar a la otra parte la oportunidad de pensar en el *problema real* (no en el detonante, ¿recuerda?) y puede convertir lo que sería una pelea inútil y desagradable en una oportunidad para hablar de algo de forma constructiva.

Sin embargo, si dice: "hablemos de ello más tarde", entonces hágalo... No lo utilice como un "truco para salir", aunque la tentación sea grande...

En conclusión, **si tiene que responder a un detonante, desactívelo, si da un detonante por error, explique que no era su intención.** Esto servirá en la mayoría de los casos.

Intente, si puede, y sobre todo a medida que vaya adquiriendo experiencia en la gestión de estas situaciones, detener la discusión en esta fase. De hecho, en esta etapa las discusiones son principalmente una cuestión de "ponerse nervioso", lo cual es desagradable pero manejable. Sin embargo, es en la siguiente etapa cuando las cosas empiezan a volverse personales...

Desescalar una Discusión

El aumento es la parte más larga de la discusión, y es la que precede al punto de inflexión. Así que, en cierto modo, es muy desagradable y, como acabamos de decir, las cosas empiezan a ser dolorosas y personales durante la escalada. Por otro lado, el detonante y la primera respuesta suelen ser cuestión de segundos (¡incluso menos de un segundo!) ¿Y si le pillan desprevenido, o simplemente no ha podido desactivar el desencadenamiento?

Entonces, la buena noticia es que la siguiente fase es más larga, y esto le da más tiempo para intentar cambiarlo. Y la forma de cambiarlo es *desescalando.*

En primer lugar, debes entender que para **desescalar una discusión debe evitar quedar atrapado en todos sus recovecos.** ¿A qué nos referimos? Tenemos la tendencia a responder a todos los puntos, a todas las preguntas, a todos los desafíos. Es como estar en Twitter. Y eso es inútil, agotador y malo para la relación. Nos sentimos como si estuviéramos en un partido de fútbol o de baloncesto y tuviéramos que anotar el mayor número de puntos posible.

La realidad es que este mismo hecho nos aleja del *verdadero objetivo que es evitar una discusión (o enfrentamiento) inútil, evitar el dolor y el daño y proteger tu relación.* ¿A quién le importa si realmente fue usted quien olvidó las llaves hace 3 años cuando se quedó fuera? ¿Y si lo fue? ¿Y si fue tu pareja? ¿Qué cambiaría? Lo único que cambia es que *al sacar temas desagradables y conflictivos tensa su relación, y sufre.*

Por tanto, mantenga la vista en "el gran premio" y no en todas las migajas que lo llevan al punto de inflexión. Teniendo esto en cuenta, esto es lo que tiene que hacer.

Escuche a su pareja

Tendemos a interrumpirnos mutuamente en las discusiones y un signo claro de escalada son las interrupciones cada vez más frecuentes y rápidas. Esto en sí mismo se convierte en algo molesto y en una causa de frustración, etc....

Por lo tanto, escuche hasta que su pareja haya terminado y ya habrá reducido *la tensión de la discusión*.

Esté de acuerdo cuando sea posible

Como hemos sido provocados, ya comenzamos cada intercambio con la actitud de "no, usted está equivocado y yo tengo razón". Pues bien, esa es una receta para el desastre. En su lugar, intente exactamente lo contrario. Sé que es difícil y que nuestros egos se interponen en estas cosas, pero intenta utilizar frases como éstas lo más lejos y a menudo posible:

"Estoy de acuerdo..."

"Puedo ver su punto de vista".

"No lo había visto desde esa perspectiva".

Incluso

"No estoy seguro, pero lo pensaré".

Si le apetece hacerlo sólo para desviar la discusión, adelante...

Deje que su pareja se calme

Tómese su tiempo antes de responder. ¿Quién ha dicho que hay que contestar enseguida?

Por otra parte, en algunos puntos puede dar a su compañero la oportunidad de "divagar un poco". Verá, saltar de un punto a otro es muy estresante y tenso. En cambio, elaborar un punto es más relajante.

Tenga cuidado con el punto que elija; elija uno que no sea demasiado sensible, que no sea muy conflictivo y que, literalmente, desvíe a su pareja diciendo: "¿Puede explicar esto un poco más?". De este modo, le dará a su pareja la oportunidad de "respirar"...

Las mejores oportunidades son cuando él/ella introduce en la discusión a una tercera persona (¡no presente, por supuesto!) como "Cuando vi a Charlie todavía estaba caminando de vuelta a pie y su coche estaba roto y usted me dijo..." Deténgalo ahí (no verbalmente, simplemente ignore el "y usted me dijo y..." y todo lo que venga después) y diga: "Cuénteme más sobre el accidente de Charlie esa noche".

Así demuestra interés, se desvía de la otra persona y también le da a su pareja la oportunidad de calmarse, en un tema menos emocional.

¡Exprese sus sentimientos!

Ya ha visto el poder de expresar los sentimientos... Ahora bien, es difícil hacerlo durante una discusión, pero si lo hace... Es la táctica más desarmante que puede tener.

Las discusiones se basan en el plano de "tener razón o no"... Se estructuran en torno a puntos racionales, no emocionales. Las peleas no empiezan con frases como: "Cuando dijo que era estúpido me sentí realmente herido por dentro..." (énfasis en el sentimiento) sino, "¡Incluso me dijo que soy estúpido!" (lo que significa: "¡Admita que se equivoca, que no soy estúpido!").

Por lo tanto, si puede, exponga cómo se siente con respecto a la discusión. Hágalo sin gritar y trate de ser lo más tranquilo pero sincero posible. *Tampoco exprese sus sentimientos como una acusación.* Evite decir "usted". Utilice frases como:

"A estas alturas la conversación se está volviendo dolorosa para mí".

"Son cosas que me están molestando mucho".

"No estoy preparado para hablar de cosas dolorosas en esta situación"

Incluso dar advertencias como:

"No estoy seguro de que si seguimos así pueda soportarlo mucho más tiempo".

Pero evite a toda costa frases como:

"¡Ahora me hace daño!" Eso es una acusación.

"Lo que dice es muy doloroso".

Lleva tiempo desescalar una discusión. Puede que acaben hablando un rato, pero sigue calmando la situación en lugar de "encenderla".

En la mayoría de los casos, *después de unos minutos de desescalada notará que su pareja ha empezado a colaborar con ella.* Por increíble que parezca, sólo tiene que "mantener el fuerte" (de la paz, por supuesto) durante unos minutos y su compañero volverá a entrar en razón.

En ese momento, él/ella se dará cuenta de que lo que estaba a punto de suceder era demasiado doloroso y empezará a hablar sobre temas más tranquilos, salidas... ¡la primera broma es siempre la mejor señal de que la discusión ha terminado por fin!

Aléjese

Sí, Namina tenía razón. Si todo falla, aléjese. Cuando no tiene otra opción, la distancia física puede ser la única. Si su relación es bastante "conflictiva", puede que esto sea lo único que pueda hacer al principio. Más adelante, podrá desescalar o incluso desactivar el detonante. No se avergüence si esto es todo lo que puede hacer.

Choca esos cinco para usted también; siempre es prudente evitar el punto de inflexión. De hecho, puede enviar a su pareja el mensaje de que ha ido demasiado lejos. Alejarse es una clara señal de establecimiento de límites. Y en las relaciones a veces los límites son necesarios

Pero si puede, **intente alejarse con calma**. Explique por qué, con frases como:

"Lo siento, esto se está volviendo demasiado, necesito tomar un descanso".

"Realmente no puedo manejar esto más, necesito un poco de aire fresco".

Si puede, **aléjese al menos por 20 minutos**. Ese es el tiempo que tarda la gente en calmarse... Si se acerca a él o ella antes, puede reavivar la discusión.

Por último, **sigua con una charla amistosa**. Y hay algo que no debe olvidar en esto: dígale a su pareja que su alejamiento no fue personal sino por la tensión de la situación. Este es su mensaje. La conversación sobre la "resolución de problemas" puede (y quizá deba) tener lugar más adelante. Se trata principalmente de explicar su reacción.

Avanzar a playas más soleadas

Este ha sido un capítulo duro, pido disculpas. Comprendo que son temas dolorosos, pero tenía que hablar de ello en su totalidad, espero que me entienda... Pero ahora todos podemos respirar aliviados y lo que me hace feliz es que ahora puede resolver incluso situaciones bastante problemáticas. Debe estar bastante aliviado, ya que -ya sabe- ahora puede evitar la mayoría de las discusiones, lo que le quita muchas inseguridades y ansiedad.

Pero antes de seguir adelante, dos pequeños consejos...

En cualquier seguimiento de la discusión (esperemos que se pierda) no tenga miedo de decir "lo siento". Esta hermosa palabra puede, literalmente, desarmar a cualquiera y desactivar cualquier situación pegajosa. También es muy catártica, muy liberadora...

Después de cualquier discusión (esperemos que no se genere), ten un poco de unión, un tiempo de calidad juntos... Como después de cualquier problema que tengan, las relaciones necesitan un alimento constante...

Pero ahora pasemos a las nuevas playas... ¡Y puede que algunas sean muy nuevas para usted! ¿A qué me refiero? Bueno, tendrá que leer el siguiente capítulo para averiguarlo...

7

MODELAR SU RELACIÓN

Permítanme presentarles a unos amigos míos. Se llaman Lisa y Geoff. Llevan mucho tiempo juntos. No están casados, pero viven juntos desde hace tiempo. Y sí, viven en un piso en las afueras. Desgraciadamente, según dicen, tienen dos coches, porque él trabaja como oficinista en un lado de la ciudad y ella como profesora en el otro.

Así que, como es de esperar, tienen una vida profesional muy ocupada, pero pasan los fines de semana juntos. ¿Sus planes? Bueno, el principal para este año es tener unas "vacaciones en condiciones"... ¿Decepcionado? ¿Esperaba el golpeteo de los pies pequeños? Er... quizás en el futuro; no está apagado, pero ya sabe... es una gran elección.

Pero, ¿he mencionado que también tengo amigos a unos kilómetros de distancia en el campo? Viven en una colina y allí han montado su granja ecológica. Llevan varios años haciéndolo. Al principio fue duro, y lo sigue siendo. Pero ahora están viendo el fruto de su trabajo. Para empezar, lo que antes era una tierra estéril es ahora un bosque.

Por supuesto, viven y trabajan juntos, y tienen una relación. ¿Sus nombres? Ah, lo siento, me estaba olvidando, Paul, Miles y Frank...

¿Puede ayudarme ahora? Necesito saber qué tipo de retos tienen los dos "grupos", cómo pueden ser sus relaciones, cuáles son las diferencias, etc... Ya que está, puede incluso pensar cuál le gustaría más... No hace falta que me lo diga, sólo para usted... Estaré en el balcón si me necesita.

...

Había un poco de viento fuera. ¿Ahora ha comparado las dos relaciones? Claro, puede ver que una se está convirtiendo en lo que podríamos llamar una *relación tradicional*. Es heterosexual, es una pareja, viven juntos, tienen una vida "normal" y planes "normales". Por "normal" entendemos "común". En psicología y sociología la normalidad tiene un significado diferente al que la gente suele pretender. Sí, les estoy tomando el pelo y sí, es un tema de este capítulo.

Viendo a mis amigos del campo, no le habrá pasado desapercibido que son tres en la relación, y eso es bastante inusual (no tanto, la verdad). Habrá notado que es una relación homosexual y eso no es "canónico".

Recordemos que se trata de un "experimento mental". Creo que estaremos de acuerdo en que, por lo que hemos visto, Lisa y Geoff ya se enfrentan a las presiones del trabajo, la vida social y la vida urbana.

Por otro lado, Tom, Miles y Frank pueden enfrentarse a un poco de prejuicios. No son el tipo de relación que los lugareños están acostumbrados a ver en la iglesia los domingos. Y, por supuesto, vivir y trabajar juntos tiene sus desventajas.

Pero, ¿ha considerado también que tener una *relación poliamorosa* significa también tener posibles problemas e incluso pocos modelos y ejemplos pasados en los que basarse? En realidad es bastante difícil...

Entonces, ¿qué podemos aprender de este experimento mental?

- *Hay muchos modelos de relación, algunos comunes y otros no.*
- *Cada uno tiene su dinámica interna, pero también sus retos.*

Y esto es realmente de lo que trata este capítulo. Hemos visto cómo las relaciones cambian con el tiempo; ahora veremos modelos **arquetípicos que puede utilizar para dar forma a su relación.**

Dicho esto, se puede ser creativo, mezclar modelos, tomar un poco de uno y otro... No es necesario seguir exactamente cada modelo; las relaciones no son muebles planos con instrucciones que hay que seguir al detalle...

Relaciones y "Normalidad"

Hoy va a conocer a muchos de mis amigos. Martha y Stewart son una pareja del Medio Oeste. Él trabaja en un banco y ella se queda en casa, cuidando a los niños y haciendo obras de caridad. No están casados pero son muy felices juntos. Pero me he equivocado... ¡Eran una pareja del Medio Oeste en los años 50!

Lo que ahora parece "normal" era totalmente inaceptable hace algún tiempo. Depende mucho del lugar en el que se viva, pero si tomamos como ejemplo una ciudad media de provincias de EE.UU., incluso una pareja interracial habría sido "tabú" hace apenas unas décadas (supongo que todavía lo es en algunos lugares)...

¿Qué nos dice esto? Que *"la normalidad tal y como la entendemos es una construcción cultural"*. No existe; de hecho, cambia constantemente. Depende de las *tradiciones y los valores de una comunidad*. De hecho, lo que es normal en algunos países del norte de Europa y ha sido normal allí durante décadas suena "escandaloso" o "futurista" (según el enfoque) para la mayoría de la gente de Estados Unidos hoy en día.

Por eso, a los psicólogos y sociólogos no les gusta utilizar la palabra "normal". En realidad, normal significa "adherirse a una norma", que es una regla, una ley. Y la única "norma" que importa a los psicólogos y sociólogos es que la gente sea feliz y que no haga ningún daño a otras personas con su comportamiento.

Así, tres o incluso veinte personas que viven una relación, son felices con ella y no molestan a nadie más son perfectamente "normales" desde un punto de vista psicológico o sociológico. Y aquí utilizamos la palabra "normal" como "aceptable".

Ninguna relación es igual. Pero este "mito de la normalidad" tiende a hacerlas todas iguales. Pone límites que muchas veces son una barrera para la propia felicidad de la pareja. En el mundo occidental y también en algunas sociedades asiáticas se está volviendo más "permisivo". Con esto queremos decir que es más "aceptante de las opciones personales de las personas".

Por lo tanto, cosas que eran normales y esperadas hace poco tiempo ya no lo son. Por ejemplo, se esperaba que una pareja casada tuviera hijos en los primeros años de su matrimonio. Ahora, como los hijos "cuestan" y porque la sociedad en general se ha vuelto menos estricta, esto ya no se espera.

Pero también es cierto que algunas normas eran (son) válidas para algunas personas y no para otras. Mencionamos el poliamor... Sin embargo, no es nada nuevo... No si fuera un rey europeo... Como pobre habría sido ahorcado o quemado en la hoguera o lo que fuera si tuviera una aventura. Por otro lado, se esperaba que los reyes tuvieran "concubinas" y éstas vivían realmente con el rey y la reina, iban a sus fiestas y se les pagaba literalmente por sus servicios con la bolsa real.

Así que, como ve, esta "normalidad" siempre ha tenido diferencias... Sin embargo, mientras consideramos a la aristocracia europea (gente noble como duques, condes y barones) como "tradicional y conservadora", ellos también han tenido siempre una actitud muy abierta y relajada hacia las relaciones extramatrimoniales e incluso la homosexualidad. Pero sólo entre su clase. Aparentemente, los pobres "no podían manejar esas cosas" y tenían que ser disuadidos e incluso condenados por ello...

Veremos que todos los "modelos" de este capítulo no son en absoluto nuevos. No debemos considerar que el mundo moderno es "el más liberal" en lo que respecta a las relaciones. No es necesariamente así.

Por ejemplo, se esperaba que un hombre de la Antigua Grecia tuviera una esposa y un amante masculino. Se esperaba a la edad de 9 años - el amante masculino, quiero decir.

Por otro lado, en la "cuna de la democracia", Atenas, en la antigua Grecia, sólo el 25% de las personas eran consideradas realmente "humanos" o "personas", ya que el otro 75% estaba formado por mujeres y esclavos, ambos considerados y tratados como animales y propiedad...

Lo que digo es que las cosas no son "lineales" en la historia y el "progreso" no es unidireccional. Por el contrario, son multifacéticas y complejas. Pero también podemos encontrar ejemplos de "modelos modernos de relación" en la antigüedad...

Si tomamos como ejemplo los Estados Unidos, las estadísticas muestran que el 64% de las personas son realmente felices con sus relaciones. El dato preocupante es el 19% de las personas que no están contentas de alguna manera con ella, según una encuesta de eHarmony. Esto es bastante, de hecho.

Pero también hay buenas noticias. En un estudio realizado por Perelli-Harris, Hoherz, Lappegård y Evans, los resultados muestran que las personas casadas en el Reino Unido, Australia, Alemania y Noruega son, en general, más felices que las que no tienen una relación estable. Se basa principalmente en personas de mediana edad, pero muestra que las relaciones en general tienen un efecto positivo ('Mind the "Happiness" Gap: The Relationship Between Cohabitation, Marriage and Subjective Well-being in the United Kingdom, Australia, Germany, and Norway' publicado en *Demography*, agosto de 2019).

Estar Cómodo con su Relación

Pero nos hemos saltado el punto más importante: *para ser feliz en una relación hay que estar cómodo con ella.* Esa pequeña palabra, "cómodo", es la clave de todo. Es la base de todas las relaciones. Ambos miembros de la pareja (o más) tienen que sentirse cómodos.

Una de las razones por las que muchas relaciones se rompen es el adulterio. Ahora bien, si la pareja se siente cómoda con que uno (o ambos) tenga una relación externa, un "amante", entonces todo está bien. El problema surge cuando uno de ellos no se siente cómodo con ello. Incluso aquí, los hábitos son diferentes según la clase social en Occidente. Los empresarios ricos viven en un entorno social en el que tener "amantes" es normal. Es bastante común que ambos miembros de la pareja tengan relaciones extramatrimoniales y que lo digan abiertamente. Sin embargo, es mucho menos aceptado en las parejas de clase media y baja.

Por lo tanto, *no es el sociólogo o el psicólogo quien debe decirle con qué debe sentirse cómodo. Son el psicólogo y el sociólogo quienes deben ayudarle a alcanzar ese nivel de comodidad que hará que su relación tenga éxito.*

Esto es muy importante porque tenemos que entender su papel y el mío en este capítulo.

Le ofreceré una amplia gama de modelos, para que los considere, juegue con ellos, los ajuste, etc. Pero la elección debe ser suya. No puedo decirle cuál es el mejor modelo de relación para usted. Y utilice esta palabra como luz de guía: "cómodo".

No hace falta que me lo diga. Ya sabe que soy como el duende que tiene encerrado en un cajón... Silencioso y discreto. Pero luego mi trabajo es ayudarle a hacer esos cambios en su relación para que tenga un modelo con el que se sienta cómodo.

Y sentirse cómodo con la estructura y la dinámica de su relación es la mejor manera de evitar la ansiedad y las inseguridades.

Modelar o Moldear su Relación: Conceptos Clave

Incluso antes de ver algunos modelos y sus problemas (y ventajas, ¿por qué no?) tenemos que ver algunos principios.

Modélela consensuadamente

No puede añadir o cambiar aspectos de su relación sin el consentimiento de su(s) pareja(s). Por eso muchas relaciones extramatrimoniales suponen el fin de la relación... Se llevan a cabo a espaldas de la pareja...

Pero incluso con los pequeños cambios, debe asegurarse de que su pareja está conforme con ellos. Si quiere, por ejemplo, una relación más "amistosa" (espere y verá), debe asegurarse de que ambos están cómodos con ella.

Trabajen juntos

La colaboración es la clave de todas las relaciones y se deriva del consentimiento. Lo importante es que cualquier cambio que quiera introducir en su relación se aborde como una tarea de colaboración. Tómelo como un "proyecto compartido". Sólo esto reforzará los lazos de su relación.

Pause y reflexione

No se apresure para descubrir que "no era como esperaba"... Tómese las cosas con calma y haga pausas regulares para reflexionar (¡juntos!) sobre cómo están funcionando realmente las cosas para ambos.

Esté preparado para dar un paso atrás y cambiar de plan

Si las cosas no funcionan, bien. No sienta que "tiene que terminar lo que ha empezado". Debería estar preparado para volver a como eran las cosas antes. Tal vez pueda intentarlo en otra ocasión, más adelante. Tal vez haya sido una mala idea. No importa. Su objetivo principal es estar -¿recuerda? - sentirse *cómodo* con los cambios.

Modelos Arquetípicos de Relación

Lo que sigue no es una serie de reglas o estructuras rígidas. Al contrario. Al igual que ser "madre", "profesor" o "amigo" es una idea general con algunas cualidades clave, pero que permite una amplia gama de matices y realización en la práctica, lo mismo ocurre con un arquetipo.

Los arquetipos son conceptos antropológicos clave. Por ejemplo, tenemos la idea de tiranía o democracia en política, pero luego hay muchos tipos diferentes de tiranías y democracias. Por lo tanto, lea lo que sigue como "tipos generales", que es exactamente lo que significa arquetipo.

Algunas son comunes hoy en día y otras no tanto.

El Matrimonio

El "molde" más extendido para las relaciones es el de "pareja casada". Hasta hace poco, y todavía en muchos países, esto significa principalmente una "pareja casada heterosexual". Sin embargo, este mismo arquetipo está cambiando en países muy liberales como Suecia y Dinamarca.

También es cierto que con la introducción de las bodas o uniones civiles LGBT en muchos países, las parejas LGBT han adoptado los valores y la dinámica de la "pareja casada". En muchos casos, el estilo de vida de una pareja gay casada es prácticamente el mismo que el de una pareja heterosexual casada. Y esto es lo que importa desde el punto de vista de las relaciones.

Este modelo tiene grandes ventajas:

- Estabilidad con el tiempo
- Protección jurídica
- Protección financiera
- Reconocimiento fácil y aceptación por parte de la sociedad y la comunidad
- Elección religiosa (especialmente si es heterosexual)
- Fuerte protección legal para los niños

Por otro lado, también es bastante exigente. De hecho, requiere:

- Compromiso a largo plazo
- Normalmente (¡se pueden encontrar excepciones!) un estilo de vida fiel y monógamo
- Relación intensa
- Falta de libertad en caso de que quiera cambiar: un divorcio tiene grandes consecuencias legales y prácticas y lleva

tiempo. En algunos países y culturas ni siquiera se acepta el divorcio.

Esto te da una idea clara de que cuando quiere moldear su relación según el modelo de "pareja casada", hay que hacer grandes consideraciones. Pero también es un buen punto de partida para mostrarle que este modelado de las relaciones necesita parejas consensuadas, colaboración y algo de reflexión profunda.

Y esto es así incluso si no quiere institucionalizar su elección.

Relaciones de la Misma o de Distintas Culturas

Son dos modelos, uno opuesto al otro, y los veremos juntos. Tener una pareja de tu misma cultura suele ser más fácil y esta es la razón por la que la mayoría de la gente elige esta vía. Además, la sociedad lo pone muy fácil.

Por otro lado, compartir la vida con alguien de una cultura diferente puede ser fascinante y una experiencia maravillosa. En los casos en los que la integración es satisfactoria, se acaban mezclando las dos culturas. Sin embargo, la diferencia cultural suele permanecer en cierta medida y puede causar fricciones a lo largo de la relación.

Una cuestión clave es la lengua. Normalmente, la gente elige como lengua principal la del lugar donde vive. Pero luego está el reto de qué lengua(s) hablar con los niños, cuándo y por qué.

Es bastante habitual que el miembro de la pareja que no vive en su cultura quiera preservar su cultura con el hijo o los hijos. Esto significará comunicarse en un idioma que los demás no entienden. Esto también puede provocar situaciones conflictivas con la pareja.

La Relación de Amistad

Llevo mucho tiempo esperando para hablar con usted de esto. En la mayoría de las relaciones románticas hay también un *fuerte elemento de amistad*. Hemos visto cómo, cuando esto es así, a las ex parejas les resulta a menudo (no siempre) más fácil mantener buenas relaciones tras la ruptura.

Las personas que se vinculan sentimentalmente después de haber sido amigos durante mucho tiempo suelen conservar este elemento amistoso. Y esto puede continuar e incluso crecer durante toda la relación.

Esto tiene algunos rasgos maravillosos:

- Actividades compartidas
- Opiniones compartidas
- Un sentido de complicidad
- Diversión
- Apoyo mutuo
- Adaptabilidad y flexibilidad dentro y con la relación

Sin embargo, no todo el mundo encuentra la distinción "amistad/intimidad" fácil de manejar. Algunas personas, por razones culturales, no ven a los amigos como personas con las que tener una relación íntima. Los hombres machistas que ven la amistad principalmente como un vínculo del tipo "negación absoluta de la propia sexualidad", en el que jugar a los dardos o hablar de fútbol se basa en el entendimiento mutuo de que no puede haber ni siquiera un pensamiento sexual entre ellos... Bueno, ya se hace una idea... A las personas con esta idea cultural de la amistad les resultará difícil ser amigos de su pareja sexual.

Y esto significa que si la relación se orienta hacia la amistad, estas personas pueden encontrar "raro" e "incómodo" tener momentos de intimidad. "Como tener sexo con mi mejor amigo", es el tipo de frase habitual que utilizarán para describir cómo se sienten.

Por el contrario, hay personas que son bastante fluidas con las dimensiones sexual/amistosa. Si ese es su tipo de persona y su pareja es similar, entonces le resultará fácil introducir más amistad en su relación

Si decide añadir un "elemento de amistad" a su relación, hágalo "jugando". Así es como se desarrollan naturalmente las amistades: a través de actividades compartidas con un elemento de unión. En lugar de decir: "Ahora tenemos que comportarnos como amigos", haga cosas que los amigos suelen hacer juntos y empezarán a comportarse como amigos de forma natural.

Buen truco, ¿no?

La Relación Poliamorosa

Este es un tema bastante complejo, pero el poliamor y la metrosexualidad se están volviendo cada vez más populares, o tal vez sólo están emergiendo ahora después de décadas, si no siglos, de represión. Decíamos que ambos eran esperados, no sólo aceptados en la antigua Grecia. Pero de los hombres, no de las mujeres. Eso fue más que injusto.

Asimismo, en algunos países árabes la poligamia es perfectamente legal. De nuevo, si eres un hombre y quieres tener más de una esposa. Pero no si eres una mujer.

Sin embargo, la dinámica de este tipo de relaciones es muy, muy compleja. No son imposibles ni mucho menos, pero se necesita una actitud muy abierta hacia las relaciones. También existe el riesgo de celos dentro de la relación. Por lo tanto, la **clave absoluta de las relaciones poliamorosas es una comunicación excelente, constante, honesta y abierta.**

Ahora hay libros enteros sobre ello. Si es por aquí, este mismo libro tiene un alcance demasiado amplio para tratar en detalle las relaciones poliamorosas. Es como educar a un niño... Una enorme curva de aprendizaje. Así que, yo sugeriría que si es hacia donde se dirige o si quiere experimentar con ello y es nuevo en el poliamor, debería:

- Leer libros especializados sobre el tema (consulte la lista de lecturas al final de este libro).
- Tal vez, primero intente con personas experimentadas.

Si tiene una relación monógama y quiere incorporar a un tercero (o a otra pareja, etc.; el número no es lo importante), asegúrese de que su pareja está totalmente satisfecha con ello. Asegúrese también de que los dos se responsabilicen del progreso y la felicidad (y la integración) del tercero.

En este caso, ustedes serían la "mayoría" para empezar. Pero también hay que asegurarse de que el o los recién llegados no intenten separaros. Desgraciadamente, hay gente que disfruta separando a otras parejas. Por supuesto, una pareja que quiere presentar a otro compañero puede ser una situación atractiva para estas personas.

Pero no quiero preocuparles, ni asustarles, ni perjudicarles. Esto, como hemos dicho, es un proceso muy complejo y delicado. Se encontrará navegando por rectas muy estrechas, pero si esto es lo que le hace feliz...

- lea mucho sobre ello,
- hable con especialistas,
- únase a grupos que compartan experiencias,
- tómeselo con calma.

Y, por supuesto, ¡buena suerte! Puede ser un viaje casi mágico.

La Relación Intermitente

También hay que tener en cuenta el factor tiempo. ¿Quién ha dicho que todas las relaciones tienen que ser continuas? Personalmente, tengo amigos que tienen una relación con personas con las que sólo se ven de vez en cuando, normalmente con regularidad, pero luego cada uno se va a su casa y se vuelven a encontrar quizá un mes después.

Esto también es bastante común en las relaciones jóvenes. A veces las parejas sólo se ven el fin de semana y se mantienen separadas toda la semana. En el caso de las personas que están en la adolescencia o en la veintena, este es un tipo de relación muy común.

Es bastante conveniente desde muchos puntos de vista.

- No es necesario compartir el estrés diario, a menudo durante

los días de trabajo. Eso, recuerde, puede ser una gran tensión para cualquier relación.
- Es de larga duración pero no intensa.
- Se adapta a una amplia gama de niveles de compromiso. Este tipo de relación en la que se puede estar totalmente comprometido con el otro o simplemente experimentar con el otro.
- Da a cada miembro de la pareja su espacio y tiempo privados.
- Es una buena etapa entre las "citas" y las "relaciones".
- Puede ser un buen compromiso cuando la relación tiene problemas en lugar de "tomarse un descanso". Puede ser que, "sigamos juntos pero también queremos tener tiempo a solas individualmente para pensar en las cosas".
- Puede funcionar para mantener vivo el "enamoramiento" y la atracción.

Sin embargo, en muchos casos, estas relaciones no duran demasiado en esta forma. Conozco algunas que han durado años... Pero también se trata de un tipo de relación "entre etapas". Además, suele ocurrir que uno de los dos miembros de la pareja quiera "pasar a la siguiente etapa", es decir, "tener una relación más estrecha y comprometida".

Cuando esto ocurre, el otro socio puede aceptar, incluso con entusiasmo. Pero a veces no lo hace. Perder esa libertad, el tiempo a solas, etc. pueden ser elementos disuasorios. Y cualquier aumento del compromiso puede hacer que las personas no quieran o no estén preparadas para ello.

En este caso, quizá pueda intentar llegar a un compromiso y proponer un experimento. Ve poco a poco y, por ejemplo, si se encuentran un fin de semana al mes, en lugar de pasar directamente a la fase de "vamos a vivir juntos", véanse dos veces al mes... Hacer que la pareja menos dispuesta se adapte a la nueva situación es una buena estrategia y, además, dará a ambos la oportunidad de sentirse cómodos el uno con el otro.

Pintar su Relación

Así, hemos visto una serie de relaciones arquetípicas. También hay otras si lo desea, de hecho hemos dicho que cada relación es única. La relación fogosa, por ejemplo (esas relaciones del tipo "amor-odio-pelea-hacer las paces") o la súper apasionada. Sin embargo, estos no son modelos que puedas elegir racionalmente. Es mucho más probable que elija uno de los arquetipos que hemos visto cuando una relación de "truenos y relámpagos" se está calmando y puede estar buscando que tome una forma más "sostenible"...

El caso es que le invitaría a tomar estos arquetipos no como "cajas en las que puede meter su relación", sino como *"una paleta de colores que puede utilizar para pintar su relación de manera que se sienta cómodo con ella y se adapte a sus necesidades y deseos".*

No hay ninguna razón por la que no se puedan tener elementos de una relación amistosa con elementos de una relación estable de "pareja casada" que funcionen perfectamente juntos. E incluso se puede tener el compromiso de una relación de pareja casada y la libertad de una relación intermitente o incluso poliamorosa y el cóctel puede estar perfectamente bien.

Sin embargo, elija lo que elija, *recuerde que se trata de su relación con su pareja, no con la sociedad.* Siempre que la relación sea consensuada y no perjudique a nadie, la sociedad no tiene autoridad para decirle qué tipo de relación debe tener o cómo gestionarla.

La lección que hay que llevarse a casa es que *si no se siente cómodo con una relación se sentirá ansioso e inseguro al respecto, pero hay muchos modelos de relaciones y puede utilizarlos para mezclar y dar forma al que más cómodo le resulte.*

Y aquí cerramos con esa hermosa palabra, "comodidad"... de hecho, el próximo capítulo tratará sobre cómo pasar cómodamente de un papel a otro dentro de su relación, un arte que necesita algunas habilidades sociales pero también lingüísticas.

8

FALTA DE INTIMIDAD Y MIEDO

La intimidad es tan importante para las relaciones de pareja que debemos dedicar unas palabras más a ella.... En el capítulo anterior vimos su lado "normal", si se quiere "general" e incluso "positivo"... Pero ahora tenemos que entrar en un área más problemática...

Supongo que recuerda cuando mencioné la "posibilidad" de tener una relación con poca o ninguna intimidad dentro de ella. Era bastante aceptable en el pasado; los reyes y las reinas solían tener poca intimidad real; su relación en muchos casos era un "asunto de estado", no importaban el amor y la intimidad.

Venimos de una larga historia de "necesidades y soluciones prácticas en las relaciones". Aunque los reyes y los príncipes fueran un caso extremo, a menudo existía un buen nivel de practicidad incluso en los niveles inferiores de la jerarquía social. Mantener la propiedad o ampliar la riqueza era una consideración importante entre los ricos.

Pero incluso los pobres debían elegir una pareja que les ayudara en el campo, en casa o en la pequeña actividad de la familia.

Pero eso en sí mismo no excluye la posibilidad de establecer una relación profundamente íntima. Sólo añade otra capa de complejidad a la relación. Hoy en día, en la mayoría de los países ricos, las consideraciones económicas y prácticas influyen en estas elecciones. Sin embargo, no suelen ser un impedimento.

Entonces, ¿cómo es posible que algunas relaciones carezcan de intimidad? ¿Sigue ocurriendo realmente?

¿Qué causa la Falta de Intimidad?

Hay una gran variedad de niveles de intimidad. Por ello, quizá debamos entender primero lo que entendemos por "falta de intimidad". No hay un nivel de intimidad "prescrito", pero... **Hay falta de intimidad cuando uno o más de los miembros de la pareja se sienten insatisfechos con la intimidad dentro de la relación.**
En palabras sencillas, es algo subjetivo. Si una pareja apenas se mira a la cara una vez a la semana y es feliz con ello... ¡nosotros también! Pero si una pareja, por ejemplo, tiene mucha intimidad pero a uno de los miembros le gustaría algo más... entonces tenemos un problema.

La felicidad es *el objetivo clave de la psicología*. Pero, ¿qué puede causar la falta de intimidad? Hay muchas razones, por ejemplo:

- *Tensión* en uno o más de los miembros.
- *Problemas de bienestar*, incluidos los problemas mentales.

Por ejemplo, la depresión puede conducir a la falta de intimidad.

- *Cansancio y falta de tiempo.* Cuando la gente trabaja demasiado, por ejemplo.
- *Disminución del afecto y del apego en la relación.* Y esto se convierte en un problema mayor, que hemos tratado en muchos capítulos de este libro.
- *Evasión de la intimidad:* se trata, lamento decirlo, de una condición psicológica, que es difícil de manejar.

Estas pueden ser las causas, y cada una tiene una solución diferente. La falta de intimidad, sin embargo, puede ser lo suficientemente grave como para suponer el fin mismo de una relación. Así que, en cualquier caso, **hay que detectarla pronto, a las primeras señales.**

Bienestar, Causas y Soluciones

Podemos agrupar el estrés, el cansancio y otros problemas de bienestar como "causas de bienestar". Excluiremos la evitación de la intimidad, porque es una condición específica, y la veremos más adelante.

¿Qué puede hacer si este es el caso?

En primer lugar, hay que evaluar la causa. Si hay cambios repentinos y/o grandes en sus patrones de vida, si sabe o nota que su pareja está muy tensa, cansada, desanimada, sin motivación, etc., entonces está en algo. Esto puede ir acompañado de una *disminución de la libido*, pero no necesariamente. Recordemos que la intimidad es mucho más amplia que el eros.

FALTA DE INTIMIDAD Y MIEDO | 159

Si conoce bien a su pareja, le resultará más fácil evaluar si se trata de un problema de bienestar. ¿Y entonces? Entonces tendrá que actuar con cuidado...

- *No culpe a su pareja.* Él o ella no es responsable, sino una víctima de alguna situación estresante. A veces no podemos ocultar que estamos resentidos con nuestra pareja. Intente evitar dar cualquier señal de "culpabilidad" hacia él o ella. Incluso alguna palabra cínica puede hacer mucho daño en estos casos.
- *Su objetivo es ayudar a resolver el problema desde la raíz.* Por eso debe evitar empeorarlo con su comportamiento.
- *Recuerde que su pareja es vulnerable en esta etapa.* Por lo tanto, sea más amable. Cuando estamos estresados, etc., no tenemos el mismo nivel de tolerancia que cuando estamos relajados.
- *No fuerce la intimidad ni a su pareja.* Aunque realmente desee ese gran y fuerte abrazo, intente no forzar a su pareja en esta etapa.

"Bien", puede decir, "muchas cosas que evitar. Pero, ¿hay algo que podamos hacer positivamente?". La respuesta es sí.

- *Aumente la confianza de su pareja.* ¡Redoble los ánimos! "¡Bien hecho!", "No sabe cuánto le quiero...", "¡Es un profesional!", etc. En todos los ámbitos de la vida, intente añadir esa señal extra de agradecimiento.
- *Haga pruebas, pero elija el momento con cuidado.* Espere a

- que su pareja esté menos estresada para intentar algo de intimidad. Y esto nos lleva al siguiente punto.
- *Use "dosis reducidas".* Usted entendió, tal vez empezar con actos menos íntimos. En lugar del gran abrazo y el beso apasionado, empieza por tomarle la mano un rato, por ejemplo.
- *Compruebe cuándo su pareja quiere parar y dale el gusto.* No lo tome como algo personal si después de unos segundos quiere soltarle la mano. No es algo contra usted, sino una cuestión personal. Así que, suéltelo...
- *Poco a poco, haga que su pareja se sienta de nuevo cómoda con la intimidad.* Con actos de intimidad bien programados, incluso "a escala", si es necesario, paciencia y un poco de tiempo, su pareja encontrará la intimidad más cómoda a medida que pase el tiempo... Luego será cuesta abajo.

Para que se haga una idea, es un poco como conseguir que a un bebé le guste la comida nueva. Si le da a un niño pequeño una zanahoria cruda entera y le insiste todos los días, lo más probable es que su hijo odie las zanahorias hasta el día en que se jubile y más allá. Si le da de vez en cuando una pequeña rodaja cocida con un poco de salsa... Poco a poco su hijo se convertirá en un conejito. Pero sobre todo...

Afronte el problema de raíz. Por supuesto, esto puede significar tomarse unas vacaciones, recibir asesoramiento, cambiar los patrones de vida, etc. En realidad, depende de cuál sea la causa de fondo. Pero mientras espera a que llegue la gran solución (y puede llevar tiempo), tenga en cuenta la vulnerabilidad de su pareja.

Llevará algún tiempo, pero *céntrese en el progreso* y atesore cualquier momento de intimidad que consiga...

Causas y Soluciones Prácticas

También hay causas prácticas, como la falta de tiempo, la distancia o incluso las preocupaciones económicas, que pueden provocar una disminución de la intimidad. Muy a menudo, la causa práctica desencadena una reacción psicológica, y esto da lugar a una disminución de la intimidad.

Son típicos los problemas laborales y la inseguridad financiera. La gente pierde la confianza en sí misma cuando las cosas no van bien en el trabajo. Las preocupaciones económicas pueden ser realmente horribles. Espero que nunca tenga ninguna, pero si las ha tenido, seguro que sabe a qué me refiero. Esa ansiedad puede ser literalmente debilitante. A las personas con esas preocupaciones a veces les cuesta llevar a cabo tareas cotidianas bastante comunes. Incluso la higiene personal puede pasarse por alto.

Y de hecho, una señal de que hay problemas muy profundos es la falta de autocuidado. Y esto puede aparecer en muchos niveles, desde la forma de vestir, hasta el peinado, pasando por el desorden en casa y en el trabajo. No me refiero a las personas que suelen ser desordenadas... Me refiero a un desorden inusual y creciente.

Incluso los trastornos alimenticios (pequeños o grandes) pueden estar causados por problemas tanto emocionales como prácticos. Los atracones son una forma bastante común de compensar la falta de confianza o la ansiedad y preocupación excesivas. Los atracones también pueden ser una forma de compensar la falta de intimidad, tangencialmente. Por lo tanto, si ambos acaban dándose atracones, hay algo de lo que tienen que hablar...

Las soluciones son las mismas que las de los problemas psicológicos y emocionales (bienestar), pero podemos añadir algunos consejos...

- *Aborde primero el lado emocional y mental e independientemente del lado práctico.* La parte práctica puede llevar algún tiempo... Pero si consigue mejorar la reacción psicológica ante ellos, abrirá las puertas a los momentos íntimos.
- *No haga que su pareja se sienta responsable de los problemas prácticos.* Bien, esto es lo mismo que con los problemas emocionales, pero no está de más recordarlo.
- *Tómese un tiempo libre,* si es posible. Esto puede ser difícil cuando hay problemas, pero incluso un fin de semana lejos de todo puede hacer maravillas.

Por supuesto, aquí también se trata de resolver el problema de raíz, a largo plazo. Pero cuanto más consiga tener intimidad antes de ese momento, más fuerza tendrá su pareja (y usted) para esperar hasta que todo se solucione. Incluso puede tener la mente más clara, una mayor capacidad para resolver los problemas si se toma descansos de ellos... E incluso un paseo de la mano por el parque es un poco como meditar.

Pero ahora vamos a lo difícil...

Evasión de la Intimidad

La evasión de la intimidad es en realidad una condición psicológica muy seria. Por supuesto, hay muchos estudios profesionales sobre el tema, realizados por psicólogos, psicoterapeutas, sexólogos y psicoanalistas. Si quiere hacerse una idea de las complejidades de este trastorno, encontrará una explicación bastante completa en un capítulo de la Dra. Magdalena Smieja, de la Universidad Jagellónica de Cracovia (Polonia), en la *Encyclopedia of Personality and Individual Differences,* titulado acertadamente "Evasión de la intimidad".

Este trastorno es conocido y reconocido desde hace décadas, con estudios que se remontan a los años ochenta. Puede tener **diversos grados y manifestaciones en la vida real,** pero en general puede describirse como cuando **"un individuo se retira del contacto emocional de su pareja".**

Esta es, por supuesto, una definición técnica, genérica y sobre todo abstracta. Pero significa que una persona se siente -en diferentes grados- incómoda con la intimidad de la pareja. Y esto **no es una fase, una actitud temporal o una evolución;** es en realidad un **comportamiento psicológico constante.** Si alguien lo padece, no lo hace con "él y no con ella", con una pareja y no con la otra, en algunas fases y no en otras, cuando está estresado y no cuando está relajado. Lo harán, en cierta medida, en cualquier situación íntima.

Es como cuando se tiene una fobia: simplemente se tiene y no se puede evitar. Dicho esto, esta evitación puede verse agravada por el estrés, la enfermedad, los problemas prácticos, etc. **La evasión de la intimidad es, de hecho, un síndrome.**

Pero, ¿cómo se puede saber si alguien sufre de evasión de la intimidad? Los síntomas son muchos, pero incluyen:

- Sentirse rechazado.
- Sentirse socialmente aislado.
- Sentirse emocionalmente insensible.
- Sentirse emocionalmente atrapado.
- Tener una necesidad constante de aprobación.

Estos son síntomas bastante genéricos, es cierto, pero también puede notar un comportamiento clave: **la persona evita las situaciones que desencadenan emociones y sentimientos.**

Esto no sólo se aplica a la intimidad y a las situaciones íntimas. El síndrome de evasión de la intimidad puede reflejarse en la vida cotidiana. Las personas que lo padecen son **individuos muy vulnerables.** A lo largo de los años, desarrollan estrategias para evitar sentirse emocionalmente vulnerables. Y eso a menudo se traduce en "no acercarse a la intimidad si es posible".

Dado que la intimidad y el estar emocionalmente comprometido, encendido o despierto están estrechamente relacionados, las personas con el síndrome de evasión de la intimidad tratarán de evitar ambas cosas.

De hecho, *la evasión de la intimidad afecta a muchos ámbitos de la vida:*

- *Vida intelectual:* las personas que evitan la intimidad pueden

tener dificultades para compartir sus ideas con los demás (esto puede tener graves repercusiones en su carrera, su progreso académico, etc.)
- *Vida emocional:* como hemos dicho, estas personas evitan las emociones, pero también les cuesta expresarlas.
- *Vida sexual:* esto no significa que no tengan sexo, sino que les costará vivirlo como una "experiencia compartida" o sentirse tan libres y ensimismados como otros, y sobre todo sentir la plena intimidad del acto.
- *Vida experimental:* estas personas pueden tener dificultades para expresar a los demás cómo experimentan el mundo.

A la larga, las personas que evitan la intimidad pueden desconectarse de la realidad. Especialmente las personas maduras con este síndrome habrán pasado por tanta frustración que renuncian a conectar con la realidad.

Es más, las **personas con síndrome de evasión de la intimidad suelen acabar saboteando su propia relación.** A veces las personas no entienden por qué su pareja está socavando activamente la relación. Parece y suena absurdo. Y, sin embargo, bastantes personas lo hacen. Empiezan muy bien, pero de repente es *"como si lo hubieran hecho a propósito para arruinarlo todo".*

"¿Soy yo?", puede preguntarse el otro miembro de la pareja... "¿Hay alguien más y no quiere decírmelo?". No, no lo hay y a veces, cuando hay alguien, el "amante" es puramente funcional para arruinar la relación. Puede hacerse todas las preguntas que quiera, y nunca llegará a la verdad si no sabe cuál es.

La persona que padece este trastorno desea intimar con usted, pero también teme inconscientemente hacerlo. Muy a menudo **tienen tanto miedo a ser abandonados que no se atreven a correr el riesgo emocional de intimar.** Así que, como no pueden romper esta barrera psicológica, arruinan la relación como una salida triste, realmente triste.

Cuando dicen: "No es usted, soy yo", lo dicen en serio. Pero no pueden explicar por qué no pueden cambiar o resolver "su problema". Porque es demasiado profundo y subconsciente. Su miedo es demasiado grande y antiguo para poder superarlo. A veces ni siquiera saben por qué lo tienen. A veces sólo mencionan que es demasiado doloroso para pensar en ello. Cuando decimos "trauma" en psicología nos referimos en realidad a una herida tan profunda y tan dolorosa... bien, yo también estoy llorando...

Pero luego, *también se sienten profundamente culpables por haber arruinado la relación,* y la espiral descendente sigue profundizándose. Es realmente triste. Necesita un profesional. Perdone si lo recalco.

Pero también es cierto que *algunos nos sentimos instintivamente atraídos por las personas vulnerables.* Las personas con síndrome de evasión de la intimidad rezuman vulnerabilidad. Y si es de los que quiere abrazar a todo el mundo con un brillo triste en los ojos, lo más probable es que ya haya conocido a alguien con este síndrome o que lo haga.

Y *querrá ayudar. Pero no será capaz de hacerlo usted mismo.* Y eso también puede tener consecuencias en su confianza, en su bienestar, en sus inseguridades, en su presente y en su(s) futura(s) relación(es).

Por un lado, esto nos hace valorar aún más nuestra vida emocional e íntima... Por otro, es una situación realmente grave y triste. Las versiones más ligeras del síndrome pueden ser más manejables, por supuesto, pero las más pesadas pueden arruinar literalmente relaciones y vidas enteras.

El síndrome de evasión de la intimidad requiere ayuda profesional. Creo que ya lo habrá adivinado. Sé que hay un estigma con estas cosas, pero realmente es la única solución. Incluso en los casos más leves, es mejor buscar asesoramiento sobre el asunto. De hecho, la condición puede empeorar más tarde en la vida.

Pero aunque se necesite asesoramiento (incluso terapia, según el caso) para superarlo, hay **estrategias de afrontamiento que los miembros de la pareja pueden adoptar.** Y las veremos enseguida después de una pequeña divagación.

La pregunta que aún no he respondido es "¿qué causa el síndrome de evasión de la intimidad?". Estoy seguro de que ya tiene unas cuantas ideas, y también estoy bastante seguro de que las ha acertado...

De hecho, es uno de esos problemas psicológicos que tienen su raíz en la infancia. Ahora bien, si le gusta un poco la psicología conocerá la "explicación freudiana estereotipada"... las causas de los problemas de los adultos hay que buscarlas en los primeros años de vida... ¡No siempre es así! Hay muchos problemas, incluso muy comunes, que pueden aparecer más tarde en la vida; la depresión es un ejemplo típico (aunque también puede tener raíces infantiles).

Pero usted sabe una cosa, estoy segura: **cuando los problemas psicológicos se originan en la infancia, son muy graves.** Esto se debe a que *el trauma que causa estos problemas se ha abierto camino en el subconsciente.* ¿Qué significa esto? Significa que provoca nuestro comportamiento, nuestras acciones, reacciones e incluso sentimientos sin que seamos conscientes de lo que ocurre.

Imagina el dolor y la frustración que sufre una persona cuando no puede tener una vida íntima normal y no puede hacer nada al respecto. Esto explica por qué pueden llegar a distanciarse de la realidad. Una razón más para involucrar a un profesional.

Pero, ¿cuáles son estas "causas de la infancia"? Incluso aquí, estoy segura de que lo ha adivinado: **a menudo tiene que ver con la familia o, más genéricamente, con los cuidadores.** "Esto se está convirtiendo en un episodio de Frasier", debe estar pensando. Y sí, el síndrome de evitación de la intimidad tiene todas las cosas clásicas del tipo "estereotipos de psicología que encontrarías en una película"...

"¿Algo más concreto?", puede preguntar. Sí, hay algunos tipos de relaciones con cuidados que suelen estar en la base de este síndrome. Ahora le diré, y sus ojos se humedecerán...

- *Cuidadores agresivos;* sí, en muchos casos es la violencia verbal o física la que lo provoca.
- *Cuidadores despectivos;* en otros casos, los cuidadores no muestran suficiente cuidado y atención al niño.

También puede haber otras causas específicas, como *la pérdida de uno o más cuidadores*. Por último, también *ser abandonado por uno o más cuidadores* puede causar un trauma lo suficientemente grande como para provocar este síndrome.

Una taza de té, un pequeño llanto, y luego podemos continuar...

...

Bien, esto no era un ejercicio, pero he pensado que una pequeña pausa para reflexionar nos vendría bien. Si está en su naturaleza enamorarte de las personas vulnerables, me repito, pero lo hago por su bien: no crea que puede hacerlo solo, por favor. Al mismo tiempo, no piense menos de usted por haber buscado ayuda profesional.

La otra cara de estas relaciones es que el "colaborador" corre un alto riesgo de decepción o frustración:

- Si lo intenta por su cuenta y fracasa, se sentirá como una gran decepción.
- Si busca ayuda, puede pensar: "No soy lo suficientemente bueno".

La segunda afirmación no podría estar más alejada de la realidad... Y... ¡Ahora a las buenas noticias!

Mientras espera a que el asesoramiento o la terapia muestren resultados, todavía hay un papel enorme e importante, pero sobre todo positivo, para usted en esta situación. ¿Recuerda las **estrategias de afrontamiento**, sí? Entonces, ¡aquí vamos!

De hecho, existen estrategias para el compañero que ayuda, pero también estrategias para el compañero con el síndrome. Y pueden ser -en realidad deberían ser- abordadas como un trabajo en equipo.

Estrategias para las parejas de personas con síndrome de evasión de la intimidad

Para el "compañero de ayuda" hay algunos consejos que le ayudarán a sobrellevar esta condición tan difícil.

- *Tenga paciencia;* esto es muy importante. Comprenda que su pareja necesitará tiempo. Presionar a su pareja puede empeorar las cosas (es una fuente de ansiedad).
- *Espere contratiempos...* el progreso no será perfecto. Habrá momentos en los que -simplemente no está funcionando en este momento...- por favor, sea comprensivo y no haga sentir a su pareja que ha fallado o que ha hecho algo mal.
- *No lo tome como algo personal cuando su pareja rechace la intimidad.* Estas relaciones tienen muchísimos intentos, contratiempos, etc. Pero muy importante, cuando su pareja diga "no" recuerda que no es "no a usted", sino "no puedo y no es su culpa ni significa que no le quiera".
- *No reaccione con ira cuando su pareja rechace la intimidad.* Esto es absolutamente importante. Cualquier signo de ira sólo empujará el trauma más profundamente en el subconsciente de su pareja. Esto hará que sea más difícil de resolver y puede incluso empeorar seriamente la condición.
- *Evite las sorpresas;* lo sé, ¡tiene tantas ganas de reservar ese viaje y decírselo a su ser querido durante la cena! Pero eso

puede hacer que él o ella sienta que "no tiene el control" y eso desencadenará el síndrome. En su lugar, bueno, menos parecido a un episodio de Friends pero más realista y, sobre todo, cómodo para su pareja... Planifiquen el viaje juntos.

- *Dar pequeños pasos y tomar decisiones claras y conjuntas;* esto se deriva del punto anterior. Discuta las opciones en detalle y asegúrese de que hay acuerdo en cada punto...
- *Haga que su pareja sienta que tiene el control.* De nuevo, siguiendo el punto anterior, pero aplicable a todas las decisiones de la vida en común, incluso a las más pequeñas, como a qué tienda ir y qué tipo de manzanas quiere comprar.... Cuanto más sienta su pareja que tiene el control, más cómoda se sentirá en la intimidad.
- *Siga elogiándole y expresando sus sentimientos positivos hacia él/ella.* Lo de los elogios está claro, pero ahora imagine a alguien con problemas de intimidad viviendo con alguien que nunca expresa sus sentimientos... Eso lo hace aún más difícil, ¿no? En lugar de eso, transmita la idea de que para usted es normal y hermoso compartir sentimientos con él o ella... Esto puede cambiar el juego.
- *Deje claro que se trata de un trabajo en equipo.* Van a emprender un largo viaje juntos y si lo viven juntos, si lo gestionan juntos, lo planifican juntos, lo comparen, etc., este mismo trabajo en equipo facilitará la intimidad de su pareja.
- *Escuche con atención, sin juzgar y sin presionar.* En algún momento, su pareja querrá abrirse sobre su experiencia traumática. Aquí tiene que ser un poco como un consejero profesional. No digas: "¿Y quién era?" o "¿Qué pasó después?".

Eso se ve y se siente como si quisiera saber sus asuntos. Eso es presionarle a él o a ella. No, en vez de eso. Deje que su pareja diga lo que quiera, como quiera y tanto como quiera. Su papel es escuchar sin juzgar y expresar empatía. Hágalo, diga algo como "entiendo" o "debe haber sufrido mucho", etc.

Estrategias para personas con síndrome de evasión de la intimidad

Si es usted quien tiene este problema... Sobre todo, no se culpes. Nunca. Incluso cuando esos nubarrones oscuros vengan a su cabeza llenos de ejemplos de cosas que hizo mal tenga en cuenta esta luz: no lo hizo porque quiso. *Tuvo que hacerlo y esta "cosa" no se puede vencer sola.* No es una excepción. Ni siquiera Superman puede hacerlo.

Una vez aclarado esto, podemos ver también algunas estrategias de afrontamiento. Su consejero probablemente le sugerirá las mismas, otras similares e incluso más, pero algunas para empezar...

- *Acepte la incertidumbre;* las cosas salen mal, pero siempre podemos arreglarlas después. Practicar un deporte puede ayudarle a sentirse cómodo con la idea. Especialmente un deporte que no se le da bien. ¿Sabe por qué? Perderá muchas veces. Pero también se acostumbrará a la idea de que "perder no es tan malo después de todo". Es sólo cuestión de un momento...
- *Céntrese en el día a día.* Un poco de planificación está bien, pero aprovecha el día, viva el momento hasta donde pueda. Demasiada planificación desplaza el enfoque hacia el futuro,

que es incierto, y las incertidumbres traen inseguridades, y las inseguridades traen ansiedad... Ya ve por dónde voy.

- *Empiece con meditación o yoga;* pueden ser muy buenos para relajarse y entrar en contacto con su interior, con sus emociones e incluso enfrentarse a algunos de esos gremlins que no nos gustan demasiado.
- *Exprese su autocompasión;* necesita estar a gusto con usted mismo si quiere intimar con los demás. La compasión, sin embargo, no es sólo "lástima"... Dígase a usted mismo "Tuve muy mala suerte con eso", o incluso "Eso me dolió mucho". Bien, pero luego no se olvides de decir: "Me sentí muy bien con ello", y "Mira: qué hermosa persona soy".
- *Hable consigo mismo, sintonice con su diálogo interior;* no tenga miedo de mantener conversaciones largas y especialmente sinceras con usted mismo. Cualquier cosa. Desde cosas frívolas y triviales hasta cosas importantes. Sobre todo, intente decirse lo que siente. Algunas personas acaban incluso discrepando consigo mismas y, ¿sabe cuál es el lado bueno de esto? Que siempre puedes elegir estar en el lado ganador al final.
- *Dese el tiempo suficiente.* No se apresure, eso sólo provoca más presión. Llevará tiempo y hay que tener paciencia. Pero tampoco hay que esperar demasiado, demasiado pronto, de uno mismo. Tómese todo el tiempo que necesite.
- *Mire su pasado, pero tómelo con calma.* Si no se siente cómodo con un pensamiento del pasado, no se detenga en él. De hecho, es mejor hacerlo durante las sesiones profesionales. Pero si siente que hay algunos episodios que

puede recordar ahora sin que le duelan demasiado, que puede afrontar y conseguir recordar, entonces haga un breve intento de vez en cuando. Pero hágalo cuando tenga tiempo, cuando esté tranquilo y, sobre todo, cuando se sienta bien contigo mismo.

Y hemos llegado al final de este capítulo tan intenso. Fue intenso para mí, así que me imagino que también lo fue para usted. Pero este es el problema más grande, difícil y complejo que tenemos que abordar en este libro. Y lo hemos hecho. Ahora ya sabe que incluso los síndromes psicológicos graves que pueden afectar muy negativamente a las relaciones tienen solución. Aunque sea profesional. Pero ahora puede reconocer una, lo que marca la diferencia...

En el próximo capítulo cambiaremos de tema ("Qué tontería", pensará, pero es una pista, en realidad...)

Así que, respire hondo, relájese, tómese una taza de té y vuelva cuando esté preparado.

EL ARTE DEL CAMBIO

... **H**ablando de cambiar de tema, ¿cuántas veces a lo largo de un mismo día cambia su relación con su pareja? Seamos "voyeurs imaginarios" por un segundo... Ahora tenemos una cámara fijada en la cabeza de dos amigos imaginarios míos: Aysha y Chris. En cada etapa, pregúntese cómo es su relación en ese momento y qué ha cambiado respecto a la anterior.

Es sábado por la mañana y Chris se despierta. Aysha sigue en la cama. Pero tiene que preparar el desayuno para ambos. ¿Cómo es su relación ahora? Cuando Aysha se despierta, el desayuno está listo en la mesa y se saludan con un beso antes de sentarse. ¿Cómo es su relación ahora?

Chris suele ser el que lee el periódico y habla de política y noticias, mientras que Aysha tiende a escuchar pero no participa demasiado. ¿Qué ha cambiado en su relación? Sin embargo, luego tienen que despertar a los niños. Este es un momento bastante problemático y a menudo caótico porque a los niños les gusta dormir, luego suelen discutir por los turnos de baño... Así que Aysha toma las riendas y se ocupa de ellos mientras Chris se hace el desentendido en el jardín mientras revisa las flores y las verduras.

Como es sábado, se suben al coche. Aysha tiene carnet de conducir, pero Chris no. Así que Aysha conduce hasta el centro comercial, mientras Chris mantiene a los niños tranquilos...

Podría seguir durante todo el capítulo, pero creo que es suficiente para entenderlo. Cuando están en el coche, por ejemplo, Aysha tiene un ***papel protagonista*, mientras que en ese momento Chris tiene un *papel de apoyo*.** Cuando Aysha despierta a los niños, de nuevo ella es la protagonista, mientras que él, literalmente, "se aparta temporalmente", pero sigue actuando como *facilitador.*

Lo que entendemos de esto es que los **roles dentro de la relación cambian continuamente.** Chris y Aysha no están en las mismas posiciones relativas en cada cambio, y estos cambios pueden ocurrir muy rápidamente y con frecuencia.

Y ni siquiera hemos llegado a la hora de comer, ¡y mucho menos hasta que Aysha y Chris vuelvan a la cama por la noche! ¿Se imagina cuántas veces tienen que **cambiar de papel durante el día?** Pueden ser literalmente cientos de veces. Cada día. Durante toda una vida...

Ahora entiende por qué *ser capaz de cambiar e intercambiar los roles en una relación es fundamental para su supervivencia y felicidad.* Y por supuesto, ahora vamos a hablar de ello.

Sin embargo, antes de seguir adelante, quiero preguntarle una cosa. Si tiene pareja, bien. Si no, elija a la persona con la que más tiempo has pasado durante un día entero recientemente. A estas alturas ya sabe que yo me meto en mis asuntos, así que, en lugar de decírmelo, tómese unos minutos para pensar en parte de un día reciente y cuente los cambios de roles que has tenido con él o ella... El día entero sería demasiado largo de considerar. No hace falta que me lo diga.

...

Eran muchos, ¿verdad? Además, está el factor adicional de que cuantas más actividades se realicen juntos, más habrá que cambiar los papeles. Esto no ocurre sólo con las parejas. Ocurre en todo tipo de relaciones.

Hace tiempo, la gente tenía roles y vidas más rígidos socialmente. Es más, especialmente en los entornos rurales, tenían menos encuentros durante el día... Sucedió que empezamos a identificar a las personas por un solo papel en sus vidas. A menudo era el trabajo o la procedencia...

De ahí vienen nombres como Smith, Thatcher, etc.... Pero en el siglo XX nos dimos cuenta de que todo el mundo tiene una "gama de papeles y personalidades". No es la misma persona cuando está en el trabajo o cuando va de compras. Su papel cambia. En el trabajo es profesor, constructor, enfermero, etc.... Tiene (o es) un jefe y tiene compañeros. Incluso puede tener clientes o pacientes, etc... Pero cuando va de compras ya no es un profesor o una enfermera... ¡Ahora es el cliente!

Como puede ver, lo hacemos con fluidez en muchos casos, pero... Puede haber algunos problemas con las partes.

Roles Dentro de las Relaciones

Si bien la mayoría de los roles están dictados por la sociedad, no ocurre lo mismo con las relaciones. Creemos que vivimos en un mundo libre... en cierto modo sí, pero está lleno de reglas sociales no escritas (o escritas).

Cuando se encuentra con un profesional, hay normas de compromiso... Todos tenemos esa actitud tan respetuosa con los médicos, ¿no? Cuando una persona de la policía lo para en el semáforo, saca el carnet y espera que no lo multen... Cuando sube a un avión, escucha al capitán y a la tripulación cuando le dan instrucciones para despegar, etc....

Todas estas son relaciones con reglas sociales bastante estrictas y predeterminadas. Pero **en las relaciones personales las reglas sociales son más laxas, o a veces (casi) no existen.**

Esto depende un poco de la sociedad en la que se vive. No hace mucho tiempo, en los países occidentales era la sociedad la que dictaba qué papeles tenían los hombres y las mujeres en sus relaciones personales. Esto todavía perdura en muchas relaciones personales, aunque en versión más suave.

¿Ejemplo? Todavía hay parejas en las que algunas tareas son del dominio exclusivo de la mujer, como cocinar, lavar los platos, limpiar y la mayoría de las tareas domésticas. Es una norma social, una herencia de tiempos pasados en los que las mujeres y los hombres no eran iguales. Esto sigue siendo muy común en las parejas de ancianos. Es muy infrecuente en las parejas urbanas jóvenes. Pero varía de un lugar a otro. Mientras que en Nueva York o incluso más en Copenhague esto sería muy raro, en algunas zonas rurales tanto de EE.UU. como de Europa, este tipo de "arreglo" sigue siendo bastante común.

Y sólo nos fijamos en Estados Unidos y la UE. Hay países en todo el mundo en los que estas antiguas normas siguen estando escritas en la ley. Pero la razón por la que hablamos de ello es otra.

Si hay reglas sociales preestablecidas en una pareja, los roles tienden a ser bastante estables. Uno de los miembros de la pareja tendrá un papel la mayor parte del tiempo y el otro, otro. Suelen ser un *papel de líder y otro de seguidor.* He utilizado "seguimiento" en lugar de "sumisión", "sometimiento", etc., porque es más general. Pero en algunos casos, podemos hablar de un *rol dominante y un rol sumiso.* Es difícil decir dónde empiezan estas definiciones; como siempre, también tiene perspectivas personales y subjetivas.

Pero cuando estos roles fijos del pasado no existen, las relaciones se vuelven fluidas y los dos roles (con distintos grados, incluso los intermedios) pasan de un miembro de la pareja al otro... Esto significa muchos cambios...

Bien, lo voy a decir en palabras muy sencillas: *si quiere una relación moderna, libre e igualitaria, será mejor que sepa cambiar los papeles.*

Puede que piense: "¡Bien, se me da muy bien!", pero el problema es que ***ambos deben ser buenos en esto y estar dispuestos a hacerlo.*** En las relaciones poliamorosas todos los miembros tienen que ser buenos en esto, y la dinámica puede llegar a ser muy compleja.

Aquí es donde a menudo surgen los problemas... Mucho depende de las experiencias pasadas de los socios. Ahora, déjeme contarle una historia... Lisa y Paul han sido compañeros durante un año, así que decidieron irse a vivir juntos. No querían casarse de inmediato, ya sabe...

En fin, se fueron a vivir juntos y al cabo de unas semanas recibí una llamada de Lisa... Quedamos para tomar un café y me dijo que, bueno, las cosas no iban como ella esperaba. ¿Por qué? Paul era totalmente "moderno" cuando salían juntos. "Pero dentro de casa", me dijo, "sigue esperando que sea una "esposa" a la antigua usanza..."

Sentí curiosidad y un poco de preocupación, así que pedí más detalles. No eran grandes problemas, pero sí lo suficientemente molestos como para poner una brecha en su relación. Básicamente, a Paul no le gusta cocinar, y eso le parece bien en cierto modo, pero tampoco ayuda a lavar y fregar. Son sólo dos cosas, pero ella está molesta.

Tengo que pedirle un consejo aquí: ¿por qué cree que Lisa está tan alterada? ¿Por qué cree que Paul tiene estos hábitos "extraños"?

...

Veamos... ¿Se puede decir que a Lisa le preocupa que Paul empiece con dos o tres cosas y luego empiece a retirarse de otras tareas? Es posible.

O que Lisa quiere una relación perfecta, de "cuento de hadas", por lo que cualquier punto es increíblemente molesto...

Una cosa, sin embargo, es que la igualdad no puede ser tal si hay un solo elemento desigual... Y esto puede ser una cuestión de principios... Verá, Lisa tiene una clara expectativa de "igualdad en todo" y una o dos cosas son suficientes para "recordarle que no es realmente igual a los ojos de Paul". Y esto puede ser frustrante, incluso muy doloroso y puede "carcomer" una relación a largo plazo.

Pero ahora necesito su ayuda una vez más. ¿Qué pasa con Paul? ¿Por qué cree que se está comportando así?

Tomaré mi café blanco con azúcar moreno si lo hace esta vez.

...

Esa fue "la" taza de café perfecta, ¡gracias! Bromas aparte, ¿qué le ha parecido Paul? Podemos estar de acuerdo en que no es totalmente consciente de lo que está haciendo. Seguramente, no entiende que Lisa está ansiosa por ello...

También podemos estar de acuerdo en que tiene problemas para cambiar, ¿no es así? Y entonces podemos intentar adivinar por qué se resiste a este acuerdo totalmente igualitario que busca Lisa. ¿Podemos adivinar que hay algunos **condicionamientos culturales y experienciales** en su comportamiento? Esto, de hecho, se parece mucho a uno de esos "rasgos familiares" que provienen de años, décadas incluso, de ver a su mamá o a las mujeres de su familia de origen hacer ciertas cosas y no otras...

Básicamente, podemos suponer que en casa de sus padres, Paul nunca vio a su padre fregar los platos ni acercarse a la lavadora... Y suele ser la *pareja masculina la que se resiste a estas relaciones igualitarias*.

Imagine una situación extrema... Imagine a un hombre que viene de una familia donde los miembros masculinos tienen una posición muy dominante y los miembros femeninos simplemente no son tratados como iguales debido a su cultura y tradición... ¿Qué tan fácil sería para este hombre cambiar a una relación igualitaria? Muy difícil en la mayoría de los casos...

Volveremos a esto y le echaremos una mano a Lisa en un minuto, pero primero, algo más difícil...

Roles íntimos y Cambio

Hasta ahora, hemos hablado de la limpieza... Ahora, piense en la cantidad de papeles diferentes que pueden tener las personas cuando están intimando. Sí, eso *incluye el sexo*... Aquí el mundo de posibilidades es enorme. Dependiendo, por supuesto, de los gustos y preferencias de los miembros de la pareja, pero realmente puede haber mucha alternancia en estos momentos.

Y quizás **el cambio más "emocionante" pero también "espeluznante" es el de "salir de la intimidad" a "entrar en la intimidad".** Ya me entiende...

Este es en sí mismo uno de esos momentos en los que se sienten mariposas en el estómago y un aleteo en el corazón, etc... Muy a menudo hay **señales clave, como gestos o palabras que indican la voluntad de cambiar a un momento íntimo o sexual.** *En la* *familia Adams*, recuerda, fue cuando Morticia Adams habló en francés... Bien, es una visión divertida, pero tiene un punto de vista educativo; cada pareja tiene sus propias **"señales de cambio"**, *y éstas a menudo provienen de la propia historia de la pareja.*

En muchos casos, estas señales se remontan a la "primera vez" de la pareja, o al menos a las primeras etapas de la relación.

Cuando se dan estas señales y no se captan, la pareja que las envía suele preocuparse mucho. Es un "rechazo", aunque esté "codificado" en un lenguaje que sólo la pareja puede entender. Pero aquí no se puede engañar a la pareja. **Si se rechaza a la pareja, siempre hay que explicar por qué.** La "situación de dolor de cabeza" está bien, siempre que sea abierta y honesta.

Pero piénselo bien; su pareja se sentirá "rechazada", incluso "avergonzada" y esto puede tener enormes consecuencias en su confianza. Por lo tanto, su "rechazo" debe ser:

- *Tranquilo*
- *Comprensivo y empático*
- *Específico en su razón*
- *Cálido y no frío*

Algo así como: "Oh, cariño ahora mismo tengo la mente puesta en la factura de la luz, lo siento, ojalá pudiera", y luego ofrecer alguna **compensación íntima**, como un largo abrazo, un achuchón etc....

El "Oh, no, acabo de peinarme", seguido de levantarse para encender un cigarrillo es realmente doloroso (¡y poco saludable!) Verá, en esta etapa, ***su principal objetivo es no herir los sentimientos de su pareja.*** *Piense en cómo te sentiría usted...*

Hablando de eso, ¿qué pasa si es su pareja quien le rechaza? ¿Y qué pasa si su pareja no se comporta como acabamos de decir? En el peor de los casos, se produce la reacción de "dejar el contacto físico y pasar a algo muy frío y poco íntimo". En este caso, suele haber un problema grave en la pareja, y ha llegado el momento de una "charla sobre la relación".

Pero en la mayoría de los casos el daño se hace de forma inconsciente. Por supuesto, hay una serie de niveles y reacciones, desde un simple "ignorar la señal pero ser dulce e íntimo de todos modos" hasta "decir algo que es demasiado vago", etc.

Bien, aquí tiene que acercarse a su pareja y hablar de ello. Es difícil decir que le han herido. Sobre todo en temas tan íntimos, hay un sentimiento de humillación y pérdida de prestigio... Pero intente hacerlo la primera vez que ocurre, o lo antes posible. **Rechazar ofertas de intimidad de forma equivocada no puede convertirse en un hábito.** Eso iniciará una espiral descendente realmente dolorosa que puede arruinar su relación.

Y, curiosamente, ¡aquí es donde tiene que cambiar! Sí, tiene que asumir un *papel protagonista* e iniciar una conversación sobre lo que espera de él o ella en estas situaciones. Ahora bien, tenga en cuenta que no puede decir: "No puede rechazar mis avances". No se trata de eso y deje claro desde el principio que no es por ahí por donde va. Hacer esto por sí solo reducirá las barreras de su pareja (en esta fase se preocupará por su "aceptación de la negativa" más que por el "cómo lo hice fue incorrecto").

Dígale que la *forma en que lo hizo es hiriente*. De nuevo, utilice el lenguaje de los sentimientos que vimos al principio de este libro: "Cuando se puso de pie me dolió, esperaba un abrazo", o "me sentí mal porque ni siquiera me dijo por qué no le apetece ahora...".

No sea "regañón" pero sea firme en su derecho a no ser herido. No se trata de una confirmación, sino de un "momento de comprensión mutua". Básicamente, tiene que enseñarle lo que acaba de aprender en este libro. Usted también se merece un "rechazo" tranquilo, comprensivo y empático, específico en el motivo, cálido y seguido de una compensación íntima (un abrazo, un beso, lo que sea...).

A lo largo de los años, se rechazarán mutuamente; esto debe hacerse sin herir al otro. Por tanto, ambos miembros de la pareja se beneficiarán del aprendizaje de esta habilidad de "cambio".

Roles íntimos, Personales y Sociales... ¡y más cambios!

Si bien lo ideal es que la mayoría de nosotros desee roles igualitarios en las situaciones sociales y personales, no a todo el mundo le gusta esto en los roles íntimos. Haga una pausa, respire largamente y reflexiona. Este es uno de los equilibrios más extraños de conseguir en una relación.

¿Sabe a qué me refiero? Sheila y Frank son totalmente igualitarios. Tienen roles iguales en el hogar, comparten tareas con los vecinos, deciden todo totalmente juntos, ambos trabajan, etc. Pero... Cuando llega la noche y se acurrucan en el sofá a Sheila le gusta sentirse protegida y se acurruca entre los brazos de él...

Por lo tanto, en esta etapa, es Frank quien asume el protagonismo. Este es un ejemplo pequeño y delicado. Pero el hecho es que **dentro de la esfera íntima cualquier papel consensuado es totalmente aceptable.**

Una cosa que tenemos que entender es que ser igualitario y equitativo en la relación no significa, por ejemplo, tener que tener "roles igualitarios en la cama". Esa es una esfera diferente en la que uno de los miembros de la pareja puede querer que el otro asuma un papel protagonista...

En ese ámbito se suspenden todas las reglas excepto una: *lo que se hace debe ser consentido.*

Por supuesto, estos roles pueden ser bastante salvajes. En los últimos años ha habido un aumento masivo de la actividad sexual fetichista y sadomasoquista... Cosas que antes eran "mitológicamente pervertidas" son ahora muy comunes. Es parte del **proceso de liberación sexual** que hemos visto en las últimas décadas (después de los años 80 en particular).

Lo han propiciado los músicos pop (Madonna es, con diferencia, la mayor impulsora de esta revolución) y luego con la llegada de Internet... Todos sabemos que cosas que ni siquiera sabías que existían aparecen de repente en pequeñas (y me permito decir que bastante insistentes) ventanas de la nada...

Ahora las prácticas sexuales que antes sólo unos pocos sabían que existían están al alcance de los jóvenes también... Y de hecho, ese mundo ha cambiado totalmente...

Aquí queda la única regla intocable: ***todos los actos y prácticas sexuales deben ser plenamente consentidos.***

Pero aparte de eso, ***cuanto más experimentales son los roles sexuales, más se requiere la habilidad para cambiar.*** Puede haber vergüenza, incertidumbre e incluso confusión si el cambio no funciona bien.

Dicho esto, no es nada raro que el miembro de la pareja que tiene un papel protagonista en la cama pueda tener luego un papel seguidor fuera de ella. No hay ninguna regla y cuando los descarados (entrometidos) miran a las parejas y "adivinan" cuáles son sus roles íntimos, pues tenga en cuenta que la forma en que se comportan delante de usted puede ser totalmente diferente de lo que hacen a puerta cerrada. Pero el punto clave sería que lo que hacen a puerta cerrada no es asunto de nadie más...

¿Cómo es un cambio exitoso en estas situaciones?

En realidad es una habilidad muy astuta. Para ser sinceros, en la antigua comunidad sadomasoquista tenían reglas claras... Es increíble cómo todo el mundo estaba perfectamente regulado, con reglas que nunca se romperían e incluso una forma de etiqueta. Pero esa era una comunidad pequeña y muy unida. Ahora que estas prácticas se han vuelto más comunes, esas reglas se han olvidado.

Por el contrario, yo me ceñiría a ellos muy estrechamente. Todas ellas se centran en el consentimiento y la seguridad y están diseñadas para que *la transición de un papel a otro sea fluida.*

- *Están muy ritualizados.* El ritual suele ser siempre el mismo; puede haber un elemento de vestimenta, o palabras, o asumir ciertas posiciones, etc. Suele haber más de un elemento junto.
- *La pareja protagonista inicia este ritual.* La pareja que toma el papel principal en la actividad sexual es también la que "celebra el ritual". Es muy importante que diga ciertas palabras, etc. Es la "facilitación de la siguiente pareja" que le permite sentirse a gusto y seguro en este papel.
- *Siempre hay una salida para el otro miembro.* Normalmente, los socios establecen "la palabra". Debe ser una palabra sin referencia sexual, y si el siguiente compañero la dice, el compañero que lidera se detiene inmediatamente, sin hacer preguntas. Cuando uno "lidera" puede no ser consciente de que está yendo demasiado lejos. No hay opción de faltar al respeto a esa palabra. En cierto modo, es la "cosa" que mantiene un elemento de igualdad incluso a este nivel. Y cuando decimos inmediatamente queremos decir inmediatamente. De hecho, cualquier acto realizado después es técnicamente no consentido.
- *La pareja líder comprueba repetidamente el consentimiento.* Es una buena característica de la pareja líder asegurarse de que el otro está realmente contento. En los "actos sexuales desiguales", el líder pregunta constantemente

al siguiente si le gusta lo que está haciendo. Es una responsabilidad, no sólo un "juego pervertido".
- *El cambio es lento, largo y muy cálido e íntimo.* Hay muchos mimos, abrazos, miradas directas a los ojos, etc... cuando se sale de los roles sexuales y se vuelve a los roles personales. Esto también es muy necesario para facilitar la transición a una relación igualitaria. Mientras que la entrada puede ser rápida, la salida puede llevar de media hora a un día entero...

Como puede ver, hay una solución para todo. Las relaciones pueden ser muy complejas, y realmente tenemos que estar agradecidos a las personas que desarrollaron todo un proceso probado y seguro de cambio en situaciones muy íntimas.

Como nota secundaria, pero necesaria, este conjunto de normas también protege a ambos miembros de la pareja. Pasar esa línea de consentimiento significa entrar en el "área de la violación". Y en el sexo, especialmente si uno de los miembros de la pareja tiene el "control", debemos estar doblemente seguros de que esa línea no se cruza nunca, ni siquiera por error.

Cuándo Cambiar, Cómo Cambiar

¿Recuerda a Lisa y Paul? Dije que volveríamos para ayudarlos, y siempre cumplo mi palabra. En realidad, sabe que soy perezosa, y le voy a pedir que lo haga. Pero ahora tenemos que hacer dos cosas...

- Recordemos cuál era el problema de Lisa y Paul.

- Mire este problema desde una perspectiva mucho más profunda que ahora hemos explorado.

Empecemos por lo segundo (me gusta empezar por atrás)... ahora hemos visto que incluso los cambios muy emocionales, literalmente como el de las posiciones sadomasoquistas a las de pareja igualitaria (e incluso si quiere "jefe y empleado" - y diviértase pensando que son exactamente lo contrario de lo que ocurre a puerta cerrada) **son posibles**, y que *hay una técnica probada para hacer este cambio.*

Ahora, desde esta perspectiva, el problema de Lisa y Paul puede parecer muy pequeño. ¿Recuerda cuál era? Era que Paul (por lo que identificamos como "legado" cultural) no hacía cosas como fregar los platos, y esto, con razón, le dio a Lisa la "sensación" de que él no la veía como totalmente igual en la relación.

Ahora que recordamos, ¿puedo decir una cosa? A estas alturas confío plenamente en que tiene un montón de ideas sobre cómo ayudarla... Así que, ¿puedo ausentarme para tomar otra taza de té? Té verde ahora ya que el café es malo para los nervios...

...

El té verde es una maravilla de la naturaleza... Por cierto, ¿sabía que es excelente para perder peso? El té de cúrcuma en particular. Permite que la grasa de su cuerpo pase de ser grasa blanca a grasa marrón. La grasa blanca es la que almacenamos, la grasa marrón es la que quemamos. La cúrcuma convierte la grasa blanca en grasa marrón... En promedio, media cucharadita de cúrcuma en una taza de agua todos los días te hará perder 1,5 libras a la semana. No está mal...

Pero basta de prepararse para el verano... ¿Qué podemos decir de Lisa y Paul? Seguro que Paul tiene que entender que la "igualdad" tiene muchas implicaciones prácticas. Aunque esto pueda parecer un "pequeño problema" comparado con los "cambios sísmicos" que hemos visto hasta ahora, no significa que el problema sea menos doloroso. Es más, es posible que Lisa no quiera abordarlo porque la "conciencia del problema" no es enorme, puede parecer "venial" y "mezquino" hacer un escándalo por estas cosas.

En cambio, ¿qué opina? ¿Debe Lisa enfrentarse a él? La respuesta es, estoy seguro de que estará de acuerdo, un rotundo SÍ. ¿Y cómo debería hacerlo? Básicamente, hay dos opciones: una es como un diplomático que trata de transmitir un punto lógico, y la otra es aprovechar el lado emocional y la buena voluntad de Paul.

En términos prácticos... La mayoría de las parejas que se encuentran en esta situación terminan con uno de los miembros de la pareja diciendo algo parecido a "Estoy en mi derecho de que...", o "No estás haciendo tu parte". El problema de este planteamiento no es que sea erróneo desde el punto de vista fáctico... Es que pone a los dos miembros de la pareja en una situación conflictiva... Y siempre que hay conflicto se corre el riesgo de perder la cara, y cuando se corre el riesgo de perder la cara se adopta una posición defensiva... A estas alturas ya sabe muy bien que a estas alturas nos dirigimos hacia una confrontación...

En su lugar, ¿puedo sugerir un enfoque diferente? Es diferente de lo que normalmente usamos (y fallamos), pero nos resulta familiar. Fíjese en estas frases como ejemplo:

"Cuando lavo y no me ayudas, siento como si pensaras que es un trabajo que debo hacer yo por ser mujer".

"Cuando lavo, me encantaría que me dieras una mano, ya ves, es mucho más duro de lo que crees; tienes que arrodillarte, recoger ropa pesada, etc... Y se vuelve más pesada cuando la sacas para colgarla".

Ese es un enfoque completamente diferente al de "no me ayudas con la colada porque crees que soy inferior", que bien puede ser lo que un día Lisa acabe pensando e incluso gritando a menos que solucione este problema desde el principio de su relación.

Pero detengámonos un segundo, porque hemos llegado a un punto muy importante: ***intente resolver cada problema aislado en su relación tan pronto como surja o tan pronto como sea posible.*** Intentar resolver más problemas de una sola vez suele ser desastroso. La discusión acaba saltando de un punto a otro sin resolver ninguno (los expertos lo llaman "lógica de la pava").

Es más, si el problema se arraiga, es más difícil de erradicar y cuando lo saca a relucir siempre aparece la pregunta "¿Por qué no sacó esto antes?". Aunque puede ser legítima, esta pregunta desplaza el foco de atención de la solución del problema a una serie de recuerdos del pasado y acusaciones y hace retroceder la discusión...

Pero volvamos a nuestro punto principal; utilizar el ***lenguaje de las emociones***, una vez más es la mejor oportunidad que tienes para abrirte paso en el corazón y en la mente de su pareja, y, al mismo tiempo, es la mejor manera de desencadenar una conversación racional orientada a una solución, y no a buscar culpables en el otro.

Mírelo como un reloj de arena: si empieza acusando sólo conseguirá una respuesta defensiva e irracional. Si, en cambio, empieza involucrando a su pareja y expresando sus emociones, obtendrá exactamente lo contrario: una discusión racional abierta y orientada a la solución.

Echemos la vista atrás por un momento. Hemos hecho grandes progresos. De verdad... Mire cuántos problemas y situaciones puede resolver ahora. Y como nos estamos acercando al final de este libro, ahora queremos pasar a un capítulo muy positivo... Y lo voy a dejar con un "ejercicio"... En su opinión, ¿qué hace que una relación sea perfecta?

...

10

LA RECETA PARA UNA BUENA RELACIÓN

Y por fin llegamos a un capítulo totalmente positivo, soleado, con mucha brisa... Hemos pasado por muchas cosas importantes en este libro, desde la comprensión de las dinámicas dentro de las relaciones, hasta cómo hablar de temas delicados o cómo afrontar los momentos críticos... También has conocido a casi todos mis "amigos imaginarios" y has visto que hay tantas situaciones diferentes en las relaciones que el mundo es su perla si se lo toma positivamente.

Ahora que estamos llegando al final de este libro, podemos ver todos los *ingredientes que necesita para tener una relación exitosa*. Pero antes de contarte mis ideas, me gustaría que hiciera una lluvia de ideas con las suyas... Como siempre, tómese su tiempo.

...

¿Qué cree que necesita para tener una buena relación? La mayoría de la gente piensa en valores, como el "respeto", y en realidad tienen razón. Pero también hay algunos ingredientes prácticos, como las habilidades de comunicación, y hemos visto hasta qué punto pueden marcar la diferencia entre una relación exitosa y otra fallida.

Así que, sin más preámbulos, ¡vamos e ello!

Respeto

Empecemos por esto. El respeto es tan fundamental en una relación que no podemos ignorarlo, ¿verdad? Una de las principales angustias en las relaciones es, de hecho, perder el respeto, o "no ser suficientemente respetado". Muy a menudo, incluso las traiciones se consideran una "falta de respeto".

Pero en muchas relaciones también ocurre que el respeto se da por sentado. Esto puede estar bien, pero le sugiero que **siga expresando su respeto a su pareja y anime a su pareja a hacer lo mismo con usted.**

Si lo siente en serio, dígalo. *Concéntrese en los rasgos positivos de su pareja y no los dé por sentado;* si hace algo bueno, elógielo. Asegúrese de que su pareja sabe que le tienes en alta estima...

Ya sabe que necesita **alimentar constantemente su relación**, y las palabras y los pequeños gestos son "el alimento" de las relaciones sanas.

Honestidad

Otra cualidad que puede hacer o romper una relación. "Pero seguramente nadie quiere ser deshonesto en una relación", se preguntará. Bueno... Digamos que en la mayoría de los casos, *empezamos con una imagen idealizada, de cuento de hadas e idílica de lo que será nuestra relación*. Esto está muy bien, pero en muchos casos esta misma "idea de cuento de hadas de nuestra relación" es la que acaba arruinándola.

Ejemplo... George y Melissa empezaron hace unos meses, y al principio todo era perfecto. Pero después de un tiempo, las cosas no eran tan perfectas como esperaban. Nada importante, en realidad, una cosa muy pequeña... A Melissa le gusta jugar al ajedrez y George le siguió la corriente. Ya sabes, cuando se está en la fase de enamoramiento le gusta todo lo que le gusta a su pareja. Literalmente, tenemos una percepción de la realidad "morfada". Realmente creemos en nosotros mismos que nos gustan ciertas cosas...

Pero luego el enamoramiento desaparece y vuelve esa perspectiva más "realista" de la realidad. Pero *no queremos perder la "idea de cuento de hadas de nuestra relación".* Y es porque queremos preservar ese ideal que a menudo empezamos a hacer dos cositas:

- *Mentirnos a nosotros mismos*
- *Mentir a nuestra pareja*

Estas pequeñas mentiras parecen justificadas al principio. Las vemos como mentiras blancas... Pero mentiras son y en una relación, pueden tener consecuencias. Así, George me llamó el otro día (todavía tienen teléfonos antiguos que "suenan" en el mundo de los amigos imaginarios) y me dijo que no puede enfrentarse a otra larga y aburrida partida de ajedrez, que es una "persona física a la que le gusta estar activa, caminar, hacer deporte, ¡no sentarse durante días delante de un tablero de ajedrez!"

Me olía un problema y por eso hice algunas preguntas de sondeo... Resulta que George seguía un patrón muy típico...

- Al principio, pensó que le encantaría jugar al ajedrez.
- Durante algunos meses estuvo bien, en cierto modo lo disfrutó.
- Luego empezó a aburrirse de él, pero *se dijo que muy pronto le volvería a gustar.*
- Ese "muy pronto" nunca ha ocurrido...
- No se lo ha contado a Melissa y tiene miedo de que, si lo hace, su "relación perfecta deje de serlo".

Verá, la primera mentira a uno mismo en realidad hace que sea difícil luego ser honesto con la pareja. Pero como puede notar todo sucede de manera perfectamente inocente... pero luego termina con un "secreto" de su pareja... Y eso es un problema. George no le ha mentido a Melissa, pero está guardando un secreto...

¿Adivine qué le dije?

...

Adivinó; le dije que se aclarara lo antes posible. No puede embotellar algo o acabará saliendo en el peor momento posible (años más tarde durante una discusión animada - así que, viene como un "arma" y no como una solución).

Siempre puede jugar al ajedrez con ella, por supuesto, pero tiene que ser sincero, consigo mismo y con Melissa. Necesita que ella entienda que *no la ha engañado fingiendo que le gustaba el ajedrez*. Este es un problema que tiene correctamente. Tiene que ser muy claro y decirle que al principio sí le gustaba, pero que ahora ya no...

Entonces habrá que tomar medidas prácticas (por ejemplo, necesitará a otra persona para jugar al ajedrez, etc.), pero la cuestión es que **hay que estar atento a las situaciones en las que se "esconde una pequeña cosa" a la pareja**. Esto puede llevar a más y más secretos y a una espiral descendente.

Por lo tanto, mantenga un ojo en las pequeñas cosas y mantendrá su relación limpia brillando con honestidad.

Flexibilidad

Hemos pasado mucho tiempo hablando de cómo cambian las relaciones. Pero quiero ver esto desde una nueva perspectiva. Ahora, hay algo que la gente definiría como "mágico" cuando empieza una nueva relación. Esas noches de luna y los paseos por un parque lleno de flores perfumadas son embriagadores...

Y nos aferramos a esos momentos con mucho cariño, pero también con la preocupación de que si la relación cambia, esos momentos no vuelvan a repetirse. Es la imagen de "cuento de hadas" de la que hablábamos en el apartado anterior... Esa misma imagen ideal puede ser un obstáculo para la flexibilidad.

Cuando las cosas son perfectas, no queremos cambiarlas. El problema es que incluso cuando ya no son perfectas, no queremos cambiarlas y si lo hacemos, queremos "volver a cambiarlas", no adaptarlas a la nueva situación.

Eso no es flexibilidad; es nostalgia.

Debe disfrutar plenamente de esa sensación efervescente y aromática que tiene durante la fase de enamoramiento. Pero tenga en cuenta lo siguiente: **no hay un solo cuento de hadas, puede haber muchos, y también muchas historias bonitas.**

Me explico, el hecho de que la primera fase llegue a su fin es inevitable. Pero en lugar de verlo como "el final de un cuento de hadas" mírelo como "el comienzo de una nueva historia". Quizá haya madurado y no sea un cuento de hadas, pero también hay novelas maravillosas para adultos, llenas de pasión y felicidad...

Valores Compartidos

Esta es una de las bases de las buenas relaciones. La mayoría de nosotros, al menos los adultos, buscamos una pareja con el mismo sistema de valores que nosotros. Una persona de izquierdas buscará una pareja de izquierdas; un vegano difícilmente se llevará bien con un carnicero. Ya sabe lo que quiero decir...

"Pero espere, ¡hay parejas que incluso tienen diferentes creencias religiosas!" Tiene razón. En algunos lugares son incluso bastante comunes, sobre todo en grandes crisoles como París o Londres. Pero hay una cosa clave que comparten: tienen una creencia religiosa o espiritual... Sólo eso es un fuerte vínculo.

Estas parejas tienen que negociar variables culturales y morales impresionantes, para ser sinceros. Diferentes tradiciones, fiestas, a menudo incluso idiomas... Pero las religiones tienen mucho más en común de lo que la mayoría de la gente cree. El sistema de valores básico de un cristiano, un budista, un musulmán, un judío, un sij, un hindú o incluso un animista es muy similar. Pero, por supuesto, hay muchos "desafíos".

Dicho esto, los registros muestran que las parejas multiculturales y multiconfesionales funcionan muy bien. Quizá el hecho en sí de tener que ponerse de acuerdo en temas muy importantes e íntimos les hace muy fuertes (¡y flexibles al mismo tiempo!).

Una vez que ha conseguido dar un paso tan grande, seguro que está preparado para enfrentarse al mundo con mucha confianza.

En realidad, es más difícil encontrar un acuerdo entre un ateo y un creyente, de *cualquier* creencia religiosa o espiritual. Por lo general, ateos y agnósticos se ponen de acuerdo y los creyentes también. Pero, de nuevo, esto no es una regla estricta.

Pero en cualquier caso, **los valores y creencias compartidos son un fuerte elemento de unión en las parejas.**

No es necesario que compartan absolutamente todos los valores, pero una gran sección de valores es realmente fundamental para una pareja. Para empezar, evitarán discusiones interminables (¡créeme en esto!) También tendrán una misión compartida en algunos casos. Una pareja que ama a los animales puede trabajar junta en obras de caridad o en campañas por los derechos de los animales, por ejemplo...

Si "activa" sus valores compartidos, estas actividades también pueden convertirse en "alimento para su relación". Es más, harán mucho por conservar o aumentar el respeto y la estima mutuos.

Independencia

Hace tiempo, las mujeres se casaban y perdían toda independencia. Ese día de la boda era el comienzo de una vida en la que el marido se encargaba de la comida, la vivienda, etc. y la mujer asumía su "papel" de dependiente de él.

Esto todavía ocurre en algunas culturas, pero sería totalmente inaceptable para la mayoría de las mujeres modernas. El hecho es que si se depende totalmente de una pareja, se pierde mucha libertad. Muchas mujeres nacidas hace décadas nunca se divorciaron, no porque no quisieran, sino porque no podían permitírselo.

He mencionado el divorcio para mostrar un caso extremo, una falta de libertad tan grande que toda la relación depende de ella. Pero incluso en cosas pequeñas, la falta de libertad puede llegar a cansar y desgastar la relación.

Pero, ¿qué ocurre si uno de los miembros de la pareja no trabaja? ¿O es necesario que ambos tengan ingresos? Le voy a contar una historia, y esta vez no se trata de amigos imaginarios... Se trata de una pareja que conozco bien, nacida en 1942 (los dos). El marido trabajó la mayor parte de su vida (ahora ambos están jubilados). Pero, ¿sabe qué? Nunca administró su salario. Se lo daba todo a su mujer. Y entonces era la esposa la que le daba dinero de bolsillo...

Me parece una solución muy creativa. Verá, tener que pedir dinero a la pareja que tiene la cartera puede ser problemático. Pero si la persona que tiene el bolso no es el "sostén de la familia", todo el proceso se invierte.

Doy esto como una pista, algo a considerar y adaptar. Sin embargo, *si uno de los miembros de la pareja no tiene ingresos, el otro debe hacerlo independiente y no dependiente.* La diferencia es enorme... Dar a la pareja una suma razonable de forma regular, según su deseo, es una buena solución, sin utilizarla como herramienta para que se sienta "inferior".

Forzar a un miembro de la pareja a pedir dinero cada vez y, lo que es peor, a explicar por qué lo necesita es, como mínimo, humillante.

Variedad

Nada es tan agotador para una pareja como "repetir lo mismo todos los días, día tras día sin fin". A veces uno de los miembros de la pareja la lleva a un patrón de vida muy rutinario. A veces lo hacen los dos.

El hecho es que las rutinas son cómodas y nos sentimos seguros con ellas. Y, efectivamente, es necesario tener *algunas rutinas en la vida y en la relación*. El problema empieza cuando las rutinas son demasiadas, y uno de los miembros de la pareja empieza a sentirse un poco aburrido.

El aburrimiento en una relación es frustrante, y una de las causas más comunes es la televisión... Esa caja de entretenimiento tan práctica no es una buena amiga de las relaciones felices. Lo sé, es cómoda, es barata y, sobre todo, *está ahí*. Ir al cine requiere "ir un poco"...

También es más caro, lleva tiempo, hay que vestirse... Sobre todo si se está cansado del trabajo, la televisión es demasiado tentadora.

Pero, ¿cuántas parejas pasan prácticamente todas las noches frente al televisor? ¿Y con qué frecuencia cree que una pareja debería salir?

...

Por lo general, me parece que cuando las "salidas" empiezan a ser menos de una vez a la semana, podemos estar entrando en el "territorio del aburrimiento". No necesariamente. Me baso en la media de las parejas urbanas. En el campo la dinámica puede ser diferente. Si está en un apartamento de la ciudad, acaba pegado a la televisión. Si, por el contrario, vive en el campo, la copa de vino o la taza de té bajo un cielo estrellado suele ser mucho más atractiva que un reality show o incluso una comedia de situación... ¡Ciertamente, más que las noticias!

Eso puede ser romántico, y yo lo contaría como "salir". Pero mantén esa regla general como pauta: **al menos una vez a la semana intente hacer algo diferente, salir, divertirte...**

Y no haga lo mismo todas las semanas. Ese restaurante que tanto le gusta porque fueron en su primera cita puede saltarse una semana y probar algo diferente en su lugar.

¿Y qué pasa cuando se tienen hijos? Gran pregunta. Si vive cerca de sus padres o de sus suegros, o si tiene amigos que puedan ayudarle, intente mantener ese patrón de "una vez a la semana nos divertimos".

¿Y si no? Bueno, las niñeras son una opción, si puede permitirse una. Tal vez un amigo que necesite algo de dinero extra, un estudiante, etc. O... ¿Por qué no hace algo como "compartir coche"? Me explico... ¿Por qué no encuentra amigos con un hijo más o menos de su edad? Entonces puede hacer lo siguiente:

- Un día, usted sale y ellos cuidan de su hijo.
- Otro día, ellos salen y usted cuida a su hijo.
- Otro día, puede encontrarse en el suyo o en el de ellos...

Tendrá la ventaja adicional de pasar una velada social, que en cualquier caso es un buen descanso de las veladas rutinarias.

Comunicación

Bien, este ha sido el tema central de la mayor parte de este libro. Sin embargo, es tan importante que vale la pena repetirlo... Pero hay una cosa clave que debe entender sobre la comunicación:

- ***Es fácil tener una buena comunicación en la pareja si se inicia una comunicación abierta al principio de la relación.***

Así que, si está en las primeras etapas de su relación, o si está a punto de empezar una, no desperdicie esos primeros meses. *Acostúmbrese a hablar de forma amistosa y abierta lo antes posible.* Una vez que haya desarrollado este hábito, intente mantenerlo. En realidad, haz todo lo que esté en su mano para mantener este hábito.

Tenga cuidado, porque *si hay una ruptura de la comunicación, y la pareja "se calla", es mucho más difícil reintroducirla.* A estas alturas se habrá dado cuenta de que en psicología y sociología nunca podemos subestimar *"el poder de la costumbre".* Es como el tabaquismo y todos los malos hábitos. Los adquirimos, a menudo sin ser siquiera conscientes de ellos. Pero una vez que algo se ha convertido en un hábito, es difícil de romper.

Si está en una de esas relaciones que "han enmudecido" trabaje para reintroducir la comunicación durante un tiempo prolongado y en pequeños pasos. Aquí tiene algunos consejos:

- *Empiece con temas fáciles de afrontar.* No empiece con el tema más emocional y problemático que tenga si es posible.
- *Mantenga charlas cortas y amistosas, pero frecuentes.* Una gran charla abierta seguida de meses de silencio no se convertirá en un patrón, un hábito, un "nuevo modus vivendi"...
- *Permita que su pareja se acostumbre.* Sea comprensivo y paciente, la gente tarda en cambiar rasgos de su comportamiento.
- *Considere que su pareja puede sentir cierto nivel de vergüenza.* Puede haber cierta incomodidad con los nuevos hábitos y hablar de cosas íntimas después de mucho tiempo puede ser vergonzoso.
- *Termine siempre con una nota positiva.* No deje ningún regusto amargo a su pareja o le resultará aún más difícil asumir ese nuevo hábito que quiere introducir. En su lugar,

cierre con algo muy positivo. Su pareja debe ser capaz de recordar la charla y sentirse cómoda con ella.
- Por esta razón, *hay que tener muchas charlas sobre cosas positivas.* Tendemos a hablar de cosas sólo cuando hay un problema. Especialmente en las relaciones. Pero, oiga, busque una excusa y tenga una charla sincera sobre algo positivo. Un cumplido largo pero sincero es perfecto. "Tengo que decirle lo orgullosa que estoy de que haya tomado la clase de arte y que me encanta su estilo...". Este tipo de conversación es perfecta para reiniciar la comunicación tras largas pausas, pero también para mantenerla viva. Así que, aunque tenga la suerte de no tener ningún problema durante meses o años, busque una excusa positiva para mantener vivo este hábito. Puede resultar muy útil más adelante...

Por lo tanto, la frecuencia, la positividad, los buenos finales, las charlas cortas y un poco de unión son excelentes cualidades de estas charlas. Y su relación puede depender de ellas.

Una Misión en Común

Una misión común puede ser la panacea de las relaciones. ¿Recuerda cuando hablamos de la dinámica de las relaciones? Algunas se cierran sobre sí mismas... ¿Qué ocurre entonces? Todo el estrés que viene de dentro y fuera de la relación se libera dentro, se empuja hacia dentro, como cuando se bombea un neumático de bicicleta. Esto puede hacer que el neumático reviente... en realidad, es más fácil hacer que una relación reviente con la presión del exterior que incluso un neumático débil.

Mientras que si tiene una misión común, tendrá una válvula, una salida, o incluso mejor un canal para convertir la presión del exterior en algo positivo y constructivo.

Algunas parejas se forman en torno a una misión, objetivo, pasión o meta común. Si conoció a su pareja a través de un grupo de acción o una organización benéfica, por supuesto que ya comparten una pasión.

Pero, ¿y si no lo hacen? La respuesta es sencilla, trate de encontrar una lo antes posible en tu relación. Puede ser una causa pequeña y local como, por ejemplo, dar de comer a los gatos del barrio, no hace falta que sea nada especialmente serio, exigente y complejo. En realidad, elija algo alcanzable. Querer salvar el mundo está bien, pero puede que sea pedirle demasiado a su relación...

Y esto nos lleva al siguiente punto

Un Sentido de Complicidad

Hacer cosas juntos, trabajar en un proyecto común puede mantener vivo ese sentido de complicidad que tienen las grandes relaciones. No subestime esto. Cuando se ponen en el papel de cómplices, son "iguales colaborando hacia un objetivo común". Eso mejora mucho la comprensión mutua e incluso la comunicación.

También es una forma de conocerse y, al mismo tiempo, *aprender a confiar en el otro*. Y, por supuesto, la confianza es lo siguiente.

Confiar en el Otro

Todos decimos que la confianza es indispensable en una relación. Y de hecho, lo es. La falta de confianza puede provocar situaciones tristes y, sobre todo, *celos innecesarios*. Perder la confianza de alguien también es muy perjudicial, porque la mayoría de la gente nunca perdona a quienes rompen su confianza y nunca se la devuelven. A menudo es una opción permanente, y una pareja no puede sobrevivir si no se mantiene la confianza o, si se pierde, se recupera después.

Pero, ¿cómo puede asegurarse de que su relación siga siendo de confianza? Hay muchas maneras y, por supuesto, la principal es no hacer **nunca nada que pueda costar la confianza de su pareja**. Antes de hacer algo, piense en las consecuencias.

Por otra parte, a veces la confianza "se desvanece un poco" en lugar de disolverse por completo de repente como un copo de nieve al sol... No hay nada grande y traumático, como una aventura a sus espaldas, pero poco a poco las cosas pueden volverse "menos brillantes".

En general, cuanto más antigua es una relación, más confianza hay en ella. Sin embargo, parece que ésta se acentúa al cabo de unos años (normalmente 7, que es el punto de inflexión de la mayoría de las relaciones).

Esto también puede deberse a cuestiones de estilo de vida. Si uno de los miembros de la pareja se ausenta a menudo por motivos de trabajo, si uno de los miembros de la pareja tiene una amplia red social (de trabajo), si uno de los miembros de la pareja viaja mucho, mientras que el otro no tiene estas cosas, entonces puede ocurrir que el segundo miembro de la pareja se ponga un poco celoso y pierda un poco la confianza.

¿Qué se puede hacer entonces? Por extraño que parezca, se trata de nuevo de la comunicación. Mantenga **conversaciones abiertas y sinceras con mucha regularidad y frecuencia.** El tema puede ser el que quiera, desde asuntos del mundo hasta sus amigos o incluso ustedes mismos. Pero deben ser, cortas, abiertas, sin secretos... Sólo eso puede mejorar mucho el nivel de confianza en una relación y reducir los episodios de celos.

Jovialidad

¡Oh, sí! Siga sintiéndose joven por dentro, mantenga viva esa alegría infantil en su relación. Creamos fuertes lazos con nuestros compañeros de juego, ¿no es así? Entonces, no deje de jugar. Las parejas muy juguetonas incluso se inventan "juegos internos", es decir, juegos a los que juegan solos, y saben cómo jugar.

A veces se hacen en las fiestas, con los amigos, e incluso las bromas pesadas pueden ser divertidas. Pero hay que tener en cuenta que, cuando se trata de otras personas, siempre hay que hacerlo sin mala intención...

Por otra parte, hay muchos juegos que se pueden realizar cuando se está solo, e incluso cuando se trata de la intimidad, un poco de juego inofensivo puede ser maravilloso. Le ayudará a hacer esos famosos cambios, pero también puede ayudarle a experimentar y probar cosas nuevas.

Además, puede enseñarles a no tomarse demasiado en serio...

Diversión y Risas

Por favor, por favor, por favor, ríase todo lo que pueda. Y hágalo *con su pareja (no de su pareja, por supuesto).* Si le gusta contar chistes, adelante. Si le gusta hacer chistes, haga todos los que quiera. Pero incluso si no es un comediante, intente compartir momentos divertidos con su pareja.

Aquí el televisor (o una plataforma de vídeo, o el anticuado VCR... da igual) puede resultar útil. Mire comedias, películas divertidas y programas de humor. De hecho, asegúrese de tener una "tarde de risas" al menos una vez a la semana, y todas las semanas. Y, por favor, dese el gusto de ver a ese cómico que tanto le gusta cuando tenga un espectáculo cerca de donde vive...

Será una gran noche con su pareja, así que, algo genial que hacer, pero también es una "terapia de serotonina" para su relación. Y no puedo ni empezar a enumerar los efectos positivos de la serotonina (una hormona que se libera cuando nos reímos) en su salud, en sus capacidades mentales, en su estado de ánimo, en su vida emocional, en su nivel de estrés e incluso en sus relaciones sociales y personales. Y, de hecho, no lo haré...

Amistad

Por último, mantenga el lado de la amistad de su relación siempre encendido y vivo. Salir con los amigos ayuda a ello, pero también, como hemos dicho, jugar juntos. Lo importante es que siempre aprecies a su pareja también como amigo.

De hecho, en las relaciones súper felices los miembros de la pareja también se ven y se tratan como mejores amigos. Y cuando salen con otras personas, no aparecen tanto como una "pareja romántica", sino como una "pareja de amigos de latidos". Eso, a su vez, ayuda a que el círculo más amplio de amigos se mantenga joven, compacto y unido.

Lo sé, a estas alturas suelo bromear con el próximo capítulo. Pero esta vez no. De hecho, no hay ningún otro capítulo… Lo que sigue a continuación es una despedida de mi parte, ¿o tal vez sea au revoir?

CONCLUSIÓN

Vaya, vaya, vaya, ¿no hemos recorrido un largo camino? ¿Recuerda cuando nos conocimos? Yo sí, recuerdo los primeros pasos de este libro... ¡Y mire lo que sabe ahora! Ahora es básicamente un experto en relaciones. Y no me refiero a una persona que ha tenido muchas... Me refiero a que entiende bien cómo son las relaciones, cómo funcionan, qué necesitan y cómo puede afrontarlas con confianza, sin ansiedad y sin inseguridades.

En realidad -permítame decirlo- creo que ahora tiene la suficiente confianza y competencia para dar algunos buenos y sólidos consejos a sus amigos. ¿Quiere intentarlo? Probemos un último ejercicio sólo por diversión (y porque a estas alturas me he vuelto totalmente adicta al té...)

Piense en algún amigo suyo que tenga una relación. ¿Tiene algún consejo para mejorarla (o para enderezar algunos "pliegues" de su relación)?

...

Y sé que se le han ocurrido muchísimas ideas... Pero esto no es sólo para mirar atrás y ver los enormes progresos que ha hecho... Esto es también un consejo para usted... Sí, pensando en las relaciones de sus amigos. Ni siquiera es necesario que luego le cuente lo que se le ha ocurrido. Es decir, a menos que crea realmente que lo aceptarían y se beneficiarían de ello... No, la razón es que es *más seguro "pensar en ideas" para las relaciones de otras personas*. Es más seguro para su relación. Es sólo un ejercicio mental, mientras que si lo hiciera sobre usted y su pareja ya sería "algo más".

Así pues, **utilice el hecho de ser una tía agonizante, aunque sólo sea en su mente, sobre las relaciones de sus amigos como entrenamiento, para desarrollar sus propias habilidades, y sólo entonces aplique sus mejores ideas a su relación.**

Apuesto a que no esperaba un "truco del oficio" final en la conclusión de este libro... Se reiría de estar dentro de la mente de un psicólogo en un tren... A menudo hacen pequeños "experimentos de pensamiento" con los pasajeros. Como trabajar si hay un problema, cómo puede ser el problema, etc... Es sólo un entrenamiento con una habilidad, con una técnica. Y usted puedes hacer lo mismo ahora.

Intentemos recordar algunas de las muchas cosas sorprendentes que hemos descubierto sobre las relaciones en este libro... Por ejemplo, ¿quizás llegó pensando que una relación es fija, que nunca debe cambiar? Pues bien, ahora sabe muy bien que este mismo pensamiento es el que provoca mucha ansiedad, inseguridades e incluso problemas importantes.

De hecho, ahora sabe que las relaciones cambian y pasan por muchas etapas. Pero que también hay muchos tipos de dinámicas diferentes en las relaciones... Algunas son cerradas y otras abiertas, algunas son inclusivas, otras exclusivas, algunas unidireccionales, otras no, algunas son igualitarias, otras no...

Y ahora sabe que la clave para una relación feliz es no tener nostalgia de la primera fase, la del enamoramiento... eso es una idea de cuento de hadas.... ¿Pero se ha dado cuenta de que todos los cuentos de hadas se acaban en cuanto la relación empieza de verdad? Luego no le cuentan la verdad sobre Blancanieves... ¡El querido Príncipe Azul resultó ser un completo aburrido y ella volvió con los Siete Enanitos! Bromas aparte, esto es para recordar que **para ser feliz dentro de una relación ambos miembros de la pareja tienen que estar cómodos con ella en cualquier etapa**. Y esto a menudo implica cambiar la relación. Las cosas cambian y usted tiene que cambiar con ellas. No se puede tener el mismo estilo de vida antes y después de tener un bebé. Pregúntale a cualquier mamá o papá... En realidad, no hace falta ni que le pregunte, mire sus bolsas de los ojos durante el primer año más o menos y ya adivinará que muchas cosas han cambiado, incluso en el departamento de la cama...

Pero ahora también sabe que *la comunicación es fundamental para las relaciones y su éxito.* Hemos dedicado bastante tiempo a aprender cómo podemos comunicarnos eficazmente. Pero también sabe que *la comunicación debe mantenerse viva.* Las charlas numerosas, frecuentes, positivas y sinceras son las que mantienen vivas y felices las relaciones.

Aquellas relaciones en las que los miembros de la pareja se guardan las cosas durante semanas, meses -incluso años- y luego todo desemboca en una discusión masiva que dura un día entero y que la gente de la ciudad cercana confunde con fuegos artificiales... Esas relaciones tienen serios problemas. Pero aquellas en las que los miembros de la pareja hablan con frecuencia, en la mayoría de los casos ni siquiera llegan a la fase en la que se inicia la discusión masiva.

Pero por si acaso, ahora ya conoce la forma en que *los profesionales evitan, desactivan y desescalan las discusiones,* y puede aplicarla a su relación. O incluso explicárselo a sus amigos si tiene algunos que discuten demasiado. Se lo agradecerán.

Pero, de nuevo, ahora sabe que hay muchos tipos, o arquetipos como los llamamos, de relaciones y *tener confianza en su relación también significa encontrar la receta correcta, el equilibrio adecuado de rasgos de todos estos arquetipos.*

Y, de nuevo, hemos visto lo importante que es *poder cambiar sin problemas en una relación.* De hecho, es una técnica que ha sido desarrollada curiosamente por una comunidad muy inesperada, ¿recuerda? Pero la psicología no juzga, y tomamos lecciones dondequiera que podamos conseguirlas.

CONCLUSIÓN | 217

Muchas otras cosas han hecho de este viaje lo que ha sido. Espero que le haya resultado útil, informativo, colorido y, a veces, incluso divertido, ¡porque reírse ayuda a recordar cosas! Y espero que le hayan gustado todos mis "amigos imaginarios". Sobre este tema, sólo un punto ético: los psicólogos tienen que ocultar la identidad de sus pacientes cuando hablan de ellos, incluso en los estudios académicos formales, los nombres son todos falsos, pero las historias son reales...

Y ciertamente lo he disfrutado, y espero que usted también.

Y si me necesita de nuevo, ya sabe dónde puede encontrarme... No - no en el armario; ahí es donde bebo mis tés adictivos... ¡puede encontrarme en una estantería!

BIBLIOGRAFÍA

Y si quiere saber más, si quiere desarrollar un área que hemos visto en este libro un poco más en detalle, ¡aquí tiene algunos libros muy útiles para elegir!

Abril, P. C. (2020). *The Anxiety Getaway: How to Outsmart Your Brain's False Fear Messages and Claim Your Calm Using CBT Techniques (Science-Based Approach to Anxiety Disorders)*. Mango.

Bancroft, L. (2003). *Why Does He Do That?: Inside the Minds of Angry and Controlling Men* (Reprint ed.). Berkley Books.

Berne, E. (2016). *Games People Play: The Psychology of Human Relationships* (Penguin Life) (01 ed.). Penguin Life.

Butler, G. (2021). *Overcoming Social Anxiety and Shyness, 2nd Edition: A self-help guide using cognitive behavioural techniques* (Overcoming Books) (2nd ed.). Robinson.

Deguchi, H. (2021). *THE REAL RICH LIFE: Unlock the Secrets of Relationships.* Independently published.

Douglas, G. M. (2013). *Divorceless Relationships.* Access Consciousness Publishing Company.

Evans, P. (2010). *The Verbally Abusive Relationship, Expanded Third Edition: How to recognize it and how to respond* (Third ed.). Adams Media.

Hill, C., & Sharp, S. (2020). *How to Stop Overthinking: The 7-Step Plan to Control and Eliminate Negative Thoughts, Declutter Your Mind and Start Thinking Positively in 5 Minutes or Less.* Indy Pub.

Kingma, D. R. (1998b). *A Lifetime of Love: How to Bring More Depth, Meaning and Intimacy Into Your Relationship (Lasting Love, Deeper Intimacy, & Soul Connection)* (2ª ed.). Conari Press.

Life, T. S. O., & Botton, D. A. (2018). *Relationships (The School of Life Library)* (Illustrated ed.). The School of Life.

Ma, C. A. (2017). *The Anxiety Workbook: A 7-Week Plan to Overcome Anxiety, Stop Worrying, and End Panic* (Workbook ed.). Althea Press.

MacKenzie, J., & Thomas, S. (2019). *Whole Again: Healing Your Heart and Rediscovering Your True Self After Toxic Relationships and Emotional Abuse*. Tarcher Perigee.

Odessky, H., & Duffy, J. (2017). *Stop Anxiety from Stopping You: The Breakthrough Program For Conquering Panic and Social Anxiety*. Mango Media.

Welwood, J. (2007). *Perfect Love, Imperfect Relationships: Healing the Wound of the Heart* (42095th ed.). Trumpeter.

Winston, D. (2017). *The Smart Girl's Guide to Polyamory: Everything You Need to Know About Open Relationships, Non-Monogamy, and Alternative Love*. Skyhorse.

COMUNICACIÓN EFECTIVA EN LAS RELACIONES Y HABILIDADES DE PAREJA (2 EN 1)

MÁS DE 33 HABILIDADES, ACTIVIDADES Y PREGUNTAS PARA AYUDARTE A COMUNICARTE MEJOR Y MEJORAR LA INTIMIDAD Y LA PASIÓN

INTRODUCCIÓN

Muchos de nosotros estamos en una relación íntima y romántica de algún tipo. Y muchas de esas relaciones no son exactamente perfectas. Si bien nada realmente lo es, muchas de estas relaciones pueden ser mejoradas.

Los problemas de comunicación o la falta de comunicación son a menudo las causas del problema en las relaciones de pareja. Es algo sintomático y causal a la vez, y pertenece a una variedad de otras afecciones importantes, incluso potencialmente mortales. La falta de una comunicación clara destruye las relaciones, y de todo tipo; romántica, familiar, amigable y profesional.

El hecho es que, en este mundo lleno de información, poder comunicarse con claridad es vital y crucial no solo para alcanzar el éxito sino que también para tu felicidad, o incluso para nuestra propia supervivencia.

INTRODUCCIÓN

Sin embargo, sorprendentemente, las mejores habilidades de comunicación aún están fuera del alcance de millones de personas en todo el mundo. Hay muchas causas, que incluyen pensar demasiado, emociones reprimidas, demostraciones inapropiadas de ira y agresión. Esto también puede deberse a una serie de afecciones y trastornos e incluso a complejos.

Es vital saber con qué estás lidiando, por qué está sucediendo, cuándo y dónde ocurre esta falta de comunicación. Es fundamental saber cómo comunicarte mejor y con mayor claridad con tus amigos, familiares y compañeros de trabajo, y especialmente con tu pareja romántica.

¡Este es el libro perfecto para ti! No importa en qué parte del ciclo romántico te encuentres; determinado a hacerlo mejor, o en el meollo de un momento de crisis en el que temes que tu relación no sobreviva. ¡Y podrías tener razón!

Avanzaremos rápida y minuciosamente a través de las causas y curas de esta falla de comunicación y te diremos cómo solucionarla en todos y cada uno de los casos. Trabajaremos a través de diferentes técnicas de comunicación, discutiremos cuáles podrían ser las motivaciones reales, causas profundamente arraigadas, formas de reconocer y tratar los puntos críticos y los puntos de ruptura, y otros problemas que aparecen en las relaciones. Veremos cuándo y dónde pueden ocurrir estos puntos y cómo manejarlos. El libro hace que las teorías complejas sean fáciles de entender, con ejemplos y ejercicios que te pondrán en camino hacia un mejor romance de inmediato.

También te daremos toneladas de sugerencias prácticas sobre cómo, cuándo y dónde ir para mejorar tus relaciones, un manual virtual de viajes románticos y aventuras que pueden llevarte a París... o a tu propio patio trasero.

Usaremos la regla clásica de las *5 preguntas con WH* del periodismo (*quién, qué, dónde, cuándo, por qué* y *cómo,* todas del inglés *who, what, where, when, why,* and *how*) para llevarte a través de cada etapa de una relación y mostrarte con precisión cómo comprender y comunicar tus deseos e ideales. Pasaremos por los aspectos prácticos de la comunicación en las etapas iniciales, medias y finales cruciales de tu relación. Te asesoraremos a través de fallas de comunicación y crisis. La información contenida aquí te dará las habilidades necesarias para navegar por una ruptura y recuperarte de manera eficiente. Te ofreceremos consejos y trucos que pueden llevarte de regreso a los brazos de tu ex pareja, si eso es lo que realmente deseas.

Te llevaremos a través de varias escuelas de pensamiento psicológico, una introducción virtual en psicología moderna y teoría de la comunicación que te ayudará no solo con tu vida interior y tus relaciones íntimas, sino que también con tus amistades y relaciones profesionales.

Estamos dedicados a brindar la información más reciente a nuestros lectores para hacerles la vida más fácil y mejor. Sabemos que la vida de todos podría mejorarse de diferentes maneras y estamos felices de hacer todo lo posible para guiar, instruir y alentar a cualquiera que esté dispuesto a ayudarse a sí mismo. ¡Hacemos que conceptos vertiginosos sean fáciles de entender y aplicar! Mi propio viaje por la vida (como el de la mayoría de las personas) ha tenido su parte de fallas de comunicación, en casi todos los niveles. Pero era con mis socios con quienes a menudo tenía más problemas, porque esas relaciones son las más delicadas y, en muchos sentidos, las más importantes. Pero he aprendido de mis errores, ¡y ahora tú también puedes hacerlo!

Este libro contiene innumerables ejercicios y técnicas para ayudar a cualquier pareja a comunicarse mejor. Se ha demostrado que la información aquí rescata romances fallidos, y puede hacer lo mismo por ti. Pero este libro también puede ayudarte a comunicarte mejor con tu familia, tus amigos y tus compañeros de trabajo. Te dará una mejor comprensión de ti mismo y puede ponerte en un curso de superación personal que hace que cada momento de tu vida sea mejor, más feliz y más pleno. Este libro contiene conocimientos e información que harán que cualquier persona sea más eficaz, productiva y atractiva.

Y no soy el único. Nuestros libros han ayudado a miles de lectores ansiosos y esperanzados, y estas técnicas han sido probadas por el tiempo, están basadas en investigaciones y ciertamente pueden ayudarte de muchas maneras. Pero no solo a ti. Han ayudado a personas que conozco y ayudan a personas que conoces. Aquí hay tanta información y se tratan tantos aspectos diferentes de la comunicación que seguramente conocerás a alguien que podría beneficiarse de la información que estás a punto de obtener. Puede que no tengas un complejo de Dios, pero es probable que conozcas a alguien que sí lo tenga. ¿Tienes un amigo perfeccionista? Hazle un favor y consíguele una copia. ¿Eres tú un gerente con trabajadores a cargo? Todos deberían leer esto y luego discutir al respecto. Las herramientas y las técnicas incluidas aquí harán que cualquier oficina o lugar de trabajo funcione de manera más fluida, eficiente y eficaz. Esto se debe a que este libro trata sobre algo más que comunicación, trata de relaciones.

¡Ayuda a aclarar problemas de relaciones en la oficina y en casa! Aquí hay mucho más que simplemente comunicación de pareja. Muchos de nosotros tenemos relaciones defectuosas, tanto es así que este libro es valioso para casi cualquier persona.

Si incorporas solo una técnica de este libro, podrías salvar tu relación. Usar más o todas las técnicas revolucionará tu vida y la de quienes te rodean. Porque aunque no lean el libro, podrás guiarlos con lo aprendido, mejorando su vida junto con la tuya y sin que ellos se den cuenta. ¡Probablemente lo prefieran así!

Este libro no solo mejorará tu vida y la de ellos, ¡sino que es vital que comiences ahora! Las enfermedades que este libro soluciona pueden ser insidiosas e incluso mortales. La falta de comunicación clara es una enfermedad progresiva que puede tener consecuencias fatales. Es como un cáncer que se afianza antes de que te des cuenta y luego se propaga a todas las demás facetas de tu vida. Y puede ser igualmente mortal, provocando depresión, abuso, las consecuencias de la mala salud e incluso el suicidio.

No permitas que las cosas vayan demasiado lejos, no permitas que el cáncer se propague. Tienes en tus manos el bisturí que necesitas, la cura para lo que puede estar matando lentamente tu relación y arruinando tu vida. ¡No esperes un segundo más! Tu relación no puede permitírselo, tú no puedes permitírtelo. Y tus amigos y familiares también pueden estar sufriendo. ¡Cuanto antes te ayudes a ti mismo, antes podrás ayudarlos a ellos!

No te dejes caer en la trampa de la parálisis del análisis, no pienses demasiado, no permitas que el diálogo interno negativo o una mentalidad fija te impidan abrir nuevas puertas en tu vida y en el amor. Este libro lo aclarará todo y revolucionará tu forma de pensar, sentir y comportarte. Ya has comenzado tu viaje y eres más que capaz de dar los siguientes pasos para salvarte a ti mismo y a tus seres queridos de las trampas comunes que arruinan tantas vidas. El siguiente paso es la primera sección, el primer capítulo, el primer día del resto de tu vida.

¡A trabajar!

SECCIÓN 1 EL CÓMO, QUÉ, PORQUÉ, CUÁNDO Y DÓNDE DE COMUNICARSE EN UNA RELACIÓN

CÓMO DECIRLO, QUÉ ESTÁS DICIENDO, QUÉ SIGNIFICA REALMENTE, QUIÉN ERES REALMENTE CUANDO TE COMUNICAS Y LOS EFECTOS DE TU ENTORNO

1

CÓMO COMUNICARTE EFICAZMENTE CON TU PAREJA

POR QUÉ UNA MEJOR COMUNICACIÓN NO SOLO ES IMPORTANTE, ES CRUCIAL

Los expertos creen que las habilidades de comunicación realmente se activan alrededor de los dos años, cuando las palabras se forman y se asocian con conceptos básicos. Pero la capacidad de comunicarse de un niño de dos años se corresponde con la profundidad de su deseo. Tienen pensamientos básicos, casi siempre autodirigidos (*"Dame, es mío"*). Incluso se refieren a las dos influencias más imponentes en sus vidas, sus padres, en términos de sus propios deseos o necesidades.

Y eso está bien para un niño de dos años. Pero aprendemos con el tiempo (con suerte) que las interacciones más delicadas y complejas de los adultos requieren una forma más fina de comunicación. Si, por ejemplo, te sumerges en tu romance adulto diciendo: "Dame, es mío", podrías perder esa relación e incluso la libertad personal.

De hecho, aprendemos por etapas; nuestra capacidad para comunicarnos se desarrolla y evoluciona con nuestras experiencias. Ten en cuenta que hay dos mentalidades básicas entre la población en general; una mentalidad fija y una mentalidad de crecimiento. La mentalidad fija es una visión del mundo de mente cerrada, convencida de que las cosas son como son, las personas son como son, y estas cosas simplemente no cambian. La mentalidad de crecimiento sostiene que las personas y sus circunstancias pueden cambiar con el tiempo de acuerdo con la experiencia.

¿Porque es esto importante? En verdad, es importante para todas las cosas de nuestra vida y prácticamente en todos los niveles. El que tengas una mentalidad fija o de crecimiento afectará todos los aspectos de tu vida personal, profesional y social.

Una relación romántica es única entre estas cosas por una variedad de razones, la primera es bastante obvia. La intimidad física y espiritual que cualquiera comparte con una pareja romántica, por la naturaleza misma de ese tipo de relación, hace que cada persona en la relación sea mucho más vulnerable e invierta mucho más en esa relación que en cualquier otra. Tu jefe nunca te ve desnudo (esperemos) ni él a ti (ídem). No se espera que te acuestes acurrucándote y compartiendo tus secretos íntimos con tus compañeros de trabajo, sin importar lo cercanos que sean. Y así como puedes alejarte de tus compañeros de trabajo después de un traslado o cambio de trabajo, no eres tan propenso a alejarte del romance, a veces incluso años después de que se termina. Discutiremos esto más adelante en el libro, pero para hacer más hincapié en el compromiso, es más probable que las personas cambien de trabajo (aproximadamente cada cuatro años) que de cónyuges (probablemente dos veces en la vida, quizás tres).

Entonces, cómo nos manejamos en nuestras relaciones románticas es especialmente importante. Va al núcleo mismo de quiénes somos. Hay un viejo refrán que dice algo así como, puedes juzgar a un hombre por la forma en que trata a su esposa. No suena muy #yotambién, pero el punto permanece firme. La forma en que una persona trata a la persona con la que tiene más intimidad y amor es un buen reflejo y una indicación de cómo esa persona tratará a los demás. Si un hombre golpeara a su esposa, ¿qué le haría a un completo extraño?

No pretendo simplificar el concepto del abuso físico o marital, por supuesto. Hay mucho más que eso. Un hombre puede abusar de su esposa solo porque ella es la única incapaz de detenerlo, por una variedad de razones psicológicas.

Pero es cierto que la forma en que nos comunicamos en nuestras relaciones refleja la forma en que nos comunicamos en otras facetas de nuestra vida. Es prácticamente inequívoco que una persona con una mentalidad fija en un nivel tendrá una mentalidad fija en todos los niveles. Es casi seguro que alguien que es un buen oyente y un comunicador mesurado en su vida romántica se comportará de esa manera con sus amigos y compañeros de trabajo. Todo está entrelazado. Por lo tanto, aprender a comunicarse en este nivel es crucial para el éxito y la felicidad general de cualquier persona.

¿Cómo sabemos que esto es cierto? ¡Las estadísticas lo demuestran! Los estudios muestran que las parejas casadas son casi un 9% más felices que las personas divorciadas o separadas. Las personas solteras informaron ser solo un 0,2% más felices que las personas divorciadas. Todos los estudios muestran que los que nunca se han casado mueren antes que los que se han casado y mucho antes que los que permanecen casados.

Entonces, una relación romántica feliz y saludable es, sin duda, lo mejor para nuestros intereses. Y una comunicación sana es absolutamente vital para cualquier relación romántica sana. Otra mirada a varios estudios revela que la incapacidad para comunicarse es responsable del 65% de los divorcios. La incapacidad para resolver los conflictos conduce al 45% de los divorcios.

Los hombres investigados en un estudio en particular citaron las quejas y las protestas como su principal problema de comunicación. A eso lo llamamos culpar o avergonzar. Las mujeres parecían más irritadas por el hecho de que su pareja no valorara sus sentimientos u opiniones.

Puede haber pocas dudas. La comunicación clara y saludable es primordial para todas las facetas de tu vida, y en ninguna parte es más importante que en tu relación romántica.

QUÉ PUEDES ESTAR HACIENDO MAL

Pero, ¿qué tiene una relación romántica que pueda dificultar la comunicación clara y saludable? Así como la comunicación saludable es fundamental para un romance fuerte, ya hemos visto las estadísticas del efecto negativo en la comunicación no saludable. Pero la otra cara es que, si bien la comunicación en estas relaciones es fundamental, también puede ser la más desafiante, y ambas cosas están relacionadas con los detalles de una relación íntima.

Como hemos visto, una persona es más vulnerable en una relación romántica y esta tiende a invertir más en este tipo de relación. Como en muchas situaciones transaccionales, existe una relación riesgo-beneficio. Existe más riesgo en una relación personal (el riesgo de rechazo, el riesgo de traición, un divorcio costoso o doloroso y un niño o niños que deben soportar la peor parte de ese divorcio). También hay más recompensas (mejor salud física y psicológica a lo largo de una vida más larga, una vida familiar satisfactoria, hijos para llevar tus genes y tal vez cuidar de ti cuando seas mayor).

Pero ser tan vulnerable frente a algunos de estos riesgos puede afectar la perspectiva de una persona, su mentalidad y su comportamiento. El miedo es un motivador poderoso y cualquiera puede volverse temeroso con el tiempo. Con ese miedo, cualquiera puede querer proteger su vulnerabilidad. Si una persona tiene miedo de la infidelidad, puede retraerse y volverse física y románticamente introvertida. Visualizando una traición, se aíslan de la vulnerabilidad, que es en este caso la intimidad. Esto, por supuesto, puede convertirse en una profecía autocumplida, en la que una persona tiene miedo de ser traicionada y se encierra en sí misma y, por lo tanto, inspira a su pareja a una traición.

Pero es una lástima, ¡porque una simple línea de comunicación clara aclararía esto! Si uno tiene miedo a la traición, está haciendo una gran suposición. Las suposiciones, por cierto, casi siempre son incorrectas; todos sabemos lo que pasa cuando asumes. La tranquilidad y la aclaración podrían revertir esta suposición. Los letreros mal leídos se pueden corregir.

Las relaciones románticas tienen sus propios problemas de comunicación. Con el tiempo, una pareja romántica puede volverse tan complaciente que los participantes simplemente no se molestan en comunicarse. Mucho tiempo después de la fase de noviazgo, tal vez en lo más profundo del matrimonio, puede haber poco de qué hablar. Pero cualquiera que tenga una mentalidad de crecimiento sabrá que es probable que una persona crezca con el tiempo, que evolucione con el efecto de la experiencia. Entonces, siempre debería haber algo nuevo de qué hablar, de verdad. Solo se necesita una nueva perspectiva y una mente abierta.

También hay otro viejo dicho (usaremos algunos, porque funcionan) que dice que *la familiaridad engendra desprecio.* Después de tantos años de intimidad, de complacencia, las personas a menudo pueden cansarse unas de otras, es tan simple como eso. Y en lugar de lidiar con este problema cuando sucede, uno o ambos pueden permitir que esos sentimientos se agraven hasta volverse insoportables y la relación llegue a un final estrepitoso y, a menudo, amargo. Esto también es evitable. Es cierto que no todas las relaciones van a funcionar. No todas las parejas son compatibles entre sí, las personas se separan. Pero el rencor nunca se agravaría tanto si uno o los dos fueran abiertos con sus sentimientos y supieran cómo comunicarlos de una manera saludable. Porque no se trata solo de ser abierto con tus sentimientos, ya que eso puede tener resultados desastrosos.

Y este resulta ser otro gran desafío particular de comunicarse en una relación íntima o romántica. Uno u otro puede volverse propenso a sobre expresarse, sobre dramatizar, sobreactuar y sobre reaccionar. Esta comunicación se convierte en una arenga, en un ataque con quejas, insultos, abuso verbal e incluso puede conducir al abuso físico en una espiral creciente de ira y temperamento descontrolado. Estos abusos, todos ellos, pueden ir en ambos sentidos. Entonces, si vas a ser libre con tu comunicación, debes ser disciplinado, restringido y considerado con la posición de la otra persona. Con demasiada frecuencia, después de un cierto período de tiempo, podemos comenzar a sentir que le hemos dado a esta persona lo suficiente, y ahora es nuestro momento, por liberación, por atención, por lo que sea. Si quieres pelear, estarás bien situado. Si quieres tener un amigo, un amante o un cónyuge, es probable que vayas a ciento cincuenta kilómetros por hora por un callejón sin salida.

Una cosa a considerar es tener en cuenta la diferencia entre resentimiento e ira. La ira es más una emoción pasajera, mientras que el resentimiento tiende a persistir. A menudo, cuando no se expresa la ira, esta se convierte en resentimiento. La ira es mucho más fácil de manejar antes de que haya tenido la oportunidad de crecer y enconarse. Entonces, si puedes notar la diferencia, puedes reconocer a cada una de ellas y tratarlas de diferentes maneras. La ira es menos destructiva y se puede tratar más rápidamente, el resentimiento lleva más tiempo.

Aquellos en una relación romántica también enfrentan otros desafíos particulares en la comunicación. Las investigaciones indican que la fuente más común de conflicto entre las parejas casadas es el dinero. Muchas relaciones fallidas se deben a discusiones sobre el dinero, ya que el dinero tiene sus propios desafíos particulares cuando se trata de comunicación, especialmente en las relaciones íntimas.

En Estados Unidos, como en muchos países de todo el mundo, define nuestro éxito o nuestro fracaso. Cuántas conversaciones comienzan con... *"Entonces, ¿qué haces?".* En la década de 1980 y más allá, cuando la codicia era algo bueno, el éxito se volvió aún más vital para la autoestima de una persona, especialmente para los hombres. Era una medida de su potencia, de su vigor, de su fuerza, una señal de que era un macho alfa. Todo esto cayó en el mandato biológico de la procreación de lo que la psique humana ha sido entrenada y creada para buscar, desear y hacer. Recuerda que las mujeres solo han estado en la fuerza laboral estadounidense durante unas pocas generaciones. Pero los hombres tienen una tradición de casi 10.000 años de demostrar su valía para reproducirse y de hacerlo dominando su entorno; la pradera, el Pacífico y otros campos de batalla, incluso la sala de juntas o el bloque suburbano. La presión para que los hombres triunfen es inmensa.

Durante años, esto había sido una espiral ascendente. Cada generación lo había hecho mejor que la generación anterior. Eso poco alivió la presión, por supuesto. Pero cuando la generación actual resultó ser la primera en no hacerlo tan bien como la generación anterior, las cosas dieron un giro. Los trabajos eran más difíciles de encontrar y la llamada *gran recesión* de 2007-2009 golpeó, y la presión para tener éxito se convirtió en presión para sobrevivir.

Después de una recuperación histórica, las cosas han vuelto a tomar un giro económico a la baja. La gente está teniendo muchos más problemas ahora, solo aumentando la presión de los problemas de dinero. Esta vez, el maltrato económico fue tan grave que resultó en una depresión generalizada, abuso de sustancias e incluso suicidio.

Y volviendo a las estadísticas, hablar de dinero es difícil para mucha gente promedio, incluso en las mejores circunstancias. Esto habla al centro de cómo nos vemos a nosotros mismos. Muchos de nosotros nos vemos como hombres por un simple hecho histórico, aunque cada vez menos por un simple hecho contemporáneo. Todos estamos sufriendo, propensos a sentimientos de fracaso e incapacidad para sobrevivir. Esto puede desencadenar sentimientos de haber fallado a los padres de uno, sentimientos de haber dejado caer la pelota en todo el país.

Las presiones económicas suelen ser implacables. No importa cuán comprensivas, tolerantes, complacientes y cariñosas sean dos personas, eso no pagará el alquiler, no pondrá comida en la mesa ni pagará la factura del seguro del automóvil. Esas cosas se ciernen sobre las cabezas de innumerables parejas, casadas o no, y pueden ser paralizantes.

Las formas en las que se establece una comunicación clara y saludable no deberían ser desconocidas. Los temperamentos se encienden y el autocontrol estalla en arrebatos irrevocables, o el miedo y la vergüenza crean grandes momentos de interrupción de la comunicación hasta que ya no se puede restablecer una línea clara.

Estas preocupaciones monetarias resuenan de maneras aún más profundas. Piensa en la mentalidad fija o de crecimiento. En casi ninguna parte esto resuena más fuerte que en términos de nuestras economías privadas, excepto quizás nuestras vidas románticas en general. Pero dado que estamos viendo un aspecto aún más central de nuestras vidas, dividámoslo.

Primero, ¿por qué el dinero es más central que el amor? ¿Qué tipo de monstruo escribiría algo así? ¿Es este Gordon Gecko en persona? Bueno, no pretendo decirlo de esa manera. Pero nuestro éxito o fracaso a menudo se ve como un reflejo de algo dentro de nosotros. El rudo individuo estadounidense está tan profundamente arraigado en nuestras mentes, desde Davy Crockett hasta Ronald Reagan, que nos consideramos los administradores del sueño americano. Es algo que hacemos o dejamos de hacer por nuestra cuenta, según muchos. Es una noción que se presta a una mentalidad fija o de crecimiento.

Es probable que una mentalidad fija vea las cosas que suceden en su vida como un reflejo personal y como una medida de su valor. Una mentalidad de crecimiento es más apta para enfocarse en la circunstancia y sus mejores esfuerzos en relación con la circunstancia. Una mentalidad de crecimiento es más propensa a perdonarse a sí misma, porque la mentalidad de crecimiento no permite que las circunstancias, un éxito o un fracaso, reflejen el valor de la persona.

Pero ambas mentalidades pueden adoptar la forma individualista de hacer las cosas. No quiere decir que alguien con una mentalidad de crecimiento deba ser necesariamente un jugador de equipo. Algunas personas interactúan bien con otras y encuentran inspiración allí. Otros prosperan con la privacidad y menos distracciones. Esto tiene mucho que ver con si una persona es un *manager*, cuyo trabajo lo pone naturalmente en interacción con los demás, o un *creador*, cuyos requisitos laborales generalmente incluyen largas horas a solas. Un gerente o manager que juega en equipo puede ser una persona con mentalidad de crecimiento, lista para enfocarse en el resultado y no en el compromiso individual, pero aun así puede ser fijo en sus métodos, capacitado por la experiencia para manejar el caos con un sentido más estricto de control. Es probable que te resulte difícil convencer a una persona así de que sus métodos son incorrectos, ¡porque es posible que no lo sean!

De cualquier manera, podrías tener una mentalidad de crecimiento o una mentalidad fija y seguir siendo un manager o un creador; es posible que aún tengas problemas de dinero con los que no te sientas cómodo. Porque una persona con mentalidad de crecimiento puede ser optimista sobre el futuro pero aún no saber cómo lidiar con el presente. Es probable que el hombre o la mujer de mente fija crea que las cosas nunca cambiarán realmente. Es posible que esta persona tenga menos probabilidades de avanzar, pero también tiene finanzas más estables.

Esto nos devuelve a mi imitación de Gordon Gecko. Vemos aquí cuán central es el concepto de éxito en la forma en la que nos identificamos, independientemente de nuestra mentalidad o el estado de la economía. Usamos la frase hombre hecho a sí mismo por una razón, y es el ideal estadounidense.

Pero cualquier romance implica necesariamente a una segunda persona. Se trata de los puntos de vista, opiniones, gustos, debilidades, locuras, metas y arrepentimientos de la otra persona. Una relación no se encuentra en el centro de ninguno de los individuos, sino en el centro del espacio entre ellos. Es un equilibrio de gravedad diferente. Seguramente, uno afecta al otro, pero no son lo mismo.

Y dado que hemos visto los efectos devastadores de los problemas de dinero en el romance, eso es algo con lo que hay que tener especial cuidado. También hablaremos más sobre esto más adelante en el libro, pero por ahora, ¡tenlo en cuenta! (En serio, volveremos a todas estas ideas a medida que avancemos en el libro, así que no te saltes nada, puede que tengas que regresar.)

CLAVES PARA UNA COMUNICACIÓN MÁS CLARA

Todo parece mucho para digerir. Parece que, para comunicarnos mejor con los demás, tenemos que acercarnos a nosotros mismos. De hecho, eso es muy cierto. Ya hemos mencionado la mentalidad fija y la mentalidad de crecimiento. ¿Cuál tienes tú? Tómate un momento para pensarlo. ¿Tienes un punto de vista derrotista, listo para anticipar un patrón de eventos a repetir sin importar qué fuerzas externas ocurran? ¿Tus fracasos te inspiran a intentarlo de nuevo, a esforzarte aún más, sabiendo que el resultado puede ser el fracaso mismo? Puede que nunca hayas pensado en eso, pero tal vez ya sea hora de que lo hagas.

Y aunque seas una persona de mentalidad fija, no tienes que mantenerte fijo al respecto. Enfréntalo; no puedes controlarlo todo; no puedes ser responsable de todo. Es probable que todo éxito sea el resultado de al menos unas pocas personas, incluso si solo fueron tus héroes personales, maestros o mentores. Por lo tanto, cada falla tampoco es culpa tuya. Los fracasos conducen al éxito, son parte del proceso. Ten en cuenta que el proceso aún puede cambiar el resultado final, que nada está grabado en piedra. Eso es todo lo que tienes que hacer.

Pero si tienes una mentalidad fija y quieres seguir así, también está bien. Hay otras formas, pero como persona con mentalidad fija, al menos puedes asegurarte de guardar siempre el dinero, la misma cantidad todos los meses si es posible. Cíñete a los sistemas que te sirven; paga tus impuestos a tiempo, siempre di la verdad.

Y este es tu punto de vista, conócelo entrando en el ámbito de la intimidad y la comunicación. Si tienes tu forma de hacer las cosas y estas están grabadas en piedra, comienza por encontrar a alguien que te entienda y te acepte, e incluso abrace esta parte de ti. O puedes encontrar una pareja con las mismas reglas, también grabadas en piedra. Bien. Dos mentalidades fijas probablemente encajen bien.

Si eres una persona con mentalidad de crecimiento, es posible que desees evitar a una persona de mentalidad fija, o puede que no. Quizás los opuestos se atraigan. Pero saber qué tipo de persona es la otra y qué tipo de persona eres tú marcará la diferencia en si puedes comunicarte con éxito.

El conocimiento es poder, después de todo.

Hay otros aspectos del individuo que deben examinarse al analizar la comunicación en las relaciones románticas. Debido a que la naturaleza de la intimidad y la vida compartida está tan extendida, esta toca todos los aspectos de nosotros mismos y de los demás. ¿Eres extrovertido, en movimiento, del tipo manager? Si eres así y tu pareja también, es posible que en realidad choquen, cada uno tratando de superar al otro. Dos trabajadores pueden convertirse simplemente en un par de introvertidos y no establecer una conexión en absoluto.

La forma en la que tratamos con diferentes tipos es diferente, y en ninguna parte es tan importante como en una relación romántica. Tenemos un efecto mucho mayor en cada uno de nosotros que en la mayoría de los demás. Si eres del tipo manager y tu pareja es del tipo trabajador simbiótico, eso es genial. Pero los dos estilos pueden chocar. Demasiada gestión puede aislar aún más a la pareja con mentalidad de trabajador. Entonces, entiende que te comunicas de cierta manera y tu pareja de otra manera. Algunas personas son naturalmente más energéticas, otras más reservadas. Esto puede inspirar o molestar. Sé consciente de cómo esto les puede afectar.

Al comunicarte, ten siempre presente a la otra persona por encima de ti. Tus reacciones serán más fáciles de manejar que las de ella.

Esta es la esencia de la diplomacia, que te servirá en todas las facetas de tu vida. Siempre es lo primero en todo conflicto militar, y la primera regla de la diplomacia es resolver los conflictos evitando la guerra. Puede parecer simple, pero comúnmente es algo que se olvida y se pasa por alto. Porque si bien a veces un desacuerdo puede resolver problemas y fortalecer una amistad, el hecho básico es que muy a menudo no buscamos una amistad, solo buscamos una pelea. Puede que estemos un poco borrachos o un poco hartos, pero entramos en el conflicto viéndolo como una guerra a la espera de suceder, y es casi seguro que sucederá. Muy raramente las personas se comprometen con la actitud de que están entrando en una misión de diplomacia, no en una lucha en absoluto. Si lo hicieran, al menos algunas de esas peleas probablemente podrían evitarse.

¿Y cómo incorporas la diplomacia en tu comunicación romántica? Echemos un vistazo más de cerca.

En primer lugar, selecciona un momento y un lugar con privacidad. Nadie debe estar cerca para escucharte, o lo que se diga puede avergonzar a una o ambas partes. Esa tercera persona puede verse envuelta en un conflicto en el que no tiene parte. Y es muy descortés discutir delante de otra persona. ¿Has visto alguna vez una pareja discutiendo en una fiesta de cóctel, o tal vez dos amantes borrachos peleando en medio de la fiesta de la fraternidad? Sí, así que no hagas eso.

Comienza con lo que está funcionando. No te limites a romper tu lista de quejas. Las cosas solo pueden ir en picada hacia abajo desde allí. Recuérdale a tu pareja lo que funciona en su relación, lo que atesoras sobre tu pareja, los buenos recuerdos que tienen y las cosas que esperas con ansias. Suavizarás lo que viene a continuación y mitigarás cualquier potencial combatividad.

Recuérdale a tu pareja que la amas y que te agrada, y que todo lo que deseas es que ambos sean tan felices juntos como puedan. Así es como te sientes, ¿verdad? Si no es así, reconsidera toda la conversación.

Haz preguntas. A menudo se dice que el mejor conversador del mundo solo habla de una cosa... tú mismo. No quieres seguir hablando constantemente de tus enojos, tus necesidades, tus juicios. Eso solo llevará a tu pareja a exigir que sea el momento de sus enojos, sus necesidades y sus juicios. Ahí es donde a menudo termina la diplomacia. Y hay momentos en los que tienes que representarte a ti mismo y debes enfocarte en el otro. Llegaremos a eso muy pronto. Pero por ahora, si vas a hablar de la otra persona, hazlo en preguntas. No le digas que sus sentimientos están mal, no le digas cómo crees que debería sentirse. Pero puedes y debes preguntarle sobre sus sentimientos; expresa y demuestra un interés genuino con respecto a cómo se siente, por qué se siente de la forma en que se siente, qué cree que podría cambiar para dejar de sentirse así. ¡Pero no le pongas toda la responsabilidad!

Pregúntale qué puedes haber hecho tú para que se sintiera de esa manera, qué puedes hacer (si es que puedes hacer algo) para corregirlo. Participa, pero hazlo de forma retórica. De esta manera, no realizas ninguna declaración que pueda parecer agresiva o insultante.

Escucha activamente, no pasivamente. No te limites a sentarte y esperar a tener la oportunidad de insertar tu perspectiva o expresar tu punto de vista. Concéntrate realmente en lo que dice la otra persona, en los sentimientos detrás de esas palabras. No ofrezcas correcciones ni opiniones, solo escucha. No es tan fácil como parece y puede que requiera algo de experimentación. En nuestro mundo acelerado, difícilmente podemos permitirnos no ser proactivos en todo momento. La meditación es un ejercicio excelente para convertirse en un oyente activo.

Sin profundizar demasiado en ella, la meditación trascendental incluye sentarse en silencio y concentrarse en algo más que el clamor del mundo. Puede ser tu respiración, enfocándote en la inhalación y la exhalación mientras respiras. Algunos se enfocan en un solo punto de enfoque, otros en un mantra murmurado. La idea es enfocarse solo en esto. Esto te entrena para concentrarte y, naturalmente, te convierte en un mejor oyente. Pruébalo y ve si no estás de acuerdo. La meditación también tiene muchos otros beneficios.

Sé empático. En resumen, la simpatía es la capacidad de sentirse mal por alguien. La empatía es cuando puedes imaginar el dolor que siente el otro. La simpatía es una norma social, pero la empatía implica una inversión emocional real. Entonces, dado que estás allí con tu pareja íntima, tal vez tu cónyuge, hablando de las mismas cosas que pueden estar plagando el alma de esa persona, invierte algo de empatía.

Imagina sentir lo que está sintiendo, siéntelo muy dentro de ti. Puede que no estés acostumbrado a expresar empatía, pero probablemente esté a tu alcance. Pruébalo viendo *Casablanca* o *Love Story* y comprueba si no te conmueves.

Si tienes que hablar y tienes que decir cosas sobre tu pareja que podrías considerar constructivas (no es probable que sea tomado de esa manera), observa esta regla: aborda el comportamiento si es necesario, no el carácter de la persona. Si el descuido es un problema, mantenlo así; no hay razón para diagnosticar ese descuido como reflejo de que la persona es perezosa o estúpida. Nunca seas personal con eso. Además, esas cosas se pueden discutir, pero si el asiento del inodoro está levantado, entonces el asiento del inodoro está levantado; con respecto a esto, no hay ningún debate que valga la pena tener.

Si debes abordar el comportamiento de tu pareja, haz un seguimiento rápido con una solución, que ya deberías haber preparado con anticipación. No te limites a entrar con las armas en alto y esperar a conseguir lo que quieres. Mantente preparado. El señor de la guerra chino Sun Tzu dijo, a grandes rasgos, que el general *que* prevalece sabe que va a prevalecer porque sabe *cómo* va a prevalecer. Él también era un gran creyente de la diplomacia.

Cuando pases de las preguntas a las declaraciones, hazlas con respecto a ti. Nadie tiene derecho a decirle a otra persona cómo pensar, cómo sentirse o cómo expresar esos sentimientos y pensamientos, sin importar cuán repulsivos puedan ser. Siempre puedes alejarte, y la mayoría de las veces, eso es lo que sucede. Pero siempre tienes derecho a expresar cómo te sientes. La otra persona también puede alejarse, pero tú no estás transgrediendo a nadie al decir cómo te sientes.

Ten en cuenta que no tienes derecho a esperar que las personas te brinden lo que deseas si no estás listo para pedirlo. No puedes esperar que te lean la mente. El viejo tú *debería haber sabido* que la rutina ya no funciona. Así que anímate y prepárate para defender tu posición.

Sé honesto, no importa si estás hablando o escuchando. Evita ser conciso. Ciertamente no seas grosero. Nadie puede culparte por ser honesto. Además, si no lo eres, no les servirá de nada a ninguno de los dos. Si no estás siendo honesto, no estás teniendo una línea clara de comunicación, punto.

Y cuando haces tus declaraciones, hay ciertas estrategias que puedes usar. Por ejemplo, no dirías: "¡Siento que estás completamente equivocado!" Eso no funcionará. Tampoco, "Siento que estoy completamente en lo cierto, y... pareces sentir lo contrario". No se puede hacer trampa con esto, y hacerlo bien no es tan fácil como parece.

Intenta algo como, "Siento que no me escuchas", o "Me siento más y más tenso", o incluso, "Siento que algo anda mal entre nosotros". Oye, te sientes cómo te sientes. Todo lo que la otra persona puede hacer es decir cómo se siente. Es una excelente manera de suavizar las cosas si puedes, incluso para evitar que se pongan complicadas. Asume la responsabilidad de tus acciones, tu lugar en el esquema que tienen entre ustedes, y de tus propios sentimientos y emociones.

Pero cuidado, hay un problema; algunas personas escuchan la palabra sentimientos y se vuelven insensatas. De repente te has convertido en un supuesto *copo de nieve*, como si no tuvieras ningún intelecto y estuvieras actuando solo por emoción. Pero he descubierto que la mayoría de las personas que atacan instantáneamente la palabra sentimientos no son intelectuales, sino simples matones que son esclavos de sus propios sentimientos, que casi nunca pueden entender. Mencionar tus sentimientos es un desencadenante de este tipo de actitud de intimidación. No significa que no debas hacerlo, pero mantente preparado.

Si alguien se activa de esta manera, lo mejor que puedes hacer es alejarte. Si esta es tu pareja romántica, es posible que no sean una buena pareja. Si deseas intentar que funcione, reconoce qué tipo de comunicación no llegará a esa persona y mantente preparado para aceptarlo. Por supuesto, este es un síntoma de una mentalidad fija, y una mentalidad fija se puede cambiar, como hemos visto. Pero ese cambio casi siempre tiene que ocurrir desde adentro. Es probable que una persona con cualquier mentalidad se aferre a ella solo hasta que decida cambiarla. Se aferrará aún más a ella ante la intervención de alguien más. Realmente, no puedes cambiar a una persona.

Esta persona también puede ser un abusador. Hay varios tipos de abuso: físico, sexual, psicológico. Si estás tan frustrado en una relación, esta persona puede que sea emocionalmente abusiva. Si retiene el afecto, no muestra remordimiento, es inusualmente controlador o culpable o irrespetuoso de tus sentimientos, probablemente estés en una relación emocionalmente abusiva. Creo que sería difícil encontrar a alguien dispuesto a sugerirte que intentes cambiar a esta persona o la relación. Esta persona podría tener una serie de trastornos psicológicos, problemas que tú no puedes resolver, si es que se pueden resolver. Debes escapar de casi todas las relaciones abusivas, no salvarlas.

Pero si ambos están en su sano juicio y realmente interesados, hay muchas maneras de que todo funcione sin problemas. Reflexiona sobre lo que ha dicho tu pareja, reformúlalo a medida que profundizas. "Sé que te sientes así, que tu voz no se escucha..." o lo que sea que haya dicho. Demuestra que escuchaste, entendiste y que lo tomaste como parte de tu responsabilidad personal.

Responde, no reacciones. Sé razonable, evita las emociones. Cuando una persona viene de un lugar emocional, no se puede razonar con ella. Del mismo modo, la emoción no puede realmente influir en la razón. Se trata del cerebro y cómo este funciona.

La corteza prefrontal de nuestro cerebro controla la lógica y la toma de decisiones, mientras que el sistema límbico es donde se encuentran nuestras emociones. Cuando la corteza prefrontal inhibe la reactividad emocional del sistema límbico, todos somos bastante razonables. Pero cuando las emociones pasan desapercibidas, la corteza prefrontal pierde el control. Pero estas operan en diferentes niveles, y una vez que se alcanza el desequilibrio, el cerebro tarda un tiempo en recalibrarse. Pero debes saber que, a efectos prácticos, una persona emocionalmente acelerada simplemente no escucha la razón. Entonces, cuando las cosas se pongan demasiado emocionales, piensa en alejarte. No conseguirás nada a partir de ese momento y es probable que sigas haciendo un daño mayor o incluso irrevocable.

Si eso sucede, nunca tengas miedo de alejarte de una conversación y no dejes que nadie te detenga. Nadie tiene derecho a exigirte que lo hagas. La otra persona puede hablar, pero no es necesario que escuches.

Sin embargo, cuando *hables*, usa un lenguaje colaborativo como *nosotros, nuestro*. Es una técnica de vinculación, que demuestra que no solo estás en esto por ti mismo, sino que tienes un objetivo compartido. Si no tienes el objetivo compartido de mantener la relación feliz... y viva... entonces tienes otros problemas.

Si todavía estás en equilibrio pero la diplomacia no parece estar funcionando, hay otras consideraciones. Has preguntado por tu pareja, te has expresado, ¿y ahora qué? Echa un vistazo a tu entorno. El medio ambiente tiene un gran efecto en la psique. Sé constructivo sobre lo que cada uno puede hacer para mejorar la situación. No juzgues, pero puede haber cosas físicas que afectarán tu comportamiento y tus sentimientos. ¿Es hora de una buena limpieza de primavera? Quizás esa actividad les dé la oportunidad de trabajar juntos y acercarse más. Te dará tiempo para revisar esos viejos recuerdos que tienes por ahí, y eso podría llevar a reavivar viejos sentimientos, haciendo recordar a cada uno su amor cuando estaba en su máxima expresión. ¿Alguno de ustedes se siente agobiado o asfixiado? Quizás se pueda reservar un área apartada para actividades privadas, como leer o escribir en un diario. Tal vez unas vacaciones juntos revitalicen una vida sexual menguante o tal vez unas vacaciones separadas serían buenas para corregir demasiada familiaridad.

Sé creativo, pero razonable. Si unas vacaciones no ayudan efectivamente, entonces estas podrían volverse perjudiciales. La pregunta recae realmente en la identificación del problema, que veremos pronto. Si tu problema es una vida hogareña desordenada, un fin de semana en Las Vegas no ayudará. Seguirás volviendo a casa con el mismo problema. Si estás luchando con un problema de juego o con la bebida, Las Vegas *definitivamente* no te ayudará. Y si el dinero es tu problema, bueno, siempre hay una buena limpieza de primavera a la antigua.

Piensa antes de hablar. Esto es algo que todos deberíamos hacer con más frecuencia, pero es crucial cuando las cosas se ponen complejas entre tú y tu pareja. Y es demasiado fácil hablar demasiado rápido, decir demasiado. Y algunas cosas no pueden dejar de decirse.

Algunos otros buenos consejos de comunicación incluyen mantener la voz baja; las voces aumentan, una con la otra, así que mantén la voz baja y mantendrás las cosas tranquilas. No interrumpas; escucha en silencio y con respeto, y realmente escucha, puede ser tu última oportunidad. Mantente sobrio; no hagas grandes charlas sobre nada importante cuando alguno de los dos esté bajo la influencia de alguna sustancia. Sé amable; no hagas comentarios personales sobre el otro, ya sea sobre su cuerpo, cara, cabello, madre, amigos, mascota, ni nada. Sé breve y no seas repetitivo; si no expresaste tu punto de vista después de uno o dos intentos, tal vez la otra persona simplemente no esté escuchando. Sé consciente de tu lenguaje corporal; no apuntes, no gruñas, no te inclines hacia adelante, no empujes la barbilla, no muerdas tu labio inferior, no aprietes los dientes o los puños. Estas cosas afectarán tu voz, lo que alimentará una espiral creciente de ira incontrolable. Sé feliz; llega a la comunicación con la esperanza de mejorar las cosas, no con la certeza de que están a punto de empeorar. Míralo como una misión de diplomacia.

En este sentido, ponte cómodo. No te quedes cara a cara en el centro de la habitación, esa es una postura de combate. Eso lo hacen los boxeadores, los espadachines y los peleadores de bar. Tú estás ahí como diplomático, para evitar la pelea. Entonces, siéntate y de una manera cómoda. Evita las posturas de poder, como sentar a alguien en una silla y luego sentarte tú en la esquina del escritorio, asomándote por encima de la otra persona. No hagas que se siente mientras tú estás de pie. No se sienten frente a frente en una mesa, esa es una posición de confrontación. Siéntense uno al lado del otro si es posible, en un sofá sin nada entre ustedes.

Haz contacto visual. Esto funciona en todo tipo de comunicación, desde interrogatorios legales y judiciales hasta el área psicológica. Es bastante común en el mundo empresarial, un movimiento de poder directo. Esto muestra que estás concentrado en la otra persona, que estás escuchando. Mirar hacia otro lado hace que parezcas distraído, desinteresado o peor aún... confundido o deshonesto.

Pero ten cuidado con el contacto visual, ya que es una técnica seria. Algunos pueden encontrarlo inquietante. Si alguien se inquieta bajo tu mirada, mira hacia otro lado. Y si estás enojado, esta es una técnica particularmente discordante e incluso puede parecer amenazante.

Piensa bien en tu pareja durante estas conversaciones y en general. No estoy diciendo que seas un lector de mentes, pero este tipo de cosas logran llegar a un nivel subconsciente.

Por último, no tengas miedo de disculparte. Realmente es algo bastante simple, pero algunas personas simplemente no pueden o no quieren hacerlo. Las investigaciones indican que las personas que se niegan a disculparse incluyen a aquellas que temen ser consideradas débiles o temen represalias o rechazo por no ser perdonadas al admitir sus errores. Algunos son perfeccionistas que sienten que este pequeño defecto los definirá. Si tú eres una de estas personas que se siente así, es posible que desees reconsiderarlo. Hace falta ser un adulto maduro para poder disculparse, especialmente cuando te equivocas. Y nos equivocamos mucho más de lo que creemos.

Estar a ambos lados de una disculpa no te convierte a ti ni a nadie en una víctima. Hemos visto que una persona tiene que pedir lo que quiere, no puede sentir resentimiento por otra persona por no leer su mente. Pedir una disculpa tampoco convierte a nadie en víctima. Es una declaración personal y bastante modesta. Lo más probable es que, si alguien cree que se le debe una disculpa, posiblemente se la merezca. Si te percibieron como grosero, digamos, y ofendiste a alguien inadvertidamente, entonces debes disculparte por hablar mal o ser ofensivo inadvertidamente. Si pretendías ser grosero, definitivamente debes una disculpa, o si has notado que transgrediste, simplemente discúlpate. El hecho de que te disculpes es un signo de fuerza.

Aunque si estás en una situación en la que constantemente tienes que disculparte, podría haber un desequilibrio real allí.

Así que ten cuidado al comunicarte con tu pareja romántica, ten en cuenta las trampas ocultas y utiliza esos trucos útiles.

2

QUÉ; NECESIDADES Y DESEOS

Esto nos lleva a una recorrido que va más allá, desde las formas de comunicar, o el *cómo*, hacia el siguiente nivel, el *qué*. Porque es importante comprender lo que estás expresando antes de poder expresarlo con claridad.

Básicamente, la motivación humana se puede clasificar como un grupo de necesidades y un grupo de deseos. ¿Estás expresando una necesidad o un deseo? Echemos un vistazo más de cerca a ambos.

NECESIDADES

Las necesidades son las cosas que debes tener para poder sobrevivir.

Abraham Maslow (1908-1970) creó su jerarquía de necesidades como una pirámide de cinco niveles de las cosas que la psique humana requiere para una vida plena. Comienza con el nivel inferior, el más amplio y básico, pero también el más necesario. Estas son las necesidades fisiológicas de comida, agua, calor, descanso. Sin estas cosas, ninguna de las otras es necesaria o incluso posible, porque la vida no puede progresar sin esas necesidades fisiológicas básicas.

Ten en cuenta que el mismo Maslow admite que hay cierta superposición aquí. Las necesidades de seguridad pueden ocurrir al mismo tiempo que las fisiológicas, y las fisiológicas con las necesidades de pertenencia y amor, por lo que pueden no progresar de una manera estrictamente ordenada y no necesariamente pueden tratarse de esa manera.

Pero en el modelo básico, solo cuando se satisface el primer nivel de necesidades se puede pasar al siguiente nivel, necesidades de seguridad como la seguridad misma o la protección. Esto incluye un refugio. No es estrictamente necesario, pero es el siguiente paso hacia arriba después de las necesidades básicas. En tiempos menos extenuantes, el refugio se habría considerado un requisito, y hoy en día sigue siendo un requisito para una psicología realizada.

El tercer nivel incluye las necesidades de pertenencia y amor, que incluyen relaciones íntimas y amistades. Una vez que están en su lugar, uno puede avanzar al segundo nivel desde la cima, hacia las necesidades de estima. Estas necesidades incluyen prestigio y sentimiento de logro.

Una vez que uno ha trabajado en los cuatro niveles, en orden, puede llegar al nivel superior, la autorrealización, que lleva a la persona a alcanzar su máximo potencial, con un equilibrio de éxitos profesionales y personales.

Y toda la jerarquía, los cinco niveles en su totalidad, pueden ser divididos en tres categorías. Los dos primeros, fisiológicos y de seguridad, se consideran *necesidades básicas*. Los dos siguientes, necesidades de pertenencia y amor y necesidades de estima, se consideran necesidades *psicológicas*. El nivel superior, la autorrealización, es una necesidad de *autorrealización* en sí misma.

Entonces, si lo que estás expresando es una necesidad, ¿cuál es? Es probable que sea una de las necesidades psicológicas, pero ¿y si realmente es una necesidad de realización personal? Tu pareja no puede ser responsable de tu autorrealización, pero sí participa en tus necesidades de pertenencia y amor, por lo que es justo que te acerques por esos motivos. Aunque ambas se consideran necesidades psicológicas, ¿tienes necesidades de estima o necesidades más básicas de pertenencia y amor? Cuando estás en una relación, es importante saber la diferencia. Además, ten en cuenta que en las relaciones íntimas, una necesidad de pertenencia y amor es tan importante para ti como para cualquier persona. Viene antes que la estima y mucho antes que la autorrealización. Entonces, conoce el valor de lo que estás tratando de preservar.

Pero hay aún más en este fascinante modelo psicológico. Porque los cinco niveles también se pueden subdividir en *necesidades de deficiencia* o *necesidades de crecimiento*. Las cuatro primeras, las necesidades básicas y psicológicas (fisiológicas, seguridad, pertenencia y amor, estima) se consideran necesidades deficientes. El nivel superior, la autorrealización, es una necesidad de crecimiento (a veces llamada *necesidad del ser*). Y esto tiene sentido. Si te faltan las primeras cuatro necesidades, eres deficiente en ellas. Hasta que no tengas estas cuatro, solo te estás poniendo al día, no avanzando. El quinto nivel superior es donde ocurre el crecimiento real, donde se logra el avance.

Ahora que la jerarquía de necesidades está clara, las aguas se enturbian nuevamente. ¡Porque el modelo ha sido modificado para la era moderna al incluir tres capas más! Una nueva quinta capa por encima de la cuarta, las *necesidades cognitivas*, incluye comprensión y conocimiento, exploración y curiosidad, necesidad de significado y previsibilidad. Piensa en las cuestiones existenciales de identidad y propósito. Estas cosas generalmente se resuelven antes de la necesidad de autorrealización superior.

Una nueva sexta capa está justo por encima de las necesidades cognitivas, las llamadas *necesidades estéticas*. Estas incluyen una apreciación de la naturaleza, la búsqueda del equilibrio y la forma y la belleza. Luego vienen las necesidades de autorrealización en el número siete, con una nueva capa superior, una octava capa por encima de la anterior: *necesidades de trascendencia*. Estas incluyen valores que van más allá del yo, más allá de las cuestiones existenciales del lugar personal y la identidad a nociones más trascendentes de eternidad, Dios, asuntos religiosos y espirituales. Los expertos dirían que una psique verdaderamente realizada primero necesitaría algo de autorrealización antes de estar equipada para tener una comprensión trascendental, de modo que uno llegue a la cima.

De la nueva pirámide de ocho niveles, los cuatro primeros (fisiológicos, seguridad, pertenencia y amor, estima) se consideran necesidades deficientes y los cuatro superiores (cognitivos, estéticos, autorrealización, trascendente) se consideran necesidades de crecimiento. La nueva jerarquía se divide en las conocidas tres categorías más o menos de la misma manera: las dos primeras, fisiológicas y de seguridad, todavía se consideran *necesidades básicas*. Las dos siguientes, necesidades de pertenencia y amor y necesidades de estima, todavía se consideran necesidades *psicológicas*. Los cuatro niveles superiores, cognitivo, estético, autorrealización, trascendente, se consideran necesidades de *autorrealización*.

Entonces, ¿qué sucede cuando una persona alcanza esas necesidades de crecimiento y se autorrealiza? Los hombres de la historia autorrealizados incluyen a Abraham Lincoln y Albert Einstein. Pero aunque, teóricamente, cualquiera puede autorrealizarse, pocas personas lo logran. El mismo Maslow sugirió que solo el dos por ciento de las personas se autorrealizan. Entonces, echemos un vistazo a lo que sucede en la parte superior de la jerarquía de Maslow. Esto te ayudará a evaluar dónde te encuentras tú y otras personas en la jerarquía y te ayudará a identificar las necesidades y luego poder satisfacerlas. Esto es especialmente importante cuando se trata de parejas íntimas.

¿Estás autorrealizado? Si compraste este libro, probablemente tengas una relación íntima, eso te coloca al menos en el tercer nivel. Si también estás imbuido de suficiente autoestima, entonces estás listo para progresar hacia arriba y volverte autorrealizado, si aún no consideras que ya lo estés. Echemos un vistazo más de cerca a cómo se ve una persona autorrealizada.

Según la investigación de Maslow, las personas autorrealizadas pueden tolerar la incertidumbre y tener una percepción clara y eficiente de la realidad. Se aceptan a sí mismas por lo que son. Esto significa que es poco probable que los perfeccionistas y los que piensan demasiado, aquellos con varios complejos, logren la autorrealización porque sus percepciones de sí mismos y de la realidad están muy sesgadas.

Las personas autorrealizadas tienden a ser espontáneas, viven en el momento y no están atrapadas ni en el pasado ni en el futuro. No consideran en exceso todas las opciones hasta que no se selecciona ninguna opción (a veces se denomina *parálisis de análisis*).

Las personas autorrealizadas se centran en los problemas, no en las personas. Con una mentalidad de crecimiento, saben que el fracaso no define a la persona y que sus propios esfuerzos no son tan importantes como el resultado final. En el caso de fallar, aprenden de sus errores y avanzan hacia el próximo desafío.

Maslow descubrió que las personas autorrealizadas tienen un sentido del humor a veces peculiar. Se deleitan en lo que creen que es divertido, no en lo que creen que otros encontrarán divertido. No están tan preocupados por las impresiones que puedan tener los demás. También tienden a conservar su individualidad, no son propensos a las tendencias culturales; aunque tampoco son deliberadamente escandalosos o rebeldes.

Aquellos que se autorrealizan tienden a mirar la vida objetivamente en lugar de subjetivamente. Tienen una percepción más clara que aquellos que ven el mundo solo a través de sus propias experiencias y perspectivas. De esta forma, la persona autorrealizada tiende a ser tanto comprensiva como empática. Del mismo modo, tiende a preocuparse por el bienestar de los demás y por el futuro de la humanidad. Tiene preocupaciones trascendentes, pero también aprecia profundamente las experiencias básicas de la vida. Puede que tenga la cabeza en las nubes, pero sus pies están firmemente en el suelo.

Las personas autorrealizadas también tienden a ser muy creativas. Establecen menos relaciones en la vida, pero esas relaciones son más significativas y tienden a durar más. Suelen haber tenido experiencias cumbre, alturas memorables a las que mirar en retrospectiva. Sin embargo, generalmente necesitan privacidad y tienen poca necesidad de ser el centro de atención.

También tienden a tener opiniones sociales y políticas democráticas y altos estándares éticos y morales. ¿Cuántas cosas marcaste en tu lista? ¿Cuáles te faltan? Puedes remediar casi cualquier carencia que encuentres en la lista. ¿No te consideras muy creativo? Quizás no hayas encontrado tu medio. Ser creativo no significa estrictamente ser artístico. Podrías ser un solucionador de problemas creativo, por ejemplo. ¿Eres políticamente más conservador que liberal? Eso no significa que no puedas autorrealizarte. No dejes que la lista te limite, deja que abra puertas que no sabías que estaban allí.

Hagámoslo más fácil. En lugar de mirar los comportamientos de las personas autorrealizadas, examinemos los comportamientos que conducen a un lugar de autorrealización. Si deseas volverte más autorrealizado, intenta hacer lo que ellas hacen.

Trata de experimentar la vida como un niño, absorbe todo y ten curiosidad y una mente abierta. Prueba cosas nuevas y abraza nuevas experiencias. Escucha tus propios sentimientos, evalúa las cosas y las experiencias con base en tu propia perspectiva, no en la percepción común o de alguna autoridad. Piensa por ti mismo.

Sé honesto y evita la falsificación o los juegos. Defiende tus puntos de vista incluso si corres el riesgo de ser impopular. A esto se le llama integridad, la medida del efecto que sufre una cosa dadas las mismas presiones externas. Es un término aeronáutico que se refiere a cuánto se doblará un ala dada la misma altura, altitud, temperatura, viento y otras fuerzas externas. Si el ala reacciona de la misma manera en las mismas circunstancias, su integridad está intacta. Las personas autorrealizadas son confiables.

De la misma manera, las personas autorrealizadas asumen la responsabilidad de lo que hacen y dicen, y trabajan duro para hacer y decir las cosas correctas, cosas que están preparadas para respaldar o defender. Pero ser autorrealizado no es ser perfecto (de hecho es abandonar el perfeccionismo), es simplemente saber que uno puede ser mejor.

Una persona autorrealizada también tiene la claridad para ver sus propios defectos y trabajar para resolverlos. Tiene la mentalidad de crecimiento que le permite cambiar y crecer incluso después de haber alcanzado la autorrealización. Pero recuerda que la autorrealización es una necesidad de crecimiento.

Todo encaja perfectamente, ¿no?

Eso nos lleva de las necesidades a los deseos. ¡Aquí es donde las cosas se ponen divertidas!

DESEOS

Derivado de *desiderare*, latín para *desear* o *anhelar*, el deseo es nuestro compañero constante en formas grandes y pequeñas. Es parte de nuestra vida en todos los sentidos y puede ser algo tanto inspirador como destructivo.

Sigmund Freud (1856-1939) dividió los deseos en dos categorías de impulsos, libidinales (sexuales) y agresivos (muerte). Cuando se suprime cada uno, los impulsos sexuales a menudo crean resultados productivos o creativos, mientras que los impulsos de muerte a menudo inspiran depresión u otros comportamientos destructivos. También señaló que podría haber cierta superposición, ya que los impulsos sexuales a menudo se vuelven agresivos y los impulsos de muerte a menudo tienen un trasfondo sexual. Años más tarde, el espectro de extrañas y violentas imágenes de video disponibles en Internet lo confirma.

Antes de continuar, digamos simplemente qué no son los deseos: necesidades. Ya hemos analizado aquellas cosas que son necesarias para una vida plena. Los deseos son cosas más allá de las necesidades que anhelamos, son cosas que queremos.

Cuando carecemos de deseo, nuestras vidas se consumen solo por necesidad, y esa no es una vida bien equilibrada. El deseo nos motiva, y sin él podemos aburrirnos o perder el rumbo y estar infinitamente insatisfechos. Esto puede provocar depresión, mala salud y malos hábitos de sueño, y complicaciones físicas y psicológicas relacionadas que conducen a una muerte prematura o incluso al suicidio.

Un problema es que, durante los primeros años formativos de nuestras vidas, nuestras necesidades y deseos son básicamente los mismos, las necesidades fisiológicas y de seguridad básicas. Un niño necesita y desea comida y bebida y no puede diferenciar una inspiración de otra.

Luego, cuando maduramos, a menudo no podemos dejar de lado ese paralelismo infantil de necesidad y deseo. Para la mente no entrenada e indisciplinada, la necesidad y el deseo siguen siendo uno. Entonces, uno puede sentir que necesita un auto nuevo, o que no puede vivir sin ese par de zapatos. Estas personas han descuidado la diferencia.

Esto es particularmente sorprendente en las relaciones íntimas. Una pareja puede llegar a necesitarse económicamente pero no desearse mutuamente. Es posible que sientas que necesitas una pareja extramonógama, cuando esto puede ser simplemente un deseo. ¿Necesitas una disculpa o simplemente deseas una? Es un criterio fundamental para elegir qué pedir y cómo solicitarlo.

Siempre puedes usar una construcción si/entonces para resolver esto:

¿Si no obtengo esto, entonces qué pasará?
¿Si tengo esta aventura, entonces cómo me sentiré?
¿Si esto no sucede, entonces qué haré?

Esto te ayuda a visualizar el futuro y te brinda claridad para tomar una mejor decisión.

LOS PROBLEMAS DEL DESEO

Ahora que tenemos claras nuestras necesidades y, en este caso, nuestros deseos, echemos un vistazo más de cerca a este impulso complejo y a menudo contradictorio.

Tal vez no sea sorprendente que el deseo de fuerza vital sea conocido a grandes rasgos como *destructor de la autorrealización y el conocimiento y el gran símbolo del pecado* en la tradición Hindú. Las Cuatro Nobles Verdades del Budismo proclaman que la lujuria, en sí misma una de las formas más puras de deseo, es la causa de todo sufrimiento. Adán y Eva del Antiguo Testamento deseaban conocer, y todos recordamos *qué* pasó.

Aun así, tomemos una visión más contemporánea.

Desde el principio se nos enseña que debemos controlar nuestros impulsos. Sigmund Freud introdujo el modelo psicológico del ello, el yo y el superyó. En este modelo, el ello es la parte del cerebro que está regida por el deseo. Esta es la parte infantil e impulsiva de la psique que busca la realización inmediata sin pensar en los demás o en el futuro. El yo es la parte práctica de la psique, la parte que se ocupa del mundo exterior y sabe lo que se requiere, lo que se necesita. El yo debe gobernar el ello egoísta e impulsivo. Ésta es la lucha central de la psique, la necesidad de ser práctico luchando con las necesidades del egoísmo.

Solo cuando el yo ha ganado el control del ello, cuando la psique práctica tiene un control firme sobre el deseo irracional, se puede lograr el superyó. El superyó mira más allá del ello, más allá de la practicidad social del yo, y mira hacia afuera y hacia arriba, hacia el bien moral y espiritual. Freud argumentaría que una psique que no gobierna sus propios impulsos y deseos nunca puede alcanzar una perspectiva moral clara.

Es importante tener en cuenta que los tres elementos son necesarios, funcionan juntos. El yo no aplasta al ello, ya que el ello tiene un gran propósito para la psique. El ello aporta espontaneidad, fantasía, creatividad, muchos de los rasgos de la persona autorrealizada. Pero el ello debe ser gobernado por el yo, que también tiene un propósito vital. Los tres trabajan juntos.

Así que no estamos aquí para demonizar el deseo, sino que para entenderlo mejor y poder controlarlo mejor. Esto te ayudará a entender mejor los deseos de tu pareja y a tratar con ellos de forma más efectiva también.

LOS CICLOS DEL DESEO

Se puede decir, y a menudo se dice, que el sufrimiento puede enmarcarse en términos de deseo. Hay un ciclo en esto, y si reconoces el ciclo en ti mismo o en otros, estarás mejor equipado para interrumpirlo. El ciclo comienza con el deseo que no se satisface. El deseo insatisfecho es doloroso, el dolor causa miedo y ansiedad de sufrir más dolor. El miedo y la ansiedad pueden interrumpir el deseo o extraviarlo radicalmente, provocando que más deseos no se satisfagan, lo que provoca más dolor y desencadena más ansiedad y miedo, creando deseos fuera de lugar que no se pueden satisfacer, y así sucesivamente.

Aquí hay un ejemplo: deseas la compañía de una persona atractiva, pero esta persona está casada, por lo que tus deseos deben quedar insatisfechos. Es una posición razonable, pero el dolor es una emoción y no una razón, así que sientes el dolor del deseo insatisfecho. Ahora, puedes temer que ninguna pareja te acepte, puedes sentir ansiedad por lo que podrías haber hecho de manera diferente o lo que aún podrías hacer para cambiar el resultado. Esto puede darte el deseo de interferir en el matrimonio, descarrilarlo para erradicar el problema. Pero eso no va a funcionar. Tus deseos solo quedarán insatisfechos. Es probable que sientas ansiedad por lo que has hecho y tengas temor a represalias. Buscando tener la conciencia tranquila, decides mudarte a otra ciudad. Pero tu conciencia nunca estará verdaderamente limpia, por lo que ese deseo no será satisfecho. Es un dolor aún peor saber qué tipo de decisiones has tomado, tienes miedo de que tu vida se arruine y estás ansioso por saber qué hacer a continuación. Deseas beber un trago que contenga el deseo de eliminar de alguna manera el dolor. A la mañana siguiente, ese deseo no se cumple, y así sucesivamente.

Puede parecer extremo, pero estas cosas suceden. Es posible que conozcas a alguien con una historia similar. Pero eso realmente no nos importa. ¿Qué pasa contigo? ¿Cuáles son tus deseos? ¿Podrían llevarte por este camino? Prueba algunos ejercicios de si/entonces para saber que no vas por un camino peligroso y destructivo.

Hay otro ciclo destructivo del deseo con el que hay que tener cuidado, uno que es igualmente insidioso. El deseo puede ser un motivador para el éxito o para todo tipo de logros. Deseamos una casa grande, un coche bonito, un buen trabajo, una pareja atractiva.

Pero una vez que se alcanzan estas cosas, con demasiada frecuencia se vuelven obsoletas, insuficientes. El mismo impulso puede empujar a una persona a desear una casa más grande, un coche más bonito, un trabajo mejor, una pareja más atractiva.

El problema aquí es que uno puede no recordar que el deseo es un motivador, no la meta. El deseo que se alimenta por sí mismo nunca será satisfecho. Una vez que se han logrado los objetos del deseo, la energía del deseo debe ser redirigida hacia, por ejemplo, el deseo de ser caritativo, el deseo de ayudar a los demás, el deseo de encontrar mayores formas de expresión.

Porque con demasiada frecuencia las cosas que deseamos son cosas materiales. Este deseo puede cegarnos ante lo que realmente nos motivó en primer lugar, las cosas que realmente importan. Una persona puede desear las trampas del éxito, pero ¿con qué fin? Autorrealización, crecimiento. Pero el deseo sobre el deseo no crece, es solo expansión. Eso es un crecimiento lateral, y en realidad es lo mismo que ir a ninguna parte.

Este tipo de deseo se convierte rápidamente en codicia y, a pesar de lo que Gordon Gecko y yo dijimos antes, la codicia *no* es buena.

EL MUNDO COMO VOLUNTAD Y REPRESENTACIÓN

El mundo como voluntad y representación de Arthur Schopenhauer dibuja a la sociedad humana en dos mundos estratificados; arriba está el mundo de las apariencias y, debajo, está el mundo de la voluntad. El mundo de las apariencias es el mundo consciente, el mundo impulsado por el ego. El mundo de la voluntad es un proceso ciego en la búsqueda de supervivencia y reproducción. Schopenhauer nos dice que la voluntad es el mundo formativo, el mundo de las apariencias simplemente siendo un conjunto de manifestaciones de esa voluntad.

Incluso el cuerpo humano está diseñado para manifestar el mundo de la voluntad. La boca y el estómago son el hambre que se manifiesta, los genitales son la forma fundamental de lujuria y deseo de procrear. Nada en el mundo natural puede ser separado por la voluntad que lo inspira.

Este mundo de apariencias está destinado a apelar a nuestro lado intelectual. Nosotros también somos meras manifestaciones de nuestra propia voluntad.

¿Qué significa esto para ti? Si la teoría de *El mundo como voluntad y representación* se sostiene, todo en tu mundo de apariencias es en realidad solo una manifestación de tu voluntad. Ya hemos hablado de cómo el entorno refleja e influye en nuestro estado mental (¿ves cómo se junta todo?), y ahora vemos ese concepto llevado al límite. El entorno no es simplemente un reflejo de la psique, es algo creado por la voluntad misma, sujeto por completo a su poder. En esta construcción, es un ejercicio de influencia unidireccional.

¿Tu mundo refleja tu voluntad? ¿Qué es esa voluntad? Utiliza la técnica de los 5 porqués o algunos ejercicios de si/entonces para conocer mejor esa voluntad. Aunque es posible que no tengas que hacer más que echar un vistazo a tu entorno inmediato. ¿No es tu computadora una manifestación de tu voluntad de triunfar? ¿Qué pasa con esos archivos de video que descargaste? ¿Qué parte de tu voluntad manifiestan?

Entonces, de acuerdo con el concepto de *El mundo como voluntad y representación*, no moldeamos nuestros deseos, nuestros deseos nos moldean a nosotros. No podemos elegirlos; solo podemos llegar a comprenderlos y así controlarlos. Y por muy elevada que sea esta teoría, tiene mucho sentido. Piénsalo… Los gustos y deseos se forman cuando somos niños y rara vez cambian; están impresos en nuestros años de formación. Te gusta lo que te gusta, quieres lo que quieres, lo que te excita simplemente es lo que te excita. Realmente no puedes cambiar algo así y tampoco debes negarlo, solo tienes que entenderlo.

No siempre es fácil comprender nuestros deseos, ya que muy a menudo solo están en nuestra mente subconsciente. Y a menudo estamos en conflicto e incluso preocupados cuando esos deseos se vuelven conscientes. La sexualidad en conflicto o la identificación de género es un buen ejemplo de esto.

TIPOS DE DESEOS

Los deseos rara vez ocurren por sí solos. De hecho, existen dos tipos de deseos y suelen trabajar juntos. Hay *deseos terminales* y *deseos instrumentales*. Los deseos instrumentales actúan en apoyo del deseo terminal. Por ejemplo, si quiero ir a comer algo fuera de casa (un deseo terminal), deseo vestirme y encontrar las llaves del auto (deseos instrumentales).

Los deseos terminales son generados por sentimientos, en este caso el hambre. Eso los convierte en deseos poderosos. Los deseos instrumentales están más orientados a la razón y tienen menos impacto en nuestra psique. También son más fugaces por naturaleza, ya que pueden necesitarse una docena de deseos instrumentales para llegar a un deseo terminal. Los deseos instrumentales no están destinados a nuestro placer, pero el deseo terminal sí lo está. Algunos deseos son tanto instrumentales como terminales, como tu carrera (si la disfrutas) o tu hogar.

Tanto los deseos terminales como los instrumentales se consideran deseos positivos y saludables.

La mayoría de los deseos terminales también se conocen como deseos *hedónicos*, que llevan al placer de evitar el dolor. El anhelo de un cóctel es un deseo hedónico, por ejemplo. Sin embargo, no todos los placeres terminales son hedónicos; existe el deseo de ser caritativo, por ejemplo. Algunos pueden argumentar que cualquier cosa disfrutada es hedónica porque obtienes algo de placer con ella, pero soy escéptico ante una perspectiva tan hastiada.

Los deseos también se pueden dividir en otras dos categorías: *naturales* y *antinaturales*. Los deseos fisiológicos son deseos naturales y están limitados por su naturaleza misma. El hambre es un deseo que sacias alimentándote, la sed la sacias bebiendo. Los deseos antinaturales, de poder, fama o riqueza, son ilimitados. El deseo por estas cosas nunca se saciará. Parafraseando a Epicuro, los deseos naturales son fáciles y placenteros de satisfacer, por lo que deben ser satisfechos. Los deseos antinaturales no son fáciles ni placenteros de satisfacer, por lo que no deberían ser satisfechos.

Un poeta y filósofo indio del siglo XV, Kabir, describió el deseo como la verdadera riqueza de la humanidad. Kabir creía que la persona con más deseos era la más pobre y rara vez tenía éxito. Kabir consideraba a estas personas como las más tristes y superficiales, abrumadas por demasiados deseos que son de muy poco valor.

Otros nacen con los mismos deseos, pero se centran solo en unos pocos y logran alcanzar al menos algunos de ellos. Estas personas son más felices y se las considera exitosas.

Un tercer grupo nace con menos deseos y, naturalmente, se enfoca en sobresalir en ellos y lograr sus metas para lograr sus deseos. Estos se convierten en grandes líderes mundiales, científicos y artistas.

El individuo más raro tiene un solo deseo, la trascendencia. Ya hemos visto cuán elevado es ese objetivo. Y Kabir nos dice que a medida que crece el desarrollo emocional, el número de deseos disminuye. La meditación (que ya mencionamos brevemente) es una buena manera de reducir diez pensamientos a cinco, cinco a dos, dos a uno. Esta es una forma en que la meditación ayuda a lograr la trascendencia. Y cualquiera puede meditar si tiene solo unos minutos. Incluso un minuto para concentrarte en tu respiración natural puede ser beneficioso. Puede que no trasciendas, pero es un buen comienzo.

Existe una correspondencia directa entre el desarrollo emocional y la cantidad de deseos. Aquellos con muchos deseos son emocionalmente volátiles. No están comprometidos con mucho, incluidas sus propias emociones, por lo que estas no duran. Sin embargo, así como los sentimientos de ira desaparecen rápidamente, también lo hacen los sentimientos de alegría o satisfacción.

Las personas con menos deseos tienden a tener más pasión. Tienen más energía para distribuirse en menos actividades y es más probable que tengan éxito y triunfen.

Cuando todas las metas y los deseos se fusionan, Kabir lo llama *devoción de pasión singular*. Este es el verdadero objetivo de la autorrealización, cuando todas las necesidades y deseos se satisfacen con la misma satisfacción placentera.

¿Qué tipo de persona eres? Si te sientes abrumado por demasiados deseos, haz algunas listas clasificándolos en importancia, en una escala del uno al diez. Deja solo los tres que es más probable que logres. No tienen por qué ser los tres más importantes o los más desafiantes. Logra esos deseos y pasa a otros tres. También puedes considerar eliminar algunos, ya sean demasiado grandes o demasiado pequeños.

¿En qué etapa del deseo te encuentras? ¿Son tus emociones volátiles? Eso podría ser una señal de que tus deseos son demasiados y tienes que emparejarlos. ¡Saca tu bolígrafo y empieza a hacer algunas listas!

Aunque la meditación es una buena forma de hacer esto, el sufrimiento es otra. Aquellos que sufren más desean menos y se enfocan en lo que es verdaderamente importante en la vida, renunciando a deseos antinaturales. Los socorristas, los veteranos de combate y otros prisioneros de guerra son buenos y honorables ejemplos.

3

POR QUÉ; LIDIAR CON LAS CAUSAS FUNDAMENTALES

Si bien es vital saber cómo debes comportarte al comunicarte en tus relaciones íntimas (y en cualquier relación en realidad), es hora de profundizar. Debemos mirar más allá de *cómo* nos comunicamos e incluso más allá de *qué* decimos, y llegar hasta las causas fundamentales, el *porqué* de lo que decimos, sentimos y hacemos.

Cualquier transformación personal comienza con el centro del cuerpo y el alma. Las cuestiones existenciales de la autoidentificación de una persona, de su lugar en la sociedad, son fundamentales para quién es y qué piensa prácticamente en todos los niveles. (Volveremos al existencialismo más adelante en este capítulo.) Una persona con una mentalidad fija que se identifica a sí misma como un perdedor, solo se embarcará en una espiral descendente hacia la profecía autocumplida, perdiendo oportunidades, pensando demasiado en las cosas y exigiendo una perfección que es inalcanzable. Una persona con una mentalidad de crecimiento que se ve a sí misma como resistente probablemente lo será y superará el fracaso para lograr un gran éxito.

Entonces, este es uno de nuestros conceptos centrales, las cosas de las cuales surgen otras actitudes y comportamientos.

Pero no es el único.

SIGNOS Y CAUSAS FUNDAMENTALES DE LA CONDUCTA NEURÓTICA

El término *conducta neurótica* es tan amplio como mal entendido. Puede sonar como un insulto barato, un diagnóstico general del comportamiento de alguien que quizás no te guste o de una persona que quizás no te agrade. Pero incluye una serie de afecciones muy graves. Entonces, si vamos a llegar a la raíz de la falta de comunicación y las otras cosas que destruyen las relaciones e incluso vidas enteras, debemos dedicar un poco de tiempo al comportamiento neurótico.

Es posible que quieras omitir esta sección, pero te recomiendo encarecidamente que no lo hagas. Mucha gente exhibe un comportamiento neurótico y de maneras que ni siquiera comprenden. E incluso si no te consideras neurótico, tu pareja puede exhibir estos comportamientos, y el propósito de este libro es brindarte las herramientas que necesitarás para enfrentar una variedad de desafíos, incluida la neurosis.

La neurosis no es psicosis. Para ser bastante general, un psicótico pierde la capacidad de distinguir la fantasía de la realidad. El neurótico es, de hecho, hipersensible a la realidad. Un verdadero psicótico puede creer que lo siguen o conspiran contra él, aunque no exista tal conspiración. Un neurótico está más preocupado por los gérmenes; y mientras haya gérmenes, se imagina su peligro.

La parte complicada es que hay muchos cruces. Los trastornos como la personalidad límite y el trastorno bipolar pueden parecer simples neurosis, pero son mucho más profundos. Algunos creen que el trastorno límite de la personalidad no se puede tratar en absoluto.

Pero hay algunas señales comunes a las que hay que estar atento si estás buscando un comportamiento neurótico.

Un comportamiento neurótico común son las emociones inestables. Los neuróticos pueden enfurecerse fuertemente (también común en el trastorno bipolar). Otro comportamiento neurótico común es la llamada personalidad adictiva. La investigación está muy desperdigada en cuanto a las raíces de una personalidad adictiva, y podría tener tanto que ver con la impronta de los padres como con un desequilibrio químico en el cerebro. Ambas teorías podrían ser ciertas. Pero con total seguridad las adicciones son un comportamiento neurótico. El neurótico es hipersensible a la presión de la vida: exceso de trabajo, aburrimiento, diálogo interno negativo o una imagen negativa de sí mismo, una sensación de futilidad que viene con una mentalidad cerrada. De una forma u otra, estas son señales de alerta para el comportamiento neurótico.

El perfeccionismo es una neurosis clásica. Hipersensible a la realidad. Una perfección para tener una sensación de control y para definirse en los mejores términos posibles. Cualquier cosa que no sea eso puede fastidiar a un perfeccionista, robarle la alegría de sus esfuerzos y evitar nuevos esfuerzos. Los perfeccionistas, como otros en esta lista, tienden a optar por el diálogo interno negativo y el pensamiento excesivo, la repetición de eventos anteriores o la imaginación de eventos futuros o posibles. Esto afecta a los perfeccionistas, a personas de mentalidad fija de todo tipo, y es un comportamiento neurótico muy común. Si piensas demasiado en las cosas, puedes lidiar con esto fácilmente aceptando tu imperfección y la naturaleza caótica del mundo; deja ir el pasado y el futuro y vive solo en el presente. Medita. Pero ten cuidado con este dúo mortal de perfeccionismo y pensamiento excesivo.

El estrés crónico también es un comportamiento neurótico común. Todos nos estresamos de vez en cuando, pero si una persona está constantemente estresada, probablemente carezca de las habilidades para afrontarlo y debería leer este libro. El estrés crónico es un resultado común de pensar demasiado. Y como muchos de estos comportamientos neuróticos, el estrés puede tener efectos terribles en el cuerpo. La inflamación interna, un resultado común del estrés, puede causar ataques cardíacos y accidentes cerebrovasculares. Los comportamientos asociados con el estrés normal también son peligrosos: el abuso de alimentos y sustancias, y los riesgos para la salud que los acompañan, incluida la muerte prematura. El estrés y otras de estas neurosis también tienen efectos psicológicos, como depresión, trastornos del sueño y suicidio.

La envidia es un comportamiento neurótico. Esta crea obsesiones de inferioridad y celos y resentimiento reprimido, y puede inspirar cleptomanía y otros comportamientos antisociales. Aquellos que exhiben envidia son a menudo personas de mentalidad fija, más preocupados por cómo se ven a los demás, exitosos o no, más que por cómo ven el mundo.

Ser demasiado dramático, algo que ya hemos mencionado, es un comportamiento neurótico clásico. Ocurre como resultado de una tristeza o enojo excesivos, a menudo enraizados en algún pequeño problema. Sin embargo, esto resulta en un ataque de ira, una rabieta que la persona a menudo no puede controlar. Al menos esta persona nunca aprendió a hacerlo, aunque si lo intentara podría lograrlo. Este tipo de sobreactuación es una de las principales causas de rupturas y también es un comportamiento neurótico muy común. También es tremendamente antisocial. Olvídate de perder tu relación amorosa, si eres una persona temperamental hasta el punto en el que tienes arrebatos de rabia, no pasará mucho tiempo hasta que estés completamente solo.

La desesperanza es un comportamiento neurótico común también, y en muchos sentidos es la otra cara de ser demasiado dramático. La misma conduce a la depresión, al abuso de sustancias y al suicidio. Pero comienza de manera bastante simple, solo como una melancolía prolongada nacida de una mentalidad fija que está segura de que nada funcionará nunca. Bueno, si estuvieras seguro de que nada saldría bien, probablemente también te sentirías desesperado. Pero la desesperanza también puede estar relacionada con el estrés, o con una crisis pasajera como una enfermedad o la muerte de un amigo o ser querido. Puede nacer de la decepción, la pérdida de un trabajo o un romance.

Pero también puede sabotear una carrera o una relación. Nadie quiere estar cerca de una triste Debbie Downer, ¿verdad?

LAS RAÍCES PROPIAS DEL COMPORTAMIENTO NEURÓTICO

Pero el comportamiento neurótico está más que solo profundamente arraigado y puede causar todo tipo de otros problemas, y también se puede rastrear hacia otros comportamientos y condiciones. Algunas personas creían, y muchas todavía creen, que las neurosis son genéticas, se transmiten de una generación a la siguiente, sintomáticas de trastornos como la esquizofrenia. Muchos investigadores más modernos creen que son comportamientos adquiridos. Los traumas se citan a menudo como la raíz de varias neurosis, y otros son el resultado de la impronta de los padres.

El abuso infantil es una causa común de muchas neurosis, incluido el perfeccionismo y el estrés crónico. Muchos adultos viven esforzándose por corregir los errores que cometieron en el pasado que inspiraron los abusos de su infancia.

Debido a que el comportamiento neurótico está tan extendido y es tan variado y a menudo tan difícil de identificar, es un problema que está mucho más extendido de lo necesario. Y con nuestro mundo recientemente tan turbulento, hay incluso más ansiedad y muchos comportamientos neuróticos probablemente surjan a partir de esto.

Mientras estemos viendo el papel que juega la neurosis en nuestras vidas y en cómo y qué comunicamos, especialmente a nuestras parejas románticas, debemos dar un paso más. Porque una vez que hayas analizado algunos de los comportamientos neuróticos, debemos echar un vistazo a algunos de los complejos aún más profundamente arraigados que a menudo se asocian. No por coincidencia, estos también se encuentran entre los complejos más comúnmente reportados culpados por relaciones fallidas en varios estudios.

El complejo de Edipo/Electra es cuando una persona siente una atracción casi sexual por el padre del sexo opuesto.

Un profundo afecto por el padre del sexo opuesto. Edipo, perteneciente al antiguo mito griego, se enamoró de su madre y mató a su padre. Electra, por otro lado, se sintió atraída por su padre y culpó a su madre. En estos días, los complejos son de naturaleza mucho más conservadora. Pero hay muchos casos en los que un vínculo anormalmente fuerte entre madre e hijo (por ejemplo) puede resultar en un niño adulto emocionalmente atrofiado que no puede realmente asumir un papel de adulto. También es un asesino común de las relaciones románticas. Ninguna mujer quiere lidiar con eso, ¿y por qué lo haría? Este complejo conduce al perfeccionismo y al pensamiento excesivo, ya que el niño se obsesiona con los padres con esfuerzos eternos por impresionar y ganar su amor y aprobación. Esto puede llevar a una gran cantidad de diálogo interno negativo y pensamiento excesivo, ya que el niño frustrado se regaña a sí mismo constantemente por sus fracasos para así poder hacerlo mejor, para realmente ganarse el amor de esos padres.

Es una pena, porque una mentalidad más orientada al crecimiento ayudaría al niño adulto a abandonar la mentalidad fija que puede haber adquirido durante la niñez: que el hijo es y debe ser siempre la figura central en la vida de los padres. Como resultado, estos niños adultos tienden a tratar mal a sus parejas adultas; ninguno de los dos puede estar a la altura de sus irracionales expectativas infantiles, que están condenadas a la decepción. Los hombres pueden abusar de sus parejas; las mujeres pueden retirarse por completo de la interacción social.

El complejo virgen/prostituta es una forma de describir la perspectiva de los hombres que ven a las mujeres como uno de los dos arquetipos: una madre joven virginal (la virgen) y una bestia sexual voraz (la prostituta). El complejo se ha representado en innumerables obras de ficción y comedia; es algo que ha sido llevado a nuestra conciencia colectiva. No necesitas ir más allá de Ginger y Mary Ann de la comedia de los 60 *"La isla de Gilligan"*. Ellas eran el complejo de virgen/prostituta hecho en vida, y era y sigue siendo una iconografía poderosa.

Otra versión más moderna del complejo afirma que los hombres con este complejo realmente desean ambos arquetipos en una sola persona, una maestra de escuela de día y una stripper de noche. Están destinadas a ser ambas cosas y a la misma vez.

Los hombres que sufren de este complejo a menudo no pueden mantener una relación porque pocas mujeres pertenecen a uno de estos tipos extremos, y las probabilidades de que una mujer sea una combinación de ambos es incluso aún menor, que es lo que realmente quieren muchos hombres. Esta expectativa poco realista, como la mayoría, casi siempre está condenada a terminar en decepción.

Los hombres también parecen tener dificultades para diferenciar un aspecto del otro, y la representación de la stripper puede contaminar el lado de la maestra de escuela/ama de casa de esta doble personalidad. O puede que el hombre solo quiera a la prostituta, pero descubre que ella es mucho más que eso. Puede sentirse engañado, pero, por supuesto, solo lo decepcionó su expectativa poco realista.

Los hombres con este complejo suelen estar solos y ser solitarios, imbuidos de deseo y visión, pero sin una forma razonable de encontrar satisfacción. Este hombre a menudo tiene una mentalidad fija, ve a las mujeres como un tipo u otro, sofocado eternamente en su propia condición. El perfeccionismo es también una señal de alerta para este complejo común.

El complejo de Dios puede resultar particularmente molesto para los amantes. Uno de los dos puede considerar que no debe responder ante nadie. Se hace a su manera o no se hace. Estas personas no solo son comúnmente arrogantes hasta el punto de ser insufribles, también son propensas al perfeccionismo y a otros complejos como el complejo virgen/prostituta antes mencionado, creyendo que se lo merecen todo, y todo perfecto. Pero esta persona también puede ser propensa a la infidelidad. Entonces, si tu pareja se inclina hacia un complejo de Dios, mantente en guardia. En realidad, cualquiera de estos complejos comunes probablemente debería ponerte en guardia.

Alguien con un complejo de persecución tiene un miedo irracional a ser odiado, maltratado y perseguido. Este complejo, relacionado con la paranoia, es común entre los que piensan demasiado y aquellos con una imagen negativa de sí mismos. Conduce a estrés crónico, automedicación, un reflejo de pánico exagerado y falta de sueño. Y en las relaciones, una persona con esta condición sospechará del otro, proyectará sus inseguridades en el comportamiento del otro. Muy a menudo, esta persona sospechará que la otra persona ha hecho o podría hacer algo; el mentiroso imagina a todos los demás mintiendo, el ladrón sospechará que tú robas, el tramposo asumirá que tú estás haciendo lo mismo. Esto casi siempre es irrazonable e irracional y puede acabar con una relación tan rápido y con tanta seguridad como cualquier otra cosa.

Los que tienen complejo de mártir dependen del sufrimiento para obtener simpatía y atención. El mártir parece desinteresado, pero la paciencia pronto se convierte en algo tedioso. Aquellos que hablan mucho de sus sacrificios están realmente languideciendo en la autocompasión. A menudo, están poniendo excusas o culpando a otros por la falta de sus propios logros. El mártir nunca se responsabilizará de sí mismo. El que sufre de este complejo suele tener una mentalidad fija, y cree que siempre debe desempeñar ese papel, que es la única manera de salir adelante. Pero a menudo tiene miedo de intentarlo, miedo al fracaso y está atormentado por una falta de confianza en sí mismo y poca confianza en las nociones de cambio o progreso.

Esta persona puede resultar insufrible para su pareja íntima, robando la alegría de su relación para reemplazarla con la culpa y el drama que requiere el complejo de mártir.

El complejo de inferioridad hace que una persona se sienta incapaz de tener éxito o incluso de sobrevivir. Esta persona siente que simplemente no tiene lo necesario y que nunca lo tendrá, que está destinada al fracaso. Y la ley de la profecía autocumplida sugiere que, lamentablemente, tiene razón. Este es un tipo de perfeccionismo puesto de cabeza, llámalo *imperfeccionismo* si quieres. El que sufre este complejo está tan convencido del fracaso, está tan convencido de que el perfeccionismo está tan lejos de él que solo puede ver sus propias imperfecciones, las imperfecciones en su vida y en su futuro.

Las personas que sufren este complejo a menudo sufren depresión, problemas de estilo de vida, y problemas físicos y psicológicos que se extienden por todo el espectro.

La otra cara del complejo de inferioridad es el complejo de superioridad. Esta persona cree que es superior por naturaleza, no inferior. Además de ser perfeccionista, esta persona puede ver todo lo que hace como perfecto. Este complejo es similar al complejo de Dios.

Aquellos con un complejo de culpa se culpan a sí mismos por todo lo que pueda salir mal. Así como los complejos de inferioridad y superioridad están estrechamente asociados, y el complejo de superioridad es un primo cercano del complejo de Dios, el complejo de culpa puede ser difícil de diferenciar del complejo de inferioridad.

El hombre con complejo de Don Juan ve a las mujeres estrictamente como una fuente de placer. Este es un mujeriego sin interés en las relaciones a largo plazo. Estoy seguro de que hay casos de mujeres que sufren este mismo complejo. En realidad, la afección se denomina trastorno hipersexual, a veces llamado adicción al sexo. Estas personas suelen ser emocionalmente distantes, pensadores excesivos y simplemente no son buenos candidatos para una relación monógama.

Por último, está el complejo del héroe, en el que la persona, hombre o mujer, se sitúa en el centro de atención en virtud de sus logros. A menudo, permitiéndose la falsa humildad, la persona con el complejo de héroe se jacta de sus logros (esto es lo que significa el término *humilde alardeo*). Esta persona a menudo tiene una mentalidad fija, ya que se centra en las cualidades del individuo en lugar del resultado final y el bien común. El complejo de héroe no suele ser generoso al compartir el crédito y puede parecer egoísta y de autopromoción, porque lo es. Es probable que la persona con un complejo de héroe no sepa escuchar bien ni sea empática, ya que gran parte de su atención está en sí misma. El complejo de héroe es similar a los complejos de superioridad y de Dios, y en cierto modo al complejo de mártir, que también busca llamar la atención de los demás. De hecho, una mirada más cercana revela que todos estos complejos colocan a la persona en el centro de la acción, desde varios ángulos y de maneras diversas y consistentes.

Cualquiera que sea el complejo o la causa, existe una forma práctica y casi universalmente conocida de llegar al fondo, y eso es algo que debes saber antes de adentrarnos aún más en las causas fundamentales de la comunicación ineficaz en las relaciones.

LOS 5 PORQUÉS

En la década de 1930, el llamado *padre de la revolución industrial japonesa*, y Toyota Industries, necesitaban una forma de hacer que el trabajo en sus fábricas fuera más eficiente. Él desarrolló el ahora famoso sistema de los *5 porqués*. Si algún trabajador se encontrara con un desafío, solo necesitaba preguntar por qué con cinco respuestas consecutivas. Su teoría es que uno nunca está a más de cinco pasos de encontrar la causa raíz de cualquier problema. Luego había que resolver la quinta pregunta.

A continuación, se muestra un ejemplo para facilitar las cosas:

Un trabajador ha llegado tarde al trabajo. La primera pregunta es, "¿Por qué?" Ese es el primer *por qué*.

R (1): "No pude entrar al predio de la fábrica."

P (2): "¿Por qué?"
R (2): "El hombre no quiso abrir la puerta."

P (3): "¿Por qué?"
R (3): "No funcionaba correctamente."

P (4): "¿Por qué?"
R (4): "No se le dio un servicio de mantenimiento de manera adecuada o rápida."

P (5): "¿Por qué?"
R (5): "Porque el país no ha reservado un presupuesto para mantenimiento."

La raíz del problema, reservar dinero del presupuesto para el mantenimiento de las puertas, ahora se puede resolver.

Intentémoslo cuando se trata de algo más contemporáneo y quizás más relevante para ti. Una persona puede preguntarle a otra: "¿Estás molesto, cariño? ¿Por qué?"

R (1): "Estoy deprimido."

P (2): "¿Por qué?"
R (2): "Perdí mi trabajo."

P (3): "¿Por qué?"
R (3): "Mi desempeño era pobre."

P (4): "¿Por qué?"
R (4): "He estado de fiesta últimamente."

P (5): "¿Por qué?"
R (5): "No puedo dejar de beber."

Esta es una técnica asombrosamente efectiva, una que puedes usar en cualquier momento, en el lugar que quieras, y una con la que puedes encontrar la resolución a prácticamente cualquier rompecabezas o dilema. También debería ayudarte a ayudar a tus amigos o socios en crisis.

¿RESPUESTAS EXISTENCIALES?

¿Recuerdas cuando dije que volveríamos al existencialismo? Bueno, aquí estamos. Cualquier filosofía plantea una pregunta: ¿Cuál es la naturaleza del cielo? ¿Cuál es la naturaleza de la humanidad? Cuando se responden estas preguntas, dejan de convertirse en filosofías para convertirse en ciencias (en este caso, astronomía y biología).

Pero la filosofía prominente del siglo XX, el existencialismo, nunca se convertirá en ciencia porque sus preguntas son particulares del individuo: ¿Quién soy yo? ¿Cuál es mi propósito en la vida? Cuando se responden esas preguntas, se pueden asegurar vidas, pero no ciencias. La razón es obvia. A diferencia de la mecánica del Universo o del cuerpo humano, las respuestas a las preguntas existenciales son diferentes para cada persona que pregunta.

El existencialismo nació en el Siglo de las Luces a finales del siglo XIX (*Frankenstein*, de la escritora de la época romántica Mary Shelley es un tomo existencialista temprano). Pero el existencialismo alcanzó la mayoría de edad a mediados del siglo XX como resultado del horror de la Segunda Guerra Mundial. Las crueldades de los campos de concentración alemanes llevaron a muchos a creer que no podría haber un Dios si tales horrores continuaban.

Filósofos existencialistas posteriores, como Kierkegaard, Nietzsche y Sartre, creían que la vida no tenía ningún propósito, por lo que nadie tenía un propósito real. Nacemos, vivimos, tenemos sufrimiento y placer, tal vez nos casamos y procreamos, y morimos. Sin cielo, sin propósito, solo moho adherido a una roca flotando en el frío vacío del espacio.

Unos chicos divertidos.

Pero pocos de nosotros podemos permitirnos ser tan distantes. Tenemos que vivir nuestras vidas ocupadas y encontrar alguna razón para seguir adelante. Pensar que estamos trabajando tan duro por casi nada es más de lo que mucha gente puede soportar. La ansiedad es un síntoma común, al igual que la depresión, el diálogo interno negativo, el pensamiento excesivo y muchos otros comportamientos negativos.

La psicología existencial examina estas conexiones entre la salud mental y la crisis existencial. La investigación en pacientes con una variedad de problemas y trastornos de la personalidad, así como enfermedades terminales como el cáncer, reveló un extraño denominador común. Anhelaban mantener relaciones significativas y verdaderamente enriquecedoras con los demás. En cambio, tendían a utilizar sus relaciones para hacer frente a las ansiedades existenciales.

Las ansiedades existenciales tienden a echar raíces durante la juventud y pueden durar toda la vida. El aislamiento recuerda constantemente a la gente el sufrimiento de que nacieron y morirán solos. Una mentalidad fija y un diálogo interno negativo aseguran al paciente que vivir solo es natural e inevitable. La libertad nos recuerda que estamos desarraigados, desconectados. Los sentimientos de falta de sentido solo se fortalecen con años de búsqueda de un propósito que quizás nunca encontremos simplemente en virtud de nuestra certeza de que el significado y el propósito son ilusorios.

Afortunadamente, ¡tenemos un remedio útil! Usa la técnica de los 5 porqués para alejarte del rompecabezas de la crisis y llegar a la raíz. Usa más de cinco si es necesario, pero si sigues preguntando por qué, que es una pregunta fundamental en el existencialismo, la respuesta simple te llegará poco a poco.

El paciente no puede dormir y tiene ansiedad constante, y el médico pregunta el primer *por qué:*

R (1): "Temo morir solo."

P (2): "¿Por qué?"
R (2): "Porque no puedo encontrar un cónyuge."

P (3): "¿Por qué?"
R (3): "Porque no soy digno de ser amado."

P (4): "¿Por qué?"
R (4): "Porque estoy arruinado."

P (5): "¿Por qué?"
R (5): "Porque la vida no tiene sentido."

¡Y ahí está la solución! Si tu vida no tiene sentido, búscale algún sentido. Sé voluntario en un banco de alimentos y te darás cuenta de que ayudar a los demás es una de las cosas que le da sentido a la vida. Es un trabajo duro y eso te ayudará a dormir, lo que te hará más agradable y te pondrá más en alerta. Y eso te alegrará cuando encuentres a un soltero con ideas afines en el banco de alimentos, que tal vez también estaba buscándole un poco de sentido a su vida.

Mencioné a *Frankenstein* antes, y el mismo plantea un punto interesante. La criatura hace la pregunta existencial de su propia identidad, pero permite que la sociedad lo defina como un monstruo y así se convierte en un monstruo. Él no responde las preguntas existenciales por sí mismo. Pero el existencialismo exige bastante bien que el buscador encuentre una solución antes que la sociedad, o la mente autorrealizada nunca podrá alcanzarse.

Y esto nos lleva a nuestro próximo capítulo, QUIÉN. Puedes pensar que sabes las respuestas a eso, y lo que has aprendido en este libro hasta ahora puede haberte iluminado aún más y enviado a un viaje de autodescubrimiento que cambiará tu vida. ¡Bravo, amigo! Pero conocer la terapia narrativa hará que tu viaje sea mucho más fácil y menos peligroso. Es un avance significativo para casi cualquier persona en crisis mental o emocional, pero es ideal para aplicaciones en el área de las relaciones.

4

QUIÉN; TERAPIA NARRATIVA EN LAS COMUNICACIONES DE PAREJA

Es posible que nunca hayas oído hablar de la terapia narrativa (o cognitiva), ya que es una escuela moderna de tratamiento de salud mental. Utilizo la palabra *narrativa* porque el foco está en la narrativa de la vida de la persona. Las manifestaciones de una persona con respecto a las historias de sus experiencias de vida dan forma a su visión de sí misma en el contexto de esas experiencias, de esa historia, de esa narrativa.

La clave de la terapia narrativa es que las personas tienden a contarse a sí mismas esta historia de sus vidas una y otra vez, reafirmando esa narrativa y su lugar dentro de ella. Es una mentalidad fija que asegura que no es posible ningún cambio.

Las personas pueden verse a sí mismas como unas perdedoras, por ejemplo, después de años de perder cosas importantes en sus vidas: padres, amantes, trabajos, oportunidades. Al responder a la pregunta existencial de identidad y propósito, esta persona ha respondido la pregunta y ha resuelto la respuesta. En su versión de *Frankenstein*, esta persona es la criatura, el desgraciado.

Otros pueden verse a sí mismos como el médico, el joven Víctor. Las mejores intenciones de Víctor crean un conjunto de circunstancias que él mismo no puede controlar. ¿Cuántos de nosotros tenemos ese sentimiento de impotencia, desesperanza, de que fallaremos sin importar lo que hagamos? Esta es una reminiscencia del complejo de mártir y de los complejos de inferioridad y superioridad y, a su manera, también del complejo de Dios.

Algunos pueden verse a sí mismos como la prometida de Víctor, Elizabeth, una víctima de abuso masculino que la ha hecho fea, miserable, digna de muerte.

No es que todo el mundo se vea a sí mismo a través del prisma de esta historia en particular. Todos tienen su propia historia en la que son el personaje central. La gran obra *David Copperfield* de Charles Dickens comienza: *Si llegaré a ser el héroe de mi propia vida, o si esa posición será ocupada por alguien más, estas páginas deben mostrarlo*. A veces somos los villanos de nuestras vidas, a veces los tontos.

Pero este papel no está prescrito, ni siquiera por el patrón de las propias experiencias. Una persona de mente fija tenderá a ver el patrón como determinante del futuro, una visión fatalista que abandona la responsabilidad. Una persona con mentalidad de crecimiento ve la narrativa como algo fluido, el rol sujeto a interpretación, que el fracaso puede conducir al éxito.

En pocas palabras, una persona no solo puede cambiar su papel en el medio de la historia de su vida de tonto a héroe, sino que puede reescribir toda la narrativa para cambiar el personaje desde el principio. Cambiar la narrativa cambia el rol y eso cambia la perspectiva y eso cambia la vida.

Desarrollada por Michael White y David Epston en la década de 1980, la terapia narrativa separa a una persona de su comportamiento. De esta manera una persona que cometió un delito puede identificarse como una persona que cometió un error, no como un delincuente y, por lo tanto, indigno de una vida normal y feliz.

Este modelo terapéutico presenta tres protocolos conceptuales principales. Es respetuoso, trata a los clientes como individuos y no como la suma de sus errores. El enfoque también es de carácter no culpable, se centra en los factores externos y la influencia de las circunstancias y desvía cualquier sentido de culpa o vergüenza contra el cliente. Por último, la terapia narrativa ve al cliente como un experto. En la terapia narrativa, el sujeto llega a las conclusiones a través de una serie de respuestas. El cliente nunca es instruido ni analizado; el mismo es guiado para descubrir estas cosas por sí mismo.

Ahora bien, ¿no se beneficiaría tu próximo conflicto emocional o íntimo con solo ese párrafo? Vale la pena el precio de la admisión. ¡Pero hay más!

La terapia narrativa distingue un individuo que tiene problemas de un individuo que es problemático. Es una diferencia importante, porque una persona con problemas puede corregir esos problemas, se pueden cambiar. El individuo problemático no puede ser cambiado.

Así es como la terapia narrativa mantiene el enfoque en la diferencia entre el problema y la persona.

Nuestras interacciones con los demás impactan la forma en que experimentamos la realidad. Esa realidad se comunica e influye en el lenguaje. En realidad, los diferentes idiomas pueden influir en diferentes interpretaciones de los mismos eventos o experiencias. Las historias y la narrativa nos ayudan a comprender la realidad y nuestro lugar en ella, respondiendo a las preguntas existenciales básicas.

La terapia narrativa se centra en realidades subjetivas. En lugar de una realidad o verdad objetiva, aquí la verdad es interpretativa. Y se acepta que una persona pueda interpretar un evento de una forma y otra persona pueda interpretarlo de otra.

Es similar al posmodernismo, una escuela de pensamiento que sostiene que no hay una verdad objetiva, que la realidad está cambiando, moviéndose, que es un concepto personal en lugar de un conjunto compartido de hechos. Las normas y los hechos tienen su lugar, pero son más influyentes que causales.

Entonces, la terapia narrativa ve a los individuos en un contexto posmoderno. No existe una realidad universal, la verdad pertenece al individuo, que crea su propia realidad. Y, para que nadie sufra el triste destino de la criatura de Frankenstein, esa persona debe construir esa realidad, o permitir el dolor de dejar que alguien más la construya y así sufrir las consecuencias.

La terapia narrativa proporciona estas mismas habilidades para volver a contar una historia.

TÉCNICAS COMUNES DE TERAPIA NARRATIVA

El primer paso es contar la historia armando una narrativa. La terapia busca ayudar al cliente a encontrar su voz para contar su propia historia (o este podrías ser tú). Contar historias es la forma en que una persona puede encontrar significado y propósito a partir de experiencias personales.

La historia puede necesitar orientación a través de preguntas para que la persona descubra por sí misma el significado y la curación para recrear una nueva identidad y remodelar la narrativa. Una narración puede modificarse, invertirse o reescribirse por completo. La interpretación puede crear innumerables narrativas a partir de una sola narración, como vimos con *Frankenstein*.

El segundo paso es la *técnica de externalización*, que separa los problemas cuestionables o incluso los comportamientos en torno al cliente del cliente en sí. El problema no es la persona. Y es más fácil cambiar lo que haces que lo que eres. Entonces, separa ambas cosas y arregla lo que sea más fácil primero. Es más fácil cambiar tu comportamiento que tus sentimientos, ya lo hemos visto. Aquí es lo mismo.

Si te enojas rápidamente, por ejemplo, ese es tu comportamiento. Si te ves a ti mismo como una persona enojada, eso ya es otra cosa. Aprende a no ser tan temperamental, cambia tu comportamiento y cambiarás tu identidad como persona temperamental. Cambia el comportamiento, cambia tu personalidad.

Todo suena muy teórico, pero realmente funciona. Veamos algunas otras técnicas de aplicación de la terapia narrativa, y luego pasaremos al aspecto de comunicación emocional de todo en sí.

La tercera técnica es la *técnica de deconstrucción*, que deconstruye un problema para reducirlo a partes insignificantes. Es otra forma de dividir una gran tarea en tareas más pequeñas, una técnica clásica para una variedad de aplicaciones. También le da a casi cualquier persona la oportunidad de ver el panorama más amplio, como ver el bosque en lugar de los árboles.

La deconstrucción puede reducir la generalización excesiva y hacer que un problema sea más específico y fácil de manejar mientras se aclaran los problemas centrales. Realmente puedes llevarlo al núcleo de casi cualquier problema, y funciona bien si es integrado con la técnica de los 5 porqués, que puede ser útil aquí, como lo es en tantas ocasiones.

La *técnica de resultados únicos* es la forma en la que uno cambia su propia historia. Es una forma de replantear tus experiencias, que no puedes cambiar, en una interpretación diferente, que sí puedes cambiar. Puedes convertir una pesadilla viviente en una historia de supervivencia que afirma la vida, puedes pasar de víctima a héroe, simplemente ajustando la perspectiva aunque sea un poco. Y es más que un simple pensamiento positivo, es cambiar toda la cosmovisión. No es evitar el problema, es reinventarlo.

Y esta técnica también puede incluir múltiples historias para nosotros y para otras personas involucradas en nuestras historias. Recuerda, no hay una verdad objetiva en esta escuela de pensamiento y eso deja mucho espacio para la verdad subjetiva. Y un desastre en una narrativa puede parecer insignificante en otra narrativa, por lo que las posibilidades de este enfoque son amplias, si no infinitas.

Apuesto a que pensaste que el existencialismo sería la última gran técnica de la terapia narrativa. El mismo vuelve a plantear las preguntas de identidad y propósito, permitiendo que el cliente (o tu amigo o tú mismo) cambie de opinión sobre quién es y responda de una manera diferente, una manera que moldeará su vida de manera positiva y no negativa.

Aquí hay un excelente ejercicio de terapia narrativa que tú o cualquier otra persona puede hacer. Puede que sea extremadamente útil y hasta un poco divertido.

Imagina que estás escribiendo la historia de tu vida. Esto te ayudará a separarte de los eventos de tu pasado y te brindará una perspectiva más amplia de esas experiencias y de tu vida en su conjunto. Ahora haz la tabla de contenido: siete capítulos que resumen las principales épocas de tu vida. Luego, crea al menos un subtítulo o una frase que describa de qué trata el capítulo. ¡Puedes usar este libro como ejemplo!

Podrías escribir algo como:

- CAPÍTULO UNO: *Era un llorón* - Les di a mis padres un sinfín de problemas en mis primeros años.
- CAPÍTULO DOS: *Angustia preescolar* - Siempre estaba triste en la escuela, nunca sentí que les agradaba a los otros niños.
- CAPÍTULO TRES: *Demasiado poco elegante para la*

escuela secundaria - Lo mismo, pero fue mucho peor a medida que los niños se volvieron más maduros y mucho más malos también.
- Y así.
- Por último, haz que el último capítulo sea el capítulo de tu futuro, lo que esperas que sea tu nueva narrativa. Debería ser algo como:
- CAPÍTULO OCHO: *Un mañana más brillante* - Las cosas cambiaron cuando comprendí que no soy la persona que pensaba que era.
- CAPÍTULO OCHO: *Triunfo definitivo* - Cuando miré hacia atrás, me di cuenta de que no era una víctima, ¡sino un superviviente!
- CAPÍTULO OCHO: *La tortuga gana la carrera* - Nunca fue fácil, pero nunca me dejé vencer, hasta que finalmente...
- *No* debería ser algo como:
- CAPÍTULO OCHO: *Un final misericordioso* - Finalmente me di por vencido, me arrastré y morí.
- CAPÍTULO OCHO: *Supongo que me lo merecía* - Contraje una enfermedad terrible y morí solo.

Las artes expresivas son la tercera técnica principal de la terapia narrativa. Todos tenemos diferentes formas de expresarnos. Algunas personas son visuales, otras están orientadas al sonido. La pintura y la escultura funcionan de la misma manera, o incluso la danza interpretativa. Esta técnica funciona muy bien con los niños, pero también podría funcionar muy bien con compañeros íntimos, ya que proporciona prácticas divertidas e interactivas. Es bien sabido que el arte tiene energía positiva y varios poderes terapéuticos.

El yoga y la meditación son excelentes actividades compartidas y privadas que pueden ayudar a cualquier persona a redefinirse y cambiar su narrativa.

La visualización es una técnica poderosa. Imagina la nueva narrativa, el nuevo personaje, el nuevo futuro. Escríbelo en tu mente o en un tablero de visión. Esa es otra actividad compartida divertida para dibujar o mantener unida a una pareja. ¡Asegúrate de incluir a tu pareja en tu tablero de visión!

Entonces, ¿cómo se utiliza la terapia narrativa? Intenta estimular respuestas con algunas preguntas como estas: "Parece que este problema podría ser parte de tu vida. ¿Cuánto tiempo has notado que esto viene ocurriendo? ¿Qué efecto tiene en ti y en tu vida? ¿Esto afecta tu energía o te distrae de tus deberes diarios? ¿Esto tiene un impacto en tu vida diaria? ¿Afecta la vida de tu hijo o la de tu pareja?"

Recuerda diferenciar el problema de la persona con preguntas como "¿Aceptas el efecto de este problema? Si es así, ¿por qué? ¿Si no, por qué no? ¿Por qué tomas esa posición?"

Recuerda mantener un avance hacia una nueva narrativa y un nuevo futuro con preguntas como, "¿Qué preferirías? ¿Cómo reorganizarías las cosas si pudieras? ¿Qué crees que podrías hacer para reorganizar estas cosas para que sean como prefieres?"

Por lo tanto, cuando hables con tu pareja íntima, con tu pareja romántica o con cualquiera, siempre puedes iniciar una conversación de este tipo de esta manera (o algo parecido):

"¿Recuerdas la última vez que esto no fue un problema? ¿Cómo se sentía eso? ¿Qué pasó en ese momento, en esos primeros minutos, y qué pasó después de eso?"

Luego pasa del pasado al futuro, hazlo constructivo. *"¿Quieres más momentos como ese? ¿Qué podemos hacer para recrear esas cosas ahora? ¿Cómo te sentirías si hiciéramos esas cosas?"*

Se trata de otro tipo de visualización del futuro, una técnica que ya hemos visto como poderosa y motivadora.

Pero, ¿cómo puedes usar todo esto en tus propias relaciones íntimas? Es realmente más simple de lo que parece. ¿Tu pareja es infiel todo el tiempo? En lugar de acusar o confrontar, adopta las técnicas de terapia narrativa de no culpar y separar a la persona del hecho. Tu pareja no es un infiel en serie, sino una persona que toma la misma mala decisión una y otra vez. ¿Cuáles son las razones de este comportamiento? Quizás existan desencadenantes que puedan evitarse con una ligera alteración del comportamiento. ¿Qué sentimientos inspiran estos comportamientos en tu pareja? ¿Puede tu pareja imaginar un conjunto diferente de circunstancias que podrían crear una inspiración diferente y, por lo tanto, cambiar su propio comportamiento? ¿Te imaginas algo más que pueda darte la misma sensación? ¿Cómo te ves tú o como se ve tu pareja en esa circunstancia, cuando te está siendo infiel? ¿Cómo se ve tu pareja a sí misma? ¿Es así como quiere sentirse? ¿Quiere cambiar la circunstancia para poder sentirse diferente?

El cliente es experto y con la orientación adecuada puede encontrar las respuestas.

Pero es tan importante hacerte a ti mismo estas preguntas como a cualquier otra persona. Puedes estar atrapado en una narrativa que te restringe. Recuerda que en la terapia narrativa no se trata de culpar, sino de aceptar una responsabilidad razonable y estar dispuesto a actuar en consecuencia y hacer los cambios necesarios de manera proactiva.

TERAPIA NARRATIVA Y PAREJAS

Ya hemos visto cómo la terapia narrativa nos permite reconsiderar nuestras historias de vida y nuestros lugares en ese contexto. Nos permite separar a la persona del problema y eso ayuda a aclarar muchos problemas tanto para las personas como para las parejas.

Las parejas tienden a ver sus problemas como parte de su identidad como pareja. Los problemas se interiorizan dentro de la *pareja*, por así decirlo. Una persona puede creer que los problemas en su vida provienen de adentro y son endémicos *("soy un criminal")* en lugar de externos *("soy una persona que ha cometido errores")*. Una persona puede llegar a sentir lo mismo sobre su pareja (*"Somos una mala pareja"* en lugar de *"somos buenas personas con algunos problemas de relación"*).

En la situación de una pareja, se aplican muchas de las mismas técnicas. Los problemas deben externalizarse, separarse de la identidad de los clientes. Incluso los comportamientos deben externalizarse, porque los comportamientos se pueden cambiar.

Algunos comportamientos surgen como resultado de choques de personalidades. Ambas personalidades pueden ser del tipo gerente y se están administrando en exceso entre sí. Uno puede tener un complejo que choca con el complejo del otro. En cualquier caso, esos enfrentamientos pueden externalizarse.

Un truco que cualquiera puede usar es identificar estos problemas y luego llamarlos por un nombre. Puede ser cualquier cosa, desde La Bestia hasta el Príncipe Alberto, realmente no importa. El punto es que esto hace que el problema se separe del cliente.

Las preguntas son vitales para una pareja. Una vez ambos separados de los problemas, deben permanecer unidos como pareja para resolver esos problemas. Pueden preguntar: "¿Cómo podemos cambiar nuestro comportamiento para resolver este problema? ¿Qué tipo de necesidad o deseo estamos viendo?"

La culpa, la crítica, la actitud defensiva y la mentalidad cerrada suelen ser problemas entre parejas, pero la externalización y el cuestionamiento pueden ayudar. Puedes intentar algo como: "¿Está tu ansiedad enraizada en problemas de confianza entre nosotros? ¿Cómo la crítica daña nuestra relación? ¿La culpa está amenazando nuestros sueños compartidos? ¿Deberíamos escucharnos más el uno al otro? "

Ahora que hemos profundizado en el *Qué* de la comunicación entre las parejas, es hora de pasar al Dónde y al Cuándo, ambos cruciales para ser considerados con mayor profundidad.

5

CUÁNDO; RECONOCIENDO EL PUNTO DE CRISIS Y EL PUNTO DE RUPTURA

Cada relación tiene pequeños baches en el camino, cada *vida* los tiene. Entonces, juntar a dos personas para compartir una vida es, en realidad, una cuestión de poner el doble de obstáculos en un solo camino compartido.

Y en cada caso, la persona o la pareja pueden simplemente ignorar estas cosas. Pueden decir: "Claro, bebo un poco" o "A veces tenemos conflictos". Y esas cosas son aceptables con moderación. Pero ¿cuándo estos comportamientos se convierten en un problema que hay que abordar?

Por supuesto, lo mejor es comenzar con una línea de comunicación abierta desde el principio. Es mejor no dejar que se acumulen resentimientos silenciosos, no usar nunca un lenguaje culposo o ser abiertamente confrontativo. Y todos entramos en nuestras relaciones creyendo que este será el caso.

Pero si lo fuera, no estarías leyendo esto ahora mismo.

Es posible que estés a punto de comenzar un nuevo romance y quieras comenzar con buen pie. ¡Excelente! Todo lo que hay en este libro te ayudará. Quizás estás en un período entre relaciones y estás decidido a no caer en los mismos ciclos la próxima vez. ¡También es excelente! Ten una mentalidad de crecimiento y utiliza esta información para avanzar hacia tus éxitos futuros.

También es bastante probable que estés en una relación en este momento y que estés esperando urgentemente poder rescatarla. Excelente. Este libro puede ayudarte a hacer precisamente eso.

Pero, ¿cómo saber si te encuentras en ese punto de crisis? Nadie quiere cumplir el rol de la persona a la que le preocupa tanto tener una mala relación que promulga una profecía autocumplida y termina creando una mala relación a partir de una buena. Por otro lado, si te quedas quieto y ves cómo tu relación se arruina, es tanto tu culpa como la de tu pareja por no haber actuado en su debido momento.

¿Y cuándo *es* eso?

EL PUNTO DE CRISIS

Un abuso de confianza no es algo que puedas ignorar. Puede tratarse de algo importante, como ser infiel, o algo como divulgar un secreto o humillar a tu pareja en público. También podría ser una cuestión de dinero. Una parte confía a otra la custodia de estas cosas, y la violación de esa confianza debe ser tratada.

Por un lado, es un comportamiento muy atroz y no solo continuará, sino que empeorará si se deja sin control. Más dinero desaparecerá, más humillaciones públicas ahuyentarán a parejas y también amigos.

Por otro lado, tales cosas causan un resentimiento profundamente arraigado que seguramente será corrosivo para la relación. Esto no es un bache en el camino, es un sumidero.

Las discusiones frecuentes son una mala señal. Por supuesto, las parejas no están de acuerdo en todo e incluso pueden estallar de vez en cuando. Pero si las discusiones se han convertido en algo habitual, esto debe ser tratado. Si sigues las instrucciones de este libro, por supuesto, nunca más tendrás que volver a discutir. Pero hay que abordar los constantes enfrentamientos. No es saludable y la comunicación no está siendo clara.

De hecho, no tener una comunicación clara en sí misma es una mala señal. El conflicto manifestado no es siempre el problema. A veces, la gente simplemente se apaga y luego se cierra. Cuando se le pregunta, todo está bien. Pero no es así, y solo empeorará. Para complicar esto, algunas personas se cierran, consciente o inconscientemente, porque se están auto-saboteando y creando una profecía autocumplida. Estas personas no se comunican y luego se quejan de que no hay comunicación.

Puede que lo estés haciendo tú mismo o tu pareja. Considera lo que podría estar haciendo uno de ustedes para alentar al otro a seguir este camino destructivo y cómo pueden cambiar su comportamiento para cambiar de rumbo.

Puede que sea una cuestión de que algo anda mal, pero no puedes saber qué es. Eso pasa mucho. Las personas son complicadas y a menudo emocionales hasta el punto de no ser racionales. Generalmente son resistentes al cambio o al compromiso, albergan todo tipo de complejos y exhiben un espectro de comportamientos negativos.

En la línea de la falta de comunicación, puede haber algo que quieras que tu pareja sepa, pero no puedes decidirte a decirlo. Tal vez te preocupe su reacción, tal vez no estés seguro de si tienes razón al mencionar el tema.

Oye, pasa.

¿Has descubierto si es una necesidad o un deseo? ¿Qué tipo de necesidad, qué tipo de deseo? ¿Es un deseo natural o un deseo antinatural? Esas y otras técnicas analíticas de este libro deberían ayudarte a resolverlo. Pero si estás luchando con eso, definitivamente hay un problema de comunicación en algún punto de la línea. Descubrir dónde está ese bloqueo será tu verdadero desafío.

Si uno o ambos se vuelven disfuncionales cuando tienen un conflicto, es un gran problema. Los conflictos surgen, por supuesto. Pero si uno, el otro o ambos comienzan a gritar, beber, tirar cosas, dar portazos y cerrarse, esa disfunción debe abordarse. Probablemente sea un problema más arraigado que el tema de discusión actual.

Las crisis que cambian vidas pueden crear una brecha entre parejas que debe abordarse. La muerte de miembros de la familia, la pérdida de trabajo o carrera, enfermedades, entre otras cosas, pueden llevar a una persona a tener una mentalidad diferente. Una persona que antes tenía una mentalidad de crecimiento puede volverse fija frente al dolor de una pérdida devastadora. Esta persona puede volver a adoptar una mentalidad de crecimiento o mantener la mentalidad fija, eso dependerá de ella. Pero una gran pérdida puede crear cambios sorprendentes en la perspectiva y el comportamiento.

¿Has sufrido tú o tu pareja una pérdida devastadora? Ten esto en cuenta al evaluar su comportamiento o el tuyo. Haz concesiones, pero no permitas que esos cambios se vuelvan permanentes. Las personas a menudo caen en estos patrones si no se corrigen, mientras que otras temen ser reprendidas si no son delicadas durante los momentos de gran pérdida. Es arriesgado, y un error podría hacer de la caída algo fatal.

Si sientes que estás atrapado en patrones de comportamiento dañino o negativo, puede que sea el momento de hablar. ¿Estás encerrado en un ciclo de fiesta que te está agotando? ¿Te encuentras participando en el diálogo interno negativo más de lo que solías hacerlo? Estos patrones tienen todo tipo de ramificaciones y consecuencias y pueden llevarlos a ambos por mal camino, como individuos y como pareja. Eso es algo de lo que deberías hablar.

Si hay una caída severa en tu intimidad emocional, ese es un problema que debe abordarse. Claro, ninguna pareja se queda en el período de luna de miel para siempre, eso es algo bastante justo. Pero también puede haber un abismo repentino que puede abrirse entre dos personas que están en una relación.

Podría deberse a algo físico, como el aumento de peso. Pero puede que no sea porque a uno le repugne el aumento de peso del otro, sino que puede suceder que la persona que está subiendo de peso se sienta repentinamente cohibida y aprensiva. O podría deberse a una atracción por una tercera persona, o a una gran cantidad de cosas. Pero la intimidad emocional es crucial para una relación romántica sana y no es probable que la misma sobreviva sin ella. No dejes que este tema vaya demasiado lejos sin abordarlo.

En la misma línea (y probablemente en conexión directa) puede haber una disminución de la intimidad física. Estas cosas funcionan juntas, y la pérdida de una seguramente conducirá a la pérdida de la otra, y si pierdes las dos, tu relación está en peligro de muerte. La intimidad física, como hemos visto, es lo que hace que una relación íntima sea tan especial. Es eso que reservas solo para tu pareja. Puedes compartir tu encanto o tu experiencia o tu gracia, pero no tu intimidad física. Por eso tiene un valor especial. Por eso la infidelidad es tan dolorosa, porque destruye lo más singular y exclusivo del otro. La cantidad de confianza, cuya importancia ya hemos comentado, es mayor cuando el riesgo es mayor, y la intimidad física implica uno de los mayores riesgos que puede correr un individuo en la sociedad.

Cuando la intimidad física se desvanece, crea inseguridades, sentimientos de rechazo que hace que las personas sean protectoras de su vulnerabilidad para cerrarse aún más. Esa espiral descendente es el punto muerto de cualquier relación íntima.

RECONOCIENDO LOS PUNTOS DE RUPTURA

Estamos aquí para ayudarte a rescatar, administrar o crear una relación íntima. Y vamos a seguir intentándolo. La segunda sección de este libro está repleta de ejercicios y listas de cosas que hacer para vincularte o volver a vincularte con tu pareja o futuras parejas. ¡Puedes divertirte haciendo estos ejercicios solo!

Hablaremos de formas de identificar y abordar los puntos de crisis.

Pero por un momento, tenemos que echar un vistazo a lo que sucede cuando una relación simplemente no funciona. Del mismo modo que debes saber cuándo tomar una posición, cuando es importante esforzarte para salvar una relación, también debes saber cuándo alejarte e invertir tus energías y pasiones en otra parte.

Entonces, pasemos de los puntos de crisis a los puntos de ruptura.

EL PUNTO DE RUPTURA

En primer lugar, si lo has intentado y lo has intentado, has utilizado todas las técnicas de este libro, tal vez incluso hayas ido a terapia y aun así no haya habido un progreso real, tal vez sea el momento de seguir adelante. No se puede colocar una clavija cuadrada en un agujero redondo, por mucho que lo intentes.

Hablamos de parejas abusivas, que crean relaciones abusivas. Hay varios tipos de abuso, incluido el físico, sexual, psicológico y verbal. El ciclo básico del abuso incluye amabilidad, ira, abuso y contrición. Las cosas empiezan bastante bien (amabilidad), luego alguien se resiente y quizás se emborracha (ira), luego se desquita (abuso) y luego suplica perdón (contrición). Una vez perdonadas, estas personas son amistosas por un tiempo, luego se vuelven a enojar, luego abusan y, por supuesto, el estar arrepentidas les da licencia para repetir el ciclo.

Si eres el perpetrador de este ciclo, eres un abusador. Tu pareja no puede ayudarte y lo mejor que puedo hacer es hacerte tomar consciencia de lo que estás haciendo. Busca ayuda seria de un terapeuta. Si eres víctima de este ciclo, sal. Es cierto que este abusador con el que estás puede, en última instancia, encontrar una buena atención y convertirse en una mejor persona, pero es más que probable que no sea el caso. Y no debes pasar tu vida sufriendo bajo el abuso ni debes legitimar el abuso haciendo el papel de víctima. Además, tu partida puede ser lo único que perturbe al abusador lo suficiente como para convencerlo de que obtenga la ayuda que necesita. Por tu bien y el de tu pareja, sal de una relación abusiva tan pronto y tan rápido como puedas.

Si sabes en tu corazón que simplemente la relación no tiene futuro, entonces ¿por qué estás luchando? Si sabes que no quieres casarte con la persona, que nunca tendrás hijos con ella, si sabes que te ama y tú eres simplemente ambivalente, entonces no le haces ningún favor a ninguno de los dos. Solo se están haciendo miserables el uno al otro y están perdiéndose de encontrar mejores relaciones con parejas más adecuadas. Además, cuanto más tiempo te quedas con alguien que sabes que dejarás, más te estás aprovechando de él o ella, explotándolo/a para lo que sea que tenga para ofrecer mientras esperas a que llegue la siguiente persona adecuada. Mirando en retrospectiva, tu pareja seguramente se sentirá engañada y abusada. Como dicen, *cuando lo sabes, tienes que irte.*

Las diferencias de valores y creencias también pueden ser insuperables. Es posible que hayas pensado que esas diferencias religiosas no serían un problema, pero pueden surgir una y otra vez. Algunas personalidades simplemente chocan. Un hippie que abraza a los árboles y un tiburón corporativo pueden simplemente ser una combinación perdida.

Si una persona parece no hacer ningún esfuerzo, o si hace apenas lo mínimo indispensable, entonces este puede ser un problema que no se puede resolver. Tienes que querer una relación, valorarla, ambas partes tienen que hacer esto. Si una de las partes no lo hace, es posible que nunca lo haga. Podría ser que esta persona no puede evitarlo. Algunas personas simplemente no pueden acceder a esa parte de sí mismas. Otros están heridos o simplemente desinteresados. Poco importa. Podría ser que la persona sea narcisista y realmente solo esté interesada en ella misma. No podrás cambiar estas cosas, ni siquiera con las técnicas de este libro. También podría ser, francamente, que no le gustes tanto.

Si tu pareja tiene una adicción, puede que sea hora de rendirte y salir. Las adicciones son señales de alerta de otros complejos graves y trastornos de la personalidad. Las mismas crean un comportamiento inestable y violento. Las adicciones también pueden ser adictivas, y si tú mismo tienes inclinaciones adictivas, puedes terminar cayendo en malos comportamientos que te has esforzado por evitar. Y al igual que con algunas otras cosas que hemos discutido en este capítulo, tu partida puede ser el impulso para que tu pareja obtenga la ayuda profesional que puede necesitar desesperadamente.

Es posible que tu pareja no llegue a ser narcisista, pero también puede ocurrir que se priorice por encima de ti. ¿Siempre están sus amigos durante su tiempo juntos? ¿Siempre hacen las actividades favoritas de él o ella? ¿Sientes que tus intereses son ignorados? Es posible que puedas resolver esto a través de una comunicación clara, pero también podría ser que tu pareja esté inconscientemente tratando de alejarte y terminar la relación de una manera indirecta y pasiva/agresiva. ¿No es mejor tomar una posición y simplemente irte en lugar de ser subvertido?

Hemos hablado de lo importante que es la intimidad física en una relación íntima. Y esto puede evolucionar, puede tener subidas y bajadas. Pero hay algunas cosas que simplemente no se pueden solucionar. Algunas personas simplemente no se sienten atraídas por sus parejas. Lo intentan, pueden convencerse a sí mismas de que efectivamente se sienten atraídas, pero existe una cierta atracción química entre los amantes que no puede ser reemplazada ni fabricada. Uno puede pensar que se acostumbrará al otro, pero no es así como funciona. Es una gran parte de la espiral de muerte de casi cualquier relación.

También está la cuestión del gusto sexual. Entre los amantes de cualquier género o identificación, la sexualidad es una parte compleja de la vida, tanto interna como externa. Y el espectro de fetiches sexuales es vasto y amplio y parece serlo cada día más. Entonces, es realmente posible que dos personas dominantes se hayan encontrado y que una tenga un fetiche o una fantasía que la otra simplemente no puede satisfacer o no satisfará. Es posible que uno mismo tenga deseos que no puede aceptar o expresar. Como hemos visto, no podemos evitar lo que queremos, solo lo que hacemos. Entonces, si la otra persona simplemente no puede darnos lo que queremos, o no podemos dar a nuestra pareja lo que ella quiere, al menos podemos controlar lo que hacemos y simplemente tomar la decisión de irnos.

Los problemas de confianza pueden ser tu perdición. Consideramos la confianza como una señal de alerta para acercarnos unos a otros con miras a una comunicación clara. Pero incluso después de eso, el comportamiento puede continuar. Si una persona es infiel repetidas veces o incluso es un ladrón, entonces tiene problemas profundamente arraigados a los que tú no puedes llegar y a los que tampoco se espera que intentes llegar. Deja que la otra persona se encargue de resolver esto y comienza a practicar un cuidado personal serio.

Si sus familias en común no se llevan bien, eso también podría ser un problema grave. Olvídate de la suegra gruñona y criticona de comedias, aquí el problema recae, por ejemplo, en un niño que rechaza a una pareja. O podrían ser diferencias culturales radicales las que hacen que la interacción familiar sea simplemente imposible.

También podría ser que tu pareja sea un *separador*, un término para una pareja que busca separar a un individuo de su otra familia y amigos. Esto sucede a menudo con personas que tienen dinero o recursos, y lo que busca la pareja es obtener el control de esos recursos. Uno por uno, los miembros de la familia se quedan en el camino. Sus intentos más agresivos son reprendidos más agresivamente. Se interponen demandas. Se firman documentos de poder. Ocurre en muchas familias y realmente no hay forma de detenerlo. Puedes exigir que tu madre y tus hermanos vuelvan a casa, pero los separadores son inteligentes y tratarán de convencerte de que ellos son malos para ti, que solo él o ella está realmente de tu lado. Por supuesto, tu pareja está en un solo lado: el suyo. Aprende a reconocer esta situación desde el principio, y si no puedes evitar que el patrón vuelva a repetirse, toma lo que todavía tienes y vete... o deja a tu pareja en la vereda y dale lo que realmente se merece: nada.

Algunos de los otros comportamientos que hemos mencionado pueden ser más que puntos de crisis y volverse puntos de ruptura. Entre estos están el abuso de confianza, la falta de intimidad física o emocional y la falta de comunicación.

6

DÓNDE; RECONSIDERANDO TU ENTORNO

Ya hemos analizado el impacto que puede tener un entorno en un individuo. El entorno refleja e influye en el estado de ánimo. Es aún más particular con las parejas, porque son dos personas las que se habrían acostumbrado a sus propios entornos. Así como un sindicato es como poner más baches en la misma carretera. Así como aparcar dos coches en un garaje de un solo coche.

Hemos hablado de soluciones para luchar contra las sensaciones de estar saturados o "asfixiados". Las áreas privadas, las salidas nocturnas con amigos e incluso las vacaciones por separado pueden ser una excelente manera de cambiar el entorno para afectar los sentimientos y el comportamiento. La ausencia hace crecer el cariño.

Pero hay mucho más que eso.

Puedes pensar en un apartamento más grande, por ejemplo, si así es como vives. Es posible que el entorno que compartes no se pueda remodelar para hacer más espacio. Mudarse es un gran paso, pero podría ser bueno.

Sin embargo, mudarse puede desencadenar ciertos sentimientos. Es un punto de inflexión importante y puede generar preguntas e inseguridades sobre el futuro. Una gran decisión puede llevar a la mente de cualquiera de los dos a considerar otras opciones, y no son las opciones que mantendrán viva la relación. Si una parte es dueña de la propiedad y la otra, la parte conviviente, quiere vender y comprar otra cosa, pueden surgir complicaciones legales. Esto también puede poner en tela de juicio las perspectivas potencialmente amenazadoras si lo anterior se logra. También puede parecer legalmente invasivo que una persona esté vendiendo la pequeña casa o condominio de la otra, digamos, para gastar ese dinero de la manera que más le convenga. Y si están casados y realmente quieren permanecer juntos y mudarse a una propiedad más grande, es posible que simplemente no puedan hacerlo, siempre dependiendo de la economía, el mercado de inmuebles y las tasas de interés.

Dinero, ¿verdad?

Por lo tanto, es posible que tu entorno no sea tan fácil de cambiar como quisieras. Aun así, esto puede tener un efecto poderoso en tu relación. Si vives en una ciudad estresante, ese estrés seguramente infectará tus interacciones personales. Si tu trabajo requiere que estés en la ciudad y no puedes o simplemente no quieres ir a los suburbios o pasar un año en Ecuador por poco dinero, tus opciones son limitadas.

¿O no?

La oficina o el lugar de trabajo son cuestiones importantes cuando nos referimos al *dónde* de las relaciones románticas.

La mayoría de las personas, en circunstancias normales, pasan un tercio de su día trabajando con otras personas. Es fácil formar amistades e incluso relaciones románticas en esas circunstancias. Las oficinas de Relaciones Humanas de varias empresas están diseñadas para hacer frente a ese hecho común.

¿Cómo puede afectar este entorno tu relación? Si tu relación se creó en el lugar de trabajo, podría tener todo tipo de complicaciones. Si la relación va mal, el crisol de la oficina mantendrá la proximidad estrecha y las tensiones altas. Esta situación podría dar lugar a la pérdida del empleo, el fracaso de la carrera, una espiral descendente que podría resultar fácilmente en depresión, abuso, mala salud, suicidio y muerte. También podría haber ramificaciones legales, demandas por acoso e incluso cosas peores.

Si estás comprometido, casado o en una relación monógama y comienzas a coquetear con alguien en el lugar de trabajo puede haber complicaciones. Incluso si no es así, los celos pueden surgir de presuposiciones.

Los compañeros de trabajo también pueden sentirse ofendidos por un romance en el lugar de trabajo. Se pueden poner en duda los ascensos y pueden aparecer otros resentimientos.

Aun así, estos romances ocurren y no siempre son destructivos. Pero hay que entrar con cautela y razón a esta vertiginosa pasión. Tienes que ser consciente del *dónde* aquí más que en cualquier otro lugar.

Pero no vivimos en el lugar de trabajo.

¿Qué otros entornos pueden crear romance, ya sea deseado o no deseado?

Las visitas familiares son un cambio de ambiente que puede tener una fuerte influencia en una pareja. Ir a la casa de un familiar u otro puede generar problemas de inseguridad y una actitud defensiva. Las familias no siempre comparten el afecto que las parejas demuestran, y cosas como el complejo de Edipo/Electra pueden salir a la superficie. Las disputas estallan bajo esas presiones, al igual que comportamientos de cierre.

Por lo tanto, ten cuidado cuando te encuentres en esos entornos. Asegúrense el uno al otro de que están ahí el uno para el otro, no para el resto. Recuerda al otro y a ti mismo que se aman más de lo que aman a los demás... si es así, claro está. Si no es así, ese es un tema diferente. Después de todo, los novios y las novias pueden ir y venir, pero los hermanos son para toda la vida, eso es cierto. Pero no vives con tus hermanos a tu edad adulta (con suerte) y es muy posible que vivas con tu pareja romántica o cónyuge (con suerte). Ten esto en cuenta y no permitas que un cambio de entorno de tres días dañe una relación de tres años.

Las vacaciones son un gran detonante de la actividad sexual. Y eso tiene sentido, ya que todo lo relacionado con el marketing del turismo y la hostelería está orientado hacia un ideal romántico. Los comerciales de cruceros, complejos turísticos y casinos prometen la perfección romántica. Estamos entrenados para pensar en las grandes vacaciones como indulgencias de libertinaje que cambian la vida (¿Te suena el *spring break?*)

La gente a veces se va de vacaciones románticas para reavivar un romance menguante o para encontrar un nuevo romance rápidamente. Pero la verdad es que ambas cosas son ilusorias.

Mucha gente espera que el romance salve su relación, pero es bastante raro que cualquier problema profundamente arraigado se resuelva en un viaje así. Solo se están dejando de lado los problemas de forma temporal y, en última instancia, no hay solución. Es una tontería.

Y conocer a alguien durante las vacaciones puede ser igualmente traicionero. Estás conociendo a esta persona en un mundo que no es el tuyo. Como sabemos, el entorno influye en nuestro comportamiento. Por lo tanto, si te encuentras con alguien en un entorno extraño, tu comportamiento no será el mismo que en tu entorno normal, que probablemente sea bastante diferente. Si el comportamiento de una persona cambia en proporción a la diferencia en su entorno, entonces su comportamiento normal puede ser radicalmente diferente de su comportamiento en su entorno de vacaciones.

Como dicen, lo que pasa en Las Vegas... se queda en Las Vegas.

Sin embargo, hay espléndidas lunas de miel y viajes encantadores para parejas en todo el mundo, y eso es genial. Viajar es una parte importante de la vida, pero es incluso más importante si se trata de un par de vidas en conjunto.

La gente cae en la rutina, es un hecho. La gente se aburre. Y la variedad es la sal de la vida. Los viajes juntos brindan esa variedad, tanto de lugar como de experiencia. Estos aspectos pueden refrescar el interés de una pareja en su mundo y en el otro. Cambiar el entorno puede cambiar el comportamiento, es casi seguro que ocurra. Y estos viajes pueden sacar a relucir aspectos fascinantes de uno u otro que habían sido olvidados o no habían sido descubiertos en lo absoluto.

Las citas nocturnas son una buena manera de cambiar el ambiente para refrescar o revitalizar una relación. Carecen del escapismo de unas vacaciones (que mucha gente no puede permitirse de todos modos), pero aun así dan a dos personas la oportunidad de interconectarse a nivel personal. Es un pequeño viaje fuera de casa, un cambio de aires, una oportunidad para dejar de lado las revueltas del día y dejarse mimar y servir un poco. Los acontecimientos recientes han hecho de este un regalo aún más raro que antes, pero, incluso en circunstancias normales, una buena cena fuera y tal vez un poco de baile es un lujo que la mayoría de la gente pasa por alto en su detrimento.

Las citas nocturnas también tienen el beneficio adicional de recordarles a ambos los días pasados, cuando el amor era fresco y emocionante. Uno puede llegar a ver al otro bajo esa luz vieja y olvidada.

¡No te olvides de bailar! Bailar es un ejercicio erótico. Es liberador. Es el ejercicio de una mentalidad de crecimiento que no se preocupa por el juicio de los demás. Bailar emociona a ambas partes, soltando sus inhibiciones y dejando que su yo instintivo y primordial se haga cargo. Es más fácil dejar de lado el pensamiento excesivo y el diálogo interno negativo cuando la música se te mete en el cuerpo. Con esas luces intermitentes, con todas esas caderas y torsos balanceándose en la pista de baile, encontrarás que esta es una buena manera de volver a conectar en un nivel básico. Y, por supuesto, el medio ambiente es crucial para el efecto.

Lo mismo sucedería, por cierto, en un elegante salón de baile, en un estudio de tango o bailando en un soleado campo de margaritas. De hecho, todos los escenarios serían geniales.

La religión ofrece a las parejas (e individuos y familias también) un nuevo entorno que puede tener un impacto tremendo en las interrelaciones. Sin favorecer a ninguna religión en particular, ya que no es necesario, las actividades comunales y espirituales de cualquier institución religiosa pueden tener beneficios de gran alcance.

Ya hemos mencionado el voluntariado en un banco de alimentos como una buena forma de aumentar tu autoestima y encontrar satisfacción más allá de alimentar tus propios deseos. Deseas ayudar a alguien más, ¿verdad? Bueno, eso nos lleva a tu iglesia local u otra institución. Esta es una forma de cambiar tu entorno para cambiar tus pensamientos y comportamiento. Si introduces algo de espiritualidad en tu vida de pareja, podrías distraerte de tus propios agravios. No hay nada como escuchar sobre el sufrimiento de otros (Jesús, Elías, Mahoma, Buda, Gandhi) para poner nuestro propio sufrimiento en perspectiva.

Y, como la meditación nos da algo más en lo que enfocarnos, también lo hace la religión, al menos una hora a la semana cuando no estás pensando en las presiones del trabajo o del hogar.

Las religiones de todo tipo también tienden a promover los principios de la pareja en sí: lealtad y honestidad y pura pasión, las señas de identidad de la antigua estructura familiar de cualquier religión antigua.

Primero, veremos algo sobre el entorno, el *dónde*. Los lugares de culto, cualquiera que sea su orientación, son entornos diferentes a nuestros hogares, nuestros lugares de trabajo o incluso nuestros centros recreativos. Son lujosos y ornamentados, adornados con vidrieras o mosaicos. Tienen poder, dan una sensación de serenidad y poseen una presencia empoderadora e intimidante. Y están diseñados de esa manera. Siempre ha sido así. Desde el santuario islámico La Cúpula de la Roca hasta el Muro de los Lamentos y la Basílica de la Natividad en Belén, y desde la iglesia o sinagoga de tu vecindario hasta tu mezquita o templo budista local, estos lugares están diseñados para inspirar calma y abrir la mente y el corazón a los mensajes de verdadera trascendencia.

Las instituciones religiosas también ofrecen apoyo con nuevos amigos que tienen ideas afines y que han soportado desafíos similares. Podría ser una gran ventaja disfrutar de la tutoría de otras personas cuya orientación podría marcar la diferencia. Estos lugares también están llenos de niños y su entusiasmo y alegría juvenil, siempre una influencia positiva en una pareja joven, casada o no.

Hay muchas organizaciones religiosas diferentes, una que se adapta a cada visión del mundo. Si estás interesado en la historia bíblica pero tienes una mentalidad demasiado secular para abrazar los aspectos místicos de la tradición bíblica, está bien. Vale la pena conocer la sabiduría que se encuentra en los dos Testamentos, sean cuales sean tus sentimientos. Si crees en la Palabra pero has perdido la fe en la Iglesia y en los hombres y mujeres falibles que dirigen las iglesias que funcionan en Su nombre, entonces sigue tu propio camino. No hay un camino prescrito que debas seguir. La religión está ahí para ti hasta que decidas que estás ahí para ella.

Cualquiera que sea su perspectiva religiosa, ambos pueden encontrar lo que buscan en una simple asistencia. Al menos hará que dejen de pensar en lo enojados que están el uno con el otro y tal vez en las razones por las cuales lo están. Por lo menos es una actividad nueva y divertida.

Y si te sientes incómodo con eso, algo que puede suceder, considera nuestra otra idea del voluntariado discutida anteriormente. Eso puede ponerlos a ambos en otras interacciones más temporales con varias instituciones. ¿Quién sabe? Quizá puedan ampliar su círculo social, lo que puede introducir nuevas y vigorizantes inspiraciones que mantendrán felices a ambas partes, o iluminar a cada uno sobre las presiones que enfrenta el otro. Además, ambos tendrán la ventaja de haber ayudado a otros, lo cual es una inspiración que arde internamente y que pueden llevar a donde quiera que vayan.

Y mientras estemos hablando del *dónde*, echemos un vistazo más de cerca a los lugares a los que ir, las cosas que hacer, las formas de revivir tu romance y mantenerlo fuerte o las formas de hacer que ese nuevo romance comience bien. Hemos hecho nuestra tarea. Ahora, en la segunda sección del libro, ¡salgamos a jugar!

SECCIÓN 2 EL CÓMO, QUÉ Y DÓNDE DE MANTENER UNA RELACIÓN SÓLIDA

CÓMO HACERLO, QUÉ ESTÁS HACIENDO Y DÓNDE FUNCIONARÁ MEJOR

7

LAS CLASES ACERCAN A LAS PAREJAS

Pasas mucho tiempo con tu pareja. Y aunque se sintieron atraídos a través de una serie de divertidas mini-aventuras conocidas como citas, probablemente se hayan asentado un poco en la rutina. Es bastante fácil dejar que suceda, y hay muchas buenas razones para ello. Nuestras ajetreadas vidas son exigentes y a menudo requieren dos trabajos o largas horas en casa. El dinero es escaso y las citas no son baratas. También es fácil razonar que la fase de cortejo de la relación ha terminado, y toda esa energía naturalmente va a otra parte.

Pero es fundamental que sus vidas sean divertidas. Trabajar demasiado duro y durante demasiado tiempo ha demostrado tener efectos sobre la salud física y mental. Conduce a una sensación de agotamiento, aislamiento, depresión, pensamiento excesivo, perfeccionismo, mala alimentación y malos hábitos de sueño e, incluso, puede llevar a la muerte prematura.

Y es importante divertirse juntos, embarcarse en actividades que los atraigan y los mantengan unidos. Entonces, aunque las vacaciones separadas tienen su lugar, no hablaremos de eso en este capítulo.

Las vacaciones juntos también pueden ser geniales, una forma clásica de vincularse y crear recuerdos que ambos pueden atesorar. Pero las vacaciones también pueden fallarte en este esfuerzo, así que echemos un vistazo rápido a eso.

Definitivamente deberían tomarse unas vacaciones juntos, no me malinterpretes. Pero no pueden tomarse unas vacaciones todas las semanas, y además estamos buscando cosas que puedan hacer con más regularidad. Tienes suerte de tener dos semanas al año de vacaciones. Además, como hemos visto, las personas no son las mismas cuando están de vacaciones, y eso puede ser algo bueno. O puede que no. Las vacaciones pueden ser estresantes para una relación si las cosas van mal o los espacios se vuelven demasiado estrechos. Si tu relación está teniendo problemas, es una apuesta arriesgada pensar que unas vacaciones corregirán esas cosas, a menos que estés en un retiro para parejas de algún tipo.

Aceptemos que las vacaciones tienen su lugar, pero no realmente en esta sección. Echemos un vistazo a algunas cosas que pueden hacer en su vida diaria, cosas que los unirán.

Tomar una clase juntos es una excelente manera de pasar un rato divertido juntos y acercarse. Hay un número ilimitado de clases disponibles en la universidad o centro comunitario de tu localidad. Es posible que hayas conocido a tu pareja en una clase de algún tipo, y eso podría generar buenos recuerdos. Esto podría recordarles intereses compartidos o hacerles notar intereses en común que no sabían que tenían. También pueden descubrir talentos que no sabían que tenían.

El yoga es una excelente manera de pasar tiempo juntos y además tiene grandes beneficios para la salud. Cualquier clase de ejercicio tendría los mismos beneficios. También está la carga física con la que te irás, toda esa testosterona y endorfinas que necesitarán ser liberadas (y al mismo tiempo, también).

Meditar juntos tendrá muchos beneficios físicos y mentales, aunque meditar es un esfuerzo más individual. A menos que se concentren únicamente el uno en el otro, la meditación puede no ser la elección perfecta para una actividad conjunta. Sin embargo, tiene grandes beneficios, y hacerlo juntos ciertamente no vendría mal. Simplemente no es una actividad tan interactiva.

Podrías pensar en una clase de artes marciales. Esto es interactivo y está impregnado de filosofías calmantes que seguramente influirán en tu relación personal. Cada uno de ustedes tendrá un compañero de práctica, una fuente de apoyo, y les dará el mismo impulso físico que un entrenamiento vigoroso. También obtendrás los beneficios de toda esa sabiduría y la capacidad de defenderte a ti mismo o a tu pareja en caso de que sea necesario.

Las clases de masajes son una manera increíble de pasar tiempo juntos. Es una actividad conjunta que crea un enfoque mutuo y es vigorizante físicamente. Y el masaje tiene el mismo beneficio que algunas de estas otras clases, y además involucra la intimidad necesaria. Estás tocando partes del cuerpo del otro que la mayoría nunca toca (y probablemente ni siquiera ve). Estás tocando profundamente, creando sensaciones que atraviesan el cuerpo y llegan a la mente. Estás trayendo calma y sanación. Es prácticamente un tipo de juego previo (y muy a menudo acaba siéndolo). También aprenderás mucho sobre el cuerpo humano, que es un tema fascinante. Por lo tanto, tu cerebro estará excitado incluso cuando lo que proyectas es relajación y calma. Podrás usar tus nuevas habilidades con tu familia y amigos, y serás la persona más popular en la sala. Si tu jefe tiene una torcedura en el cuello, el masaje incluso puede ayudarte en tu carrera. Es fantástico practicar en casa y pensar en lo bien que se siente recibir todos esos masajes.

Podrías considerar una clase de idioma. Cada uno de ustedes tendrá un compañero de práctica listo y ambos obtendrán todos los beneficios de aprender un nuevo idioma. Esto estimula el cerebro, agudiza tus procesos de pensamiento y estimula las sinapsis. Aprender un segundo idioma también puede ser muy bueno para tu carrera profesional. Ser bilingüe te hace mucho más valioso en muchas industrias. Podría ser justo lo que necesitas para esa promoción que has estado esperando y por la que has estado trabajando.

Las clases de baile son muy populares entre las parejas, y por una buena razón. Incluyen un ejercicio vigoroso, fomentan el trabajo en equipo y ponen la atención de los bailarines entre sí. Las clases de baile pueden ser muy divertidas y no tienes que ser bueno para disfrutarlas. Pero puedes descubrir un talento que no sabías que tenías. Ser un buen bailarín infunde confianza y cierto estilo personal. Los hombres y las mujeres que saben bailar se comportan de manera diferente.

También hay clases para todos los estilos: tango, flamenco, baile de salón, swing, baile en línea, baile moderno, tap. El baile también tiene connotaciones muy sexuales, ya que las caderas se balancean y los hombros se mueven. Podría ser justo lo que necesitan como pareja para mantener las cosas íntimas de manera frecuente.

Algunas parejas disfrutan de la esgrima como pasatiempo. Es una actividad físicamente vigorosa, requiere coordinación de las manos y los ojos y atrae la atención de uno hacia el otro. Tiene la ventaja competitiva del deporte de la misma manera que los demás, y es algo bonito de lo que hablar en las fiestas. El tenis, el racquetball e incluso el ping pong tendrían los mismos efectos positivos. El tenis puede ser un poco intenso para las articulaciones, pero el ping pong es bastante inofensivo. No sé si puedes tomar clases de ping pong de la misma manera que puedes tomar lecciones de tenis, pero aun así existe la posibilidad de comprar una mesa de ping pong y comenzar a jugar. Es divertido y entretenido y les dará tiempo para enfocarse positivamente el uno en el otro.

Las clases de arte siempre son divertidas. Pintar o dibujar son actividades calmantes que, como la meditación, desvían la atención del clamor de la vida. Las mentes creativas son más activas. La creatividad es uno de los signos de una persona autorrealizada y una mentalidad de crecimiento, que es una faceta clave de una persona de éxito.

Pero también es una actividad que puedes compartir físicamente. Coloquen sus caballetes uno al lado del otro, apoyen el trabajo del otro, aprendan el uno del otro. Ambos están trabajando hacia el mismo objetivo: pasar tiempo sin pelear ni quejarse. Puedes descubrir un talento oculto o perfeccionar antiguas habilidades. Si eres hábil con un pincel o un bolígrafo, puedes presumir ante tu pareja, impresionarla de nuevo, como lo hiciste cuando se conocieron. Simplemente eso puede ser muy útil.

Además, pintar es un gran ejercicio en el establecimiento de objetivos para lograr un objetivo final. Y tendrás la satisfacción no solo de haber logrado un objetivo (pintar un cuadro) sino que tendrás la satisfacción de haber creado una obra de arte. El arte tiene una tremenda energía positiva, al igual que su creación. Compartir esa energía positiva puede ser bueno para cualquier relación.

Hablando de clases de arte, la cerámica o la escultura pueden ser un gran pasatiempo. La arcilla es resbaladiza, flexible y táctil. ¿Recuerdas la película *Ghost*, verdad? Si no es así, ve a YouTube y busca *Ghost cerámica* y entenderás de qué hablo.

Las clases de cocina son una forma fantástica de pasar tiempo juntos. Es algo que requiere trabajo en equipo, preparación y creatividad. Cocinar apela a todos los sentidos: tocar la comida, saborear, oler, escuchar el chisporroteo y el crujido, apreciar los colores y la presentación. Es un gran ejercicio para dividir una gran tarea en pequeñas tareas, cada una de ellas con su propia pequeña recompensa en el camino hacia la satisfacción de la comida final.

También puedes comer la comida, lo cual representa una satisfacción en sí misma. Puedes practicar felizmente en casa, y toda esa proximidad, combinada con las delicias sensuales de las artes culinarias, es famosa por su romanticismo. Innumerables películas han utilizado una escena de cocina para llevar a los personajes a la cama... o a la mesa del comedor.

Las lecciones de cocina también tienen otros beneficios. La comida preparada es más higiénica y saludable. Perderás peso y te verás mejor, y eso tendrá beneficios para la salud física y mental. Tendrás más confianza. La gente reaccionará más positivamente hacia ti. Podrás controlar exactamente lo que entra en tu comida, podrás asegurarte de que esté hecha de la manera que te gusta. Cocinar es una habilidad importante pero lamentablemente descuidada en nuestro mundo de comida rápida.

Luego también pueden limpiar juntos, y eso les dará más tiempo para dedicar a un objetivo común.

Las clases de actuación pueden ser una forma divertida de estar juntos en un ambiente positivo. Actuar es un esfuerzo de equipo, pero también un logro personal, y puede ser bastante emocionante. Tú y tu pareja pueden asumir diferentes identidades, utilizando la externalización y otras técnicas de la terapia narrativa. Es una buena forma de abandonar las inhibiciones. Es una excelente manera de expresarte sin sentirte vulnerable (una vez que superes tu nerviosismo inicial). Y dado que no eres tú mismo y no son precisamente tus palabras, es posible que puedas expresar las verdades reales de tu vida de esta manera. De eso se trata la buena ficción.

Las clases de improvisación tienen los mismos efectos positivos y por la misma razón. La improvisación hace que reacciones de forma rápida y efectiva a los eventos, y eso estimula el cerebro y lo mantiene alerta. Está bien si no eres tan bueno, además, no estás solo en el escenario, así que siempre tendrás apoyo (ese es uno de los principios de la improvisación). Y las clases de improvisación están por todas partes, por lo que no será difícil encontrarlas. Tampoco serán costosas.

Las clases de stand-up también son comunes. A menos que estés haciendo un acto doble, trabajarás solo. Pero si ambos lo hacen, estarán allí para apoyarse mutuamente, podrán guiarse mutuamente y trabajar juntos en el material (algo que no se puede hacer con la improvisación).

Pueden intentar una clase de escritura. Escribir también es una actividad bastante aislada, pero con frecuencia la realizan dos personas. Yo he colaborado varias veces con excelentes resultados. Y la práctica a menudo fortaleció mi relación con mis colaboradores. Escribir es un desafío, requiere dividir una gran tarea en hitos más pequeños, es un esfuerzo de equipo. Es algo para lo que puedes establecer un cronograma. Es una actividad que puede llevar tanto tiempo como sea razonablemente posible. Pueden escribir ficción o no ficción en cualquiera de los innumerables subgéneros. Pueden escribir cualquier cosa que les guste.

O pueden tomar la misma clase pero escribir diferentes proyectos, cada uno leyendo el del otro para obtener orientación y apoyo. A veces, dar notas a un escritor puede resultar complicado. Pero es una excelente manera de aplicar algunos de los ejercicios y técnicas de comunicación que has aprendido en este libro.

Las clases de poesía también son una excelente manera de pasar tiempo juntos. La poesía es famosa por su romanticismo y por una buena razón. Puede ser un tema fascinante, el cual está lleno de historia y figuras coloridas. Es una tarea reflexiva y meditativa, y puede permitirles expresar las cosas de formas que antes resultaban imposibles.

Las clases de coctelería siempre son divertidas para las parejas. Aprenderán a preparar las bebidas más populares, lo que los convertirá en las almas de la fiesta (pero tengan cuidado de no quedarse atrapados detrás de la barra). Es divertido practicar juntos, ¡incluso si no beben! Las clases de coctelería son fáciles de encontrar y bastante económicas, y no se necesita mucho arte o equipos deportivos. Pero por favor... sean responsables.

Quizás les interese un curso de mejoras para el hogar. Incluso si no son del tipo de bricolaje en general, el mismo puede volver a conectar a una pareja con su hogar, algo muy importante para una psique estable y una vida feliz. Podrían adquirir habilidades que les permitan ahorrar mucho dinero en el futuro. Y puede que creen una bonita mesa o un especiero.

Quizás una clase de Kama Sutra es lo que necesitan. El antiguo texto indio es una obra maestra sobre erotismo, sexualidad y satisfacción emocional. El libro es famoso por sus muchas posiciones sexuales, y eso por sí solo podría devolverle el impulso a la relación. Incluso si son buenos como pareja, ¡las cosas podrían mejorar aún más!

En este sentido, las clases de sexo tántrico están hechas a medida para amantes. Tendrás (con suerte) un compañero de práctica listo, aprenderás cosas increíbles que nunca creíste posibles y quizás acabes convirtiéndote en una superestrella sexual. Existen numerosas técnicas, trucos y aspectos de esta antigua escuela de pensamiento sexual que solo recientemente se ha dado a conocer entre la gente común.

Las clases son geniales y tienen muchos beneficios. ¡Pero también hay otras formas! Echemos un vistazo más de cerca a otras actividades divertidas para parejas.

8

VACACIONES PERFECTAS PARA PAREJAS

Repasamos por qué las vacaciones no eran la mejor manera de mejorar la comunicación en tu relación. Pero las vacaciones tienen su lugar, como hemos visto. Y algunas vacaciones pueden acercarlos más a ti y a tu pareja en lugar de simplemente prevenir sus problemas persistentes. Echemos un vistazo.

Primero, visitemos algunas de las ciudades más románticas de los Estados Unidos, que muchos de nosotros llamamos hogar. De hecho, ¡echemos un vistazo a los lugares a los que realmente llamaste hogar!

Podrían considerar ir a la ciudad natal del otro. Conocer a sus viejos amigos, ver antiguos lugares que solía frecuentar. ¡Comparte lo tuyo! Seguramente les dará a ambos información sobre el pasado del otro, lo que puede explicar mucho acerca de por qué los problemas que han surgido todavía persisten. Y la nostalgia es una fuerza poderosa para los sentimientos positivos. Cada vez que están juntos y el sentimiento es positivo, es un buen momento. Además, tal vez haya pasado un tiempo desde que regresaste, viste a la vieja pandilla, mostraste a tu increíble pareja. ¿Qué podría ser mejor que eso?

Quizás Las Vegas, Nevada, que sigue siendo una de las ciudades más glamorosas del mundo. Está repleta de cosas divertidas para hacer, lugares para comer, hoteles para visitar. Es un lugar hecho para parejas. Las luces y los sonidos están diseñados para deslumbrar, y el lugar rezuma sexualidad a cada paso. Desde las coristas hasta las estrellas del pop, el lugar seguramente será una bendición para tu libido. ¡Pero no sigas buscando demasiado! Las Vegas puede proporcionar tentaciones que no querrás que te entusiasmen. Conoce tus límites y tus desencadenantes. Si el juego de apuestas es un problema para ustedes, tal vez sería mejor que no lo probaran. De otra forma, pueden volar desde cualquier lugar del país y hospedarse en algunos de los complejos turísticos más lujosos y reconocidos del mundo. Es realmente bastante asequible si no apuestas, ¡y aún más asequible si sabes apostar bien!

La ciudad de Nueva York también es espectacular para los amantes. Está impregnada de leyendas y tradiciones, un lugar donde se dice que los sueños se hacen realidad. Es la personificación viva y palpitante del sueño americano, y el solo hecho de estar allí resulta estimulante.

Claro, la gran manzana puede ser intimidante, pero está repleta de grandes hoteles y algunos de los mejores restaurantes del mundo. Y Manhattan tiene delicias durante todo el año. Primavera en Central Park. Navidad en la Quinta Avenida. Otoño en la parte alta de la ciudad. Veranos frente al río Hudson. Realmente no hay otra ciudad estadounidense como esta, y la misma puede inspirarlos a alcanzar nuevas profundidades de entendimiento mutuo.

Los espectáculos de Broadway y los museos son formas estupendas de pasar tiempo juntos mientras amplían sus horizontes. Los museos también son una excelente manera de pasar tiempo juntos una vez que hayan vuelto a casa, y aunque es posible que no haya tantos espectáculos como en Broadway, probablemente encuentren algún teatro comunitario.

El Parque Nacional de Yosemite, en California, es hermoso y aislado, encantador y relajante. Si escalas, otra actividad que comparten muchas parejas, este es el lugar para ti. Pero para otros gustos, también está la increíble vida salvaje, la frondosa forestación y, por supuesto, la gran pared rocosa, *El Capitán*. Senderismo, esquí, ciclismo, hay todo tipo de actividades divertidas para parejas. Es el sueño de un fotógrafo, y la fotografía es otra excelente manera de acercarse unos a los otros. La fotografía incluye creatividad y también es una actividad física. Aunque es una experiencia personal, se puede compartir fácilmente. Cuando cada uno apoya al otro, el cerebro y el cuerpo se activan. El enfoque no está necesariamente en el otro, pero es una práctica meditativa que proporciona una gran satisfacción personal. Y con la fotografía digital, la actividad se vuelve mucho más asequible que nunca, y te sorprenderán los resultados que puedes obtener.

El Parque Nacional Yellowstone de Wyoming cuenta con más de 2 millones de acres de hermosa vida silvestre y los famosos géiseres Steamboat y Old Faithful. El Lake Yellowstone Hotel & Cabañas es el hotel más antiguo de cualquier parque nacional y cuenta con una vista impresionante del lago.

¿Dónde más pueden realizar un safari en busca de grandes manadas de bisontes y posibles avistamientos de alces, lobos grises y berrendos? Hablamos de Cody, una ciudad fronteriza que te lleva a una época diferente, a cuando la ciudad misma fue fundada por Buffalo Bill Cody.

Es posible que Santa Fe, Nuevo México, no esté en tu lista de lugares excelentes, pero es realmente genial para las parejas. No solo los cielos y los paisajes desérticos son impresionantes, sino que la ciudad también es un enclave de artistas. El lugar está repleto de galerías con impresionantes pinturas, figuras de cerámica y esculturas. Hay muchos restaurantes de primer nivel y también una sala de teatro comunitaria.

¡No te pierdas la misteriosa escalera de caracol de la Capilla Loretto y el Museo Georgia O'Keeffe!

Savannah, Georgia, es un sitio encantador; el musgo español cuelga de viejos robles, las plazas son históricas y hay mansiones señoriales. El clima es cálido todo el año y los restaurantes y discotecas se encuentran entre los mejores del país. El Parque Forsyth, la Calle del Río Savannah y un tour de fantasmas hacen de Savannah una excursión divertida y romántica al sur de Estados Unidos.

A diferencia de las islas y ciudades más populares de Hawái, Molokai ofrece un ritmo lento y una sensación menos turística. Llamada la isla amigable, Molokai le da a cualquier pareja tiempo para reconectarse en el esplendor de los trópicos sin estar abarrotada de turistas y mega-resorts. Una caminata por el valle de Halawa. Hospedaje en el Hotel

Molokai. Canotaje. Recolectar flores para hacer un collar artesanal. Es todo tan romántico como parece.

Con sus altísimos acantilados, escarpadas cuevas, cascadas y frondosos bosques, Hocking Hills, ubicado en Ohio, sigue siendo uno de los principales destinos del medio oeste estadounidense. La cascada Old Man y la cueva Ash son lugares destacados del Parque Estatal Hocking Hills y son muy divertidos para las parejas. Puedes lanzarte en tirolina por las copas de los árboles de Hocking Hills sobre el río Hocking, descender por los acantilados y disfrutar del acogedor lujo del Inn & Spa at Cedar Falls.

Snowmass, Colorado, es una hermosa alternativa a Aspen, que es más concurrido y turístico. Es una ciudad turística pequeña y pintoresca, con poca gente y bastante acogedora. Con 300 días de sol y un festival de globos en el verano, es una manera colorida y divertida de disfrutar de la compañía del otro.

Big Sur, en California, tiene algunas de las vistas costeras más hermosas del mundo, con muchos pueblos pequeños y pintorescos que son perfectos para los amantes. El parque estatal Julia Pfeiffer Burns cuenta con la cascada más fotografiada del *estado dorado. Treebones Resort* es rústico y hermoso, ¡y el *Instituto Eselan* ofrece talleres para parejas!

San Francisco, California, es una de las grandes ciudades románticas, con su hermosa bahía, los tranvías y el famoso muelle. Vale la pena saborear los deliciosos cangrejos, ver las increíbles colinas y disfrutar de las mañanas brumosas. Cayo Hueso, Florida, es un sitio caluroso y tropical, con todo tipo de actividades de navegación y pesca y algunas de las mejores rutas en bicicleta de todo el estado. Está impregnado de historia y tradición, famoso por figuras legendarias, desde Jean Lefitte hasta Ernest Hemingway.

El centro histórico de Charleston, Carolina del Sur, ofrece mansiones históricas, calles adoquinadas y el dulce aroma de las magnolias en el aire. Ofrece clases de yoga para cabras (sí, lo leíste bien), las coloridas casas de Rainbow Row y el Roble del Ángel de 500 años. No olvides Shell Island para pasar un rato divertido buscando conchas marinas juntos. Son recuerdos maravillosos, bonitos y geniales, y la búsqueda es una excelente manera de pasar tiempo juntos.

Un viaje a Lancaster, Pensilvania, es como retroceder en el tiempo y le da a cualquier pareja la oportunidad de comprar muebles únicos, alfombras y colchas famosas de los Amish. Su comida es rica y abundante, y hay muchas actividades divertidas para forjar recuerdos mientras aprenden más el uno del otro. También pueden probar recolectar manzanas en Maine, o en cualquier otro estado, y aprender cómo se hacen los pasteles y las salsas. Es bucólico y estacional, y estarán rodeados de los colores y olores del cambio de estación.

Un viaje a un viñedo es una excelente manera de que una pareja se aleje de todo. Hay mucha degustación de vinos, buena comida, un ambiente encantador y un entorno hogareño. ¡También son lugares muy populares para bodas!

Esto nos lleva al concepto relativamente nuevo de agroturismo. Esta es la noción de vacacionar en granjas en funcionamiento, por ejemplo. Participas en varias actividades típicas del lugar, aprendiendo las habilidades y tradiciones, ya sea elaborar la mesa o procesar tabaco. El agroturismo se extiende por todo el mundo y puede llevarlos a Israel, Ecuador, Costa Rica, Europa, África, entre otros.

Y hablando de viajar por todo el mundo, si tienes un poco más de dinero (tal vez más que un poquito) o si eres astuto en el momento de conseguir buenas ofertas de viaje, realmente hay lugares increíblemente románticos a los que ir.

París, Francia, se encuentra entre las ciudades más románticas del mundo. La famosa *ciudad de las luces* ofrece una experiencia increíble tras otra. Pueden ir al museo de arte más grande del mundo (El Louvre) y visitar lugares increíbles como Notre Dame, el Arco de Triunfo, la Torre Eiffel. Las compras de primer nivel en los Campos Elíseos, los increíbles restaurantes y las sinuosas calles adoquinadas hacen de París una visita indispensable para los amantes.

Venecia, Italia, cuenta con canales y paseos en góndola que personifican el pináculo romántico de la Bella Italia. Los edificios antiguos y la increíble comida hacen que un viaje a Venecia sea una experiencia increíble que realmente no se puede replicar en ningún otro lugar del mundo. Los monumentos góticos, la Plaza de San Marcos y Murano, la región de cristal soplado de Venecia, garantizan una estancia inolvidable.

Santorini es considerada la joya de las islas griegas, con edificios blancos, acantilados irregulares y aguas azules del mar Egeo.

Krabi, Tailandia, ofrece increíbles aguas azules y comida deliciosa y asequible. Tailandia se ha convertido en el patio de recreo de los ricos, con Krabi considerada la más romántica de sus muchas playas. Krabi es popular entre los veinteañeros, lo que puede ser perfecto para ti, o quizás no tanto. Pero las formaciones de piedra caliza, los manglares, los cantos rodados y una variedad de maravillas naturales resultarán atractivos para cualquiera. Paseos en bote, snorkel y resorts de cinco estrellas hacen de este uno de los destinos más románticos que existen.

La reserva privada Sabi Sands, ubicada en Sudáfrica, ofrece a las parejas la oportunidad de ver un mundo que probablemente solo podrían imaginar. Encuentren un leopardo en un árbol o un diamante en bruto, o simplemente redescúbranse uno al otro. Un auténtico safari africano está en la lista de deseos de muchas personas, y ver toda esa majestuosa vida silvestre en su hábitat natural puede ser una experiencia que les cambie la vida a ambos. Seguramente hay pocas cosas que nos puedan dar la sensación de ser intrépidos y aventureros. Eso sí, sin armas, por favor. Toma una foto, deja una vida.

El lago Laurel en Berkshires, Nueva Inglaterra, es un sitio hermoso y tranquilo donde la niebla se adhiere al agua. El comienzo del invierno o incluso el otoño son las mejores épocas del año para estar allí, cuando las hojas están llenas de tonos amarillos, rojos y púrpuras. Ningún lugar en el mundo es igual. Acogedores B&B, desayunos grandes y hogareños con waffles y sirope caseros hacen de este lugar un sueño para aquellos a los que les gusta acurrucarse.

En el Océano Índico, las Maldivas se componen de 26 micro-islas agrupadas. Aquí pueden nadar, bucear, pasear en bote, surfear y ver las vistas increíbles y playas espectaculares. Es uno de los lugares de luna de miel más bellos y deseados del mundo. Cuando vayan, asegúrense de pasar el día en Malé, la capital, para caminar por la calle principal, Majeedhee Magu.

La isla de Maui, Hawái, es mucho más conocida que las Maldivas y está un poco más concurrida. Pero cuenta con sitios increíbles y muchas cosas para que disfruten las parejas, incluida la playa Kaanapali, la autopista Hana, el Parque Nacional Haleakala y las piscinas en 'Ohe'o (también conocidas como las Siete Piscinas Sagradas).

La costa italiana de Amalfi tiene vistas al mar Tirreno; acantilados afilados y villas en las laderas hacen de esta una región impresionante. El clima templado convierte a este sitio en un gran destino durante todo el año, y los pueblos pesqueros y las playas son casi tan acogedores y enriquecedores como los propios italianos.

De vuelta en los Estados Unidos, Aspen, Colorado, ha sido durante mucho tiempo la joya invernal de la *jet set*. Es la ciudad del esquí por excelencia. Esas hermosas montañas y complejos turísticos se han ganado toda su reputación. El pintoresco centro de la ciudad cuenta con exclusivos restaurantes, boutiques e incluso un teatro de ópera de 1889. ¡Y nada mejor que un jacuzzi al aire libre con tu pareja, especialmente en el invierno nevado!

Puede que Santiago, Chile, no se te haya ocurrido al pensar en escapadas románticas, pero eso es parte de lo que lo hace tan especial. Aunque no es lo único. Puedes apreciar la Fuente de Neptuno en el Cerro Santa Lucía, la vista de la Cordillera de los Andes, una gran ciudad y la costa chilena. La increíble Plaza de Armas y la Catedral Metropolitana son experiencias únicas. También se puede hacer senderismo en verano y esquí en invierno.

Mientras estamos en América del Sur, Quito, en Ecuador, es la puerta de entrada a la selva amazónica, una visita obligada para cualquiera.

Encontrarán exuberantes selvas, ríos llenos de pirañas, serpientes y caimanes, aves exóticas y monos en los árboles. Los pueblos indígenas son acogedores y comparten el conocimiento y la sabiduría de sus tradiciones. Báñense bajo una cascada, disfruten de increíbles frutas y carnes locales. Son unas vacaciones que seguramente perdurarán en el corazón y la mente de cualquier pareja. Y es un sitio tan hermoso y memorable que realmente hay que compartirlo.

Esto, de hecho, nos lleva a retiros de parejas, combinaciones de vacaciones y terapia. Aquí están algunos de los mejores.

El Centro de Northampton para Terapia de Parejas (NCCT) cuenta con un equipo in situ con licencia completa que se dedica a la consejería de parejas. Es el único lugar en los Estados Unidos que cuenta con esto. Es conocido por una variedad de métodos de restauración, incluido el modelo PEX-T de Brent Atkinson, Método Gottman a la Terapia Centrada en las Emociones. No es barato, pero es importante tener en cuenta que ninguno de estos lugares lo es. Pero si es lo que consideran adecuado, puede que valga la pena la inversión. Todos estos retiros cuestan unos pocos miles de dólares al día o más, y eso puede incluir viajes o no. Es en parte asesoramiento y en parte vacaciones románticas.

Sedona Soul Adventures en Sedona, Arizona, se trata tanto de asesoramiento como de renovación y avivamiento en una experiencia espiritual y personalizable.

México, Texas, Utah y California ofrecen el Retiro Matrimonial Life. El mismo cuenta con los principios de perspectiva, compromiso, perdón, responsabilidad y confianza. Estos retiros están diseñados para matrimonios en crisis y ofrecen un enfoque práctico durante un retiro de cuatro días.

Sonoma, California, ofrece el Retiro Sanador Para Parejas, que combina entrenamiento práctico e intervenciones basadas en la investigación. El mismo ofrece un retiro grupal compartido y asesoramiento privado individual.

La hermosa Carolina del Norte ofrece el Rescate Matrimonial en Huntersville, el cual es un retiro de consejería centrado en el cristianismo. Ofrece retiros de 3 o 4 días y seis meses de soporte telefónico de seguimiento. Sus programas son completamente privados, que es lo que prefieren muchas parejas.

La Academia de Rescate de Relaciones de Kokomo, Indiana, trabaja con parejas a través de un increíble curso de seis meses en tres días que son aún más increíbles, y todas las sesiones son completamente privadas.

El famoso Campo de Entrenamiento Matrimonial sirve tanto para parejas no casadas como para parejas casadas, y es perfecto para preparar y educar a la pareja para el matrimonio. También atiende a parejas casadas en crisis.

Asegúrense de evitar retiros que adopten una postura neutral. No van allí para adoptar una postura neutral. Necesitan ayuda y están pagando por ella. Encuentren una práctica que evite problemas controvertidos. No se trata de pelear, se trata de *no* pelear, ¿verdad?

Su retiro matrimonial de elección debe respetar sus límites personales como individuos. Seleccionen un retiro que honre sus metas personales para su relación. No querrán quedar atrapados en un enfoque sencillo, y eso puede ser común entre los retiros que no tienen sesiones privadas e incluso algunos que sí las tienen. Ustedes son individuos y como pareja son únicos, y deben asegurarse de que el retiro que elijan lo entienda.

Asegúrense de que los enfoques se prueben mediante investigación. Hay muchos retiros improvisados que les quitarán su dinero y no les darán nada más que palabras huecas. Querrán un lugar con un enfoque práctico.

Intenten elegir un lugar que ofrezca una atención de seguimiento práctica. Puede que tengan un gran éxito en su retiro, pero las semanas y meses siguientes serán cruciales. Sin seguimiento, pueden volver a sus viejos hábitos y perder todo el avance que habían ganado juntos.

Ahora que hemos analizado las vacaciones y los retiros, echemos un vistazo más de cerca a las cosas que pueden hacer en su vecindario. No son actividades tan comprometidas como una clase ni tan intensas como unas vacaciones o un retiro. Sin embargo, incluyen todo tipo de cosas divertidas que son perfectas para parejas, en crisis o no.

9

ACTIVIDADES DIVERTIDAS PARA MANTENER FRESCA LA RELACIÓN

Lo importante es mantener tus comunicaciones abiertas y tu relación viva. Vale más prevenir que lamentar, dicen. Por lo tanto, es vital disfrutar de la vida de forma continua. Es importante porque es muy fácil permitir que se acumulen las cosas negativas como las presiones del tiempo, las dudas sobre uno mismo, los resentimientos persistentes. Y con nuestras apretadas agendas, las cosas recreativas, como las que vamos a ver a continuación, suelen ser las primeras que se quedan en el camino. Muchos de nosotros tenemos tantas responsabilidades para con los demás que descuidamos las responsabilidades que tenemos para con nosotros mismos. Pero tenemos que ser conscientes sobre cómo pasamos nuestras horas, nuestros días, nuestras semanas.

Y si se han encontrado con algunos problemas que se han ido acumulando, estas son buenas formas de acercarse el uno al otro y aclarar esas fallas de comunicación. Básicamente, todas las opciones son muy asequibles, creativas y se ha demostrado que funcionan. Se pueden hacer repetidamente, en combinación, y definitivamente no debes detenerte en solo una. ¡Échales un vistazo!

Podrías pensar en tener un día sin tecnología. Te sorprendería saber cuánta tecnología domina tu vida. Entre tu teléfono inteligente, tu computadora y la televisión, las pantallas están en todas partes. Y con Internet, hay infinitas distracciones entre tú y tu pareja. Además, toda esa luz antinatural es mala para los ojos; estar sentado frente a una computadora durante demasiado tiempo puede producirte un coágulo de sangre, y ver demasiada televisión puede causar depresión, letargo, aumento de peso y malos hábitos de sueño. Entonces, apaga esos aparatos por un día. Y no es que tengas que ir a un parque de atracciones como alternativa. Tengan un día de limpieza de la casa, otra gran actividad para hacer en pareja, como ya hemos visto. Disfruten de la tranquilidad de la casa. Tengan una pequeña charla. Salgan a caminar. Hagan algo de jardinería. Lean un libro el uno al otro, que les dará la oportunidad de escuchar sus voces en un contexto positivo, envuelto en emocionantes palabras de romance o aventura. Así, podrán vivir una aventura ficticia sin salir de casa. O simplemente tomen una siesta. O hagan cualquier cosa que no incluya tecnología. Te sentirás renovado, créeme, y además tu casa estará limpia.

Hacer planes para el futuro es una buena manera de acercarse, porque toda la naturaleza de algo así se basa en la idea de que ambos todavía están comprometidos. También es una excelente manera de utilizar el método Pomodoro de dividir un gran objetivo en partes más pequeñas y alcanzables. Esas pequeñas victorias aumentarán su confianza como pareja, al igual que en una búsqueda individual o en equipo. Es posible que estén ahorrando para su boda, por ejemplo, lo que significa hacer un cronograma y un horario, hacer depósitos en la cuenta de ahorros que tienen juntos, buscar ubicaciones, entre otras cosas. Es divertido y constructivo y los mantiene caminando por el mismo sendero en la misma dirección.

Un masaje en pareja es una gran idea, justo como unas mini-mini-vacaciones. Se acostarán juntos y serán mimados, disfrutarán de la sensualidad de un masaje profundo en la espalda, se deleitarán con un baño de barro uno al lado del otro. Es algo relajante, rejuvenecedor y refrescante. Es más que una cita, es un momento para pasar juntos, y está garantizado que será un momento positivo que hará que ambos se sientan bien. Eso es lo que necesitas para lograr y mantener una comunicación clara y mantener alejada esa negatividad oculta.

Ir a una cita doble siempre es divertido, y es algo que quizá estemos haciendo cada vez menos. Es agradable volver a ver a los amigos y ver a nuestras parejas conectarse con otros. La vinculación con los demás ayuda a una pareja a vincularse entre sí. Otras personas pueden sacar a relucir cosas de tu pareja que has olvidado, como una pequeña risa, el movimiento de un hombro, un ingenio sorprendentemente rápido. Su romance defectuoso, visto objetivamente, puede que luzca más positivo de lo que parece desde una perspectiva subjetiva. Mirar las estrellas puede parecer una forma antigua de pasar la noche, y lo es. Quizás esto sea así porque nuestras ciudades y pueblos son cada vez más grandes y están en gran parte iluminados, lo que palidece la luz de las estrellas desde abajo. Pero siempre hay alguna azotea o un lugar tranquilo en una ladera en algún lugar fuera de la ciudad. Busca en Internet un buen lugar. Es algo realmente relajante y romántico. Desde que la humanidad miró hacia arriba por primera vez, estaba contemplando las estrellas. Es el lugar de nacimiento de toda la filosofía, y la astronomía es la madre de todas las ciencias. Nada puede hacer que una persona se sienta tan reflexiva como mirar a las estrellas. Y cuando hay una lluvia de meteoritos o algo como una luna de sangre, es una vista realmente espectacular.

A su vez, ver la puesta de sol juntos también es una experiencia tranquilizadora y de unión, y que pueden hacer todos los días si quieren. A menudo, no hay nada más impresionante que una hermosa puesta de sol, cuando todos esos colores surcan el cielo y cambian ante tus propios ojos. Es casi una meditación, y es una experiencia que compartes con tu pareja.

Algunas parejas se escriben cartas en vivo. Puede sonar cursi, pero es muy romántico. Y seamos realistas, hay algunas cosas que son difíciles de decir. Escribir esas cosas las saca hacia afuera y les da un poder adicional. Esas palabras se pueden leer y releer, profundizando cada vez más. También son detalles bonitos y podrían funcionar como poderosos recordatorios de su amor en tiempos de conflicto o crisis.

O podrían jugar al Twister desnudos. Lo sé, también suena cursi, pero al igual que una noche de juegos en parejas, es diversión buena y limpia. Bueno, quizá no tan limpia, pero tal vez no te hayas dado cuenta de que cuando el juego salió originalmente fue atacado por algunos grupos conservadores por ser abiertamente sexual.

A no ser que te guste mucho moverte, quizá quieras dejar el Twister en la estantería para la noche de juegos en parejas. Sin embargo, es una excelente manera de vincularse con amigos y entre sí. Obtienes todos los beneficios de una cita doble mientras obtienes el estímulo de la actividad en pareja. Las charadas u otros juegos de participación de este tipo (como el Pictionary) siempre son geniales, y una búsqueda rápida en Internet te proporcionará muchos de estos juegos para pasar la noche. Los juegos basados en las trivias son perfectos para la noche de juegos en parejas, al igual que los juegos de rol de misterio de asesinatos.

Ver una nueva serie o tener un maratón de películas siempre es divertido. Pasarán un día tumbados en la cama o en el sofá, con comidas reconfortantes y cócteles, y todas las comodidades del hogar. Hay toneladas de contenido relacionado con esto. Pero elige ese contenido sabiamente. Los clásicos, los romances y los thrillers sensuales pueden ser buenas opciones, pero evita los dramas como *¿Quién teme a Virginia Woolf?*

A algunas parejas les gusta hacer un álbum de recortes, que es una forma divertida y entrañable de pasar tiempo juntos. Es algo creativo, mantiene el enfoque el uno en el otro y los ayuda a visualizar su relación, lo que le da a la actividad su propio poder especial. Este álbum de recortes, al igual que las cartas de amor, puede ser útil más adelante cuando surjan dudas y sospechas. Unos pocos momentos nostálgicos con el álbum de recortes podrían ser justo lo que tú o tu pareja necesitan para recordar lo bueno de la relación.

Luego tengan sexo en cada habitación de su casa. No todo en el mismo día necesariamente (pero es algo en lo que pensar). Podrían convertirlo en un desafío personal para cumplir en el transcurso de un mes determinado (febrero, quizás). Tampoco se lo digas a tu pareja, simplemente deja que suceda. Después de una comida particularmente romántica en el comedor, quita los platos de la mesa y háganlo. Una noche después de lavar los platos, háganlo contra el frigorífico. La sala de estar es un lugar donde es fácil maniobrar, y la ducha está allí mismo en el baño. Simplemente háganlo. La espontaneidad está destinada a emocionar, el cambio de ambiente tiene un gran impacto en el acto (como hemos visto) y seguramente eliminará cualquier rutina sexual en la que hayan caído.

Hacer un dúo de karaoke es muy divertido, algo que las parejas hacen todo el tiempo. Pueden ir a un sitio donde haya karaoke y cantar torpemente *Summer Nights* o *Islands in the Stream* o *Up Where We Belong*, o simplemente pueden practicarlo en casa y derrotar a sus amigos y compañeros de trabajo. Es una actividad de práctica divertida, porque pueden realizarla en casa, mientras cocinan o limpian. Simplemente descarga una pista de karaoke de Internet, colócala en tu teléfono inteligente y reprodúcela en cualquier lugar. Puede que seas mejor cantante de lo que crees. El karaoke es una buena actividad en pareja de todos modos. Una persona está ahí para apoyar a la otra, y podrán expresarse sin presión. También hay alcohol, si eso es lo tuyo, y a menudo estos bares de karaoke sirven comida. Es como una cita, una noche de juegos y una actuación musical, todo en uno.

Muchas parejas hacen *sexting*. Esto, por supuesto, es hablar sucio a través del celular o u otro medio. Imagina que estás sentado en una reunión de la sala de juntas o en una clase y tu pareja te interrumpe con una sugerencia traviesa, la cual devuelves de inmediato. Tiene un cierto atractivo voyerista. Es un pequeño secreto sucio. ¿Qué tan divertido es esto? Algunas personas envían fotografías de desnudos, a menudo muy de cerca, de determinadas partes del cuerpo, pero no podemos recomendar que hagas esto. Puede ocurrir que las fotos vuelvan a atormentarte a ti o a tu pareja en un futuro. Esto no quiere decir que no esté buenísimo... De hecho, lo está. Pero no podemos recomendarlo.

Haz un logo que represente a su relación y déjalo en pequeñas notas o cuando firmes tus cartas de amor. Podría ser una combinación de sus primeras iniciales. Mi hermano Eric y su esposa Christine tienen una, una *c* minúscula que se convierte en una *e* minúscula. Ellos llevan este logo tatuado en el cuerpo de cada uno. De momento, recomiendo las notas Post-It, pero bueno, tú haz lo que prefieras.

Crear una nueva tradición es bueno, porque se basa en la idea de que ambos estarán involucrados en ella a largo plazo, que están construyendo un futuro juntos. Pueden tomar cualquiera de estas actividades divertidas y realizarlas de forma regular y ¡boom! Es una tradición. ¿Cantar los domingos? Tradición. ¿Noche de juegos el primer sábado del mes? Tradición. Esto les da algo que esperar, un objetivo que pueden lograr juntos.

Por tonto que parezca, jugar una partida de minigolf es una manera fantástica de reconectarse y mantenerse conectados. No hay presión y, como en el karaoke, cuanto peor lo hagas, más te divertirás. Es una actividad vistosa, divertida y barata, y realmente pueden devolverlos a días pasados, días frívolos e infantiles, más allá de las presiones y el estrés del mundo.

Algunos bares tendrán noches de trivia en lugar de karaoke, y eso también es genial. Juegas con cada pregunta, trabajas en equipo y pones a prueba tu ingenio contra los demás, lo cual los une. Aprenderás mucho y es posible que sepas más de lo que crees. Si tienes la cabeza llena de datos, ¡ésta es una buena manera de recordarle a tu pareja lo inteligente que eres!

Mencionamos los parques de atracciones, los cuales son perfectos para volver a conectar. Lo más probable es que hayan ido al menos a un parque de atracciones cuando estaban saliendo, y volver a ir les devolverá el sabor de ese período de luna de miel. Las atracciones son emocionantes. Toda la experiencia es interesante en todos los sentidos. Sus cerebros estarán emocionados por los colores y las figuras y formas que los rodean. Todo inspira alegría, y estarán rodeados de niños sonrientes y padres orgullosos, lo que puede ayudarlos a visualizar su propio futuro. Si hay una noria, súbanse y bésense en la parte superior. Es un momento digno de una postal. Si tienen la suerte de tener fuegos artificiales de fondo, estarán en el cielo.

Los bolos son una gran recreación para parejas. Es una actividad física y de apoyo mutuo pero individual al mismo tiempo. Es una actividad un poco competitiva. Da tiempo para sentarse, charlar, comer y beber. Y suele haber mesas de billar cerca, otra actividad divertida para parejas.

El bingo es fantástico para parejas. Juegas en equipo contra los demás, por lo que es una experiencia de unión. Es estimulante mentalmente sin ser demasiado desafiante. Hay un aspecto competitivo generado por la emoción y la prisa del juego y, a veces, ¡incluso puedes ganar!

Pueden encontrarlo en su bolera local y, de hecho, con sistemas automatizados en grandes pantallas de televisión.

Montar a caballo en la playa es genial si tienes una playa cerca. Es una actividad sacada directamente de una novela romántica, y es como una escapada tropical que en realidad no está más lejos que la playa más cercana. Si no tienes una, un paseo por el desierto es igual de espectacular a su manera.

Hacer un viaje por carretera espontáneo es una gran idea. Sé que ya hemos mencionado las vacaciones, pero esta opción es más como una escapada de fin de semana. La clave es hacerlo en el impulso del momento. O puede que primero planifiques un poco y luego se te ocurra de forma improvisada (por lo que sabe tu pareja). De cualquier manera, piensa en subir al auto y partir. Un viaje por carretera es divertido y aventurero, y hay muchos B&B y lugares para quedarse, solo para cambiar de ambiente y cambiar de ritmo. Es la espontaneidad lo que le da fuerza.

Vayan a un concierto de rock o a un gran espectáculo. Que sea una noche glamorosa, con una cena agradable y ropa elegante. Vayan al teatro por la noche, o a una sinfonía, o a la ópera. O diviértanse con Paul McCartney la próxima vez que vaya a su ciudad. Un gran espectáculo es algo especial, eso lo convierte en una noche especial, y eso hace que cada miembro de la pareja se sienta especial, hace que la *pareja* sea especial.

Tengan sexo en algún lugar exótico. Por supuesto, no les sugerimos que infrinjan ninguna ley. Pero una noche erótica en un lugar como Las Vegas tiene su propio encanto. Podrían pertenecer al famoso

Mile High Club. Para unirse a este club exclusivo, deben tener sexo en un avión (y eso es todo lo que tienen que hacer). Generalmente, una pareja irá a un baño determinado por separado, tendrá relaciones sexuales y luego saldrá de uno en uno. Supongo que otros pueden alquilar un avión solo para tener sexo en la cabina principal mientras vuelan por ahí. De cualquier manera, esta no es la excursión más económica, pero podría valer la pena. Sea como sea, un vuelo de Burbank en Los Ángeles a Las Vegas cuesta solo cien dólares de ida y vuelta, por lo que son dos sesiones por doscientos dólares, no mucho más que una habitación de hotel. Y pueden comer en Las Vegas antes de volar de regreso, refrescarse y reponer sus electrolitos.

Pueden intentar hacer el amor mientras hacen puenting, pero no estoy seguro de poder recomendarles esto. Sin embargo, la gran B es popular entre las parejas. Es algo que pueden hacer juntos, es estimulante y el subidón de energía que genera seguramente tendrá un gran impacto en ambos.

Los taxis "atractivos" son una forma encantadora de reconectarse y permanecer cerca. Un caballo los lleva en carreta a través de Central Park o algún lugar similar. La conversación fluye a medida que los sitios pasan. Es como entrar en una era diferente, una de encanto y romance.

Acampar es siempre algo divertido y hay lugares para acampar cerca de casi todas las grandes ciudades o suburbios. Volver a la naturaleza es refrescante, un cambio drástico de entorno. Apreciarán la tranquilidad del bosque o el desierto o el mar, el crepitar de un fuego y el sabor de la comida. Si están cerca de una fuente termal, están frente a una gran bendición. Los dejará empoderados de formas que nunca imaginaron, eso lo puedo asegurar.

Hablando de eso, mientras están en casa, pasen un rato acurrucados junto a la chimenea. El fuego es fascinante, cálido, colorido y reconfortante. ¿Qué es más romántico que un cacao junto al fuego, una buena copa de brandy caliente o un ron caliente con mantequilla, ambos acurrucados y arropados? Esto invoca un sentimiento hogareño y cariñoso: el hogar, la familia, el amor.

¿Alguna vez has pensado en recrear su primera cita? Puedes preparar la actividad con antelación y sorprender a tu pareja. Llévalo/a al mismo lugar, coman las mismas cosas, vayan al mismo cine o regresen a casa para ver la misma película que vieron juntos la primera vez. El poder de la nostalgia será asombroso, pero también mostrará cuánto recuerdas esa primera noche, cuánto piensas en tu pareja y tu relación, y lo valioso que es todo para ti. Eso hará que la relación en sí y tú sean más importantes para tu pareja.

Hacer un rompecabezas puede ser divertido. Es una actividad abierta en la que realmente no puedes registrar el tiempo. Pero pueden pasar mucho tiempo juntos trabajando hacia un objetivo compartido. Y tendrán la satisfacción de haberlo terminado y haberlo hecho juntos. Y tendrán una imagen genial digna de enmarcar. Les servirá como un recordatorio de lo que pueden hacer cuando trabajan codo con codo, creando algo hermoso a pesar de los muchos pequeños desafíos.

Y, por supuesto, está el clásico desayuno en la cama. Sorprende a tu pareja levantándote temprano, y exhibe todos los colores, formas y olores de un desayuno caliente preparado y presentado con mucho cariño. Y haz suficiente como para ti para que puedas subirte a la cama y disfrutarlo también. Al fin y al cabo, todas estas actividades son para que las compartan ambos. Y hablando de actividades que deben compartir, pasemos al siguiente capítulo. ¿De verdad necesitas que lo diga?

SEXO Y COMUNICACIÓN Y CÓMO UNIRLO TODO

Ya hemos establecido lo importante que es el sexo para una relación íntima. Es la expresión más íntima de nuestros pensamientos y deseos, refleja todo lo que somos y muy a menudo todo lo que escondemos. A menudo es algo memorable, aunque no siempre por las razones correctas. Es la manifestación de nuestro impulso por reproducirnos. Está en el centro mismo de nuestro ser, en nuestros miedos y deseos. Reverbera a través de nuestros órganos, sangre y genitales. Está en nuestra superficie, en nuestra piel, cabello y ropa, rostros y modas. Está en todo lo que vemos y en todo lo que nos venden. Es la medida de nuestro éxito y fracaso, más allá del mero dinero y poder. Estamos obsesionados con eso porque estamos entrenados para estarlo.

Las personas entre 18 y 29 años tienen la mayor cantidad de sexo según estudios recientes, teniendo sexo aproximadamente 112 veces al año, o aproximadamente dos veces por semana. Después de los 30, el número parece descender a unas 86 veces al año. Después de los 40, es poco menos de 70 veces. Pero eso no significa que no quieras tener sexo, tengas la edad que tengas. Porque seamos realistas, cuando es increíble, es *increíble*.

Y ningún libro sobre relaciones estaría completo sin una mirada al sexo. Se han escrito volúmenes sobre el tema. Hay volúmenes sobre la psicología del sexo, los fundamentos de ciertos fetiches y formas de introducir esas cosas en tu vida. Entonces, no hay ninguna razón real para discutir el trasfondo psicológico del gusto por el bondage o los fetiches de juegos de roles o cualquiera de esas cosas. Ese es un libro diferente para una época diferente.

Pero hay algunas cosas que son independientes de lo que sea que tú o tu pareja puedan o no hacer. No se trata de llegar al fondo de por qué te gusta lo que te gusta. Como hemos visto, realmente no puedes controlar lo que te gusta, solo lo que haces. Entonces, si te gusta usar una nariz roja de payaso, úsala.

De lo que estamos hablando aquí es de una forma de abordar el sexo que se centra en la comunicación entre parejas. Al fin y al cabo, con nariz de payaso o uniforme de enfermera o lo que sea, el sexo puede convertirse a menudo en una experiencia muy aislada y aislante. A pesar de estar tan cerca físicamente como pueden estarlo dos personas, a pesar de estar más cerca emocionalmente que con cualquier otra persona, a menudo somos poco más que dos personas que se abofetean en la oscuridad. Incluso en ese momento tan íntimo, a menudo estamos solos en nuestros propios pensamientos, en nuestro propio mundo. Cerramos los ojos, nos retraemos, interactuando solo físicamente.

Entonces, echemos un vistazo a algunas de las prácticas que podemos llevar a cabo en el dormitorio y que se basan en una comunicación clara y la acentúan. También puedes estar a punto de aprender las técnicas sexuales más potentes que jamás hayas conocido.

HABLAR SUCIO

Hablar sucio es probablemente la forma más clara y básica de comunicación sexual. Puede tomar la forma de sexting, como hemos visto, o sexo telefónico, que fue bastante popular hace solo unos años y no hay ninguna razón por la que no debería ser aún más popular ahora con la naturaleza omnipresente de los teléfonos inteligentes en nuestras vidas. El *Facetiming* es probablemente el futuro de esa práctica, pero bueno, todo lo que une y mantiene unidas a las personas es algo bueno.

Pero ahora vamos a ver el hablar sucio en persona. Implica escuchar la voz, la de tu pareja y la tuya. Se trata de dar poder a tus sentimientos al hablarlos. Se trata de la fuerza que brota de un lenguaje que no usarías de otra manera. Porque lo primero que debes saber es que hablar sucio es sucio. No es algo ruidoso, no es cruel, pero tampoco es cortés. Al hablar sucio, estás abandonando la cortesía, estás desechando tus inhibiciones. Estás comunicando tus deseos más profundos, tu yo más verdadero. Estás declarando. Te vuelves exigente a tu manera.

Y debido a que ese lenguaje es tan antisocial, lleva consigo la emoción de la rebelión, del desenfreno. Cuando hablas de esa manera, no hablas como si fueras un ser civilizado y tampoco le hablas al ser civilizado de tu pareja. Se están hablando el uno al otro de la forma en que solo ustedes dos podrían hacerlo. Si un camarero o un compañero de trabajo le dijera algo sucio a tu esposa, estarías furioso y (con suerte) ella también. Pero esto es algo privado, como el sexo en sí, algo que se reserva solo para el otro.

También tiene una tendencia a resaltar los aspectos más primarios de nuestra naturaleza, esa parte que rechaza las normas de la sociedad y está dispuesta a hacer cualquier cosa, en cualquier lugar.

Sé lo que dije.

La charla sucia no tiene por qué limitarse al dormitorio. La próxima vez que estés en la noche de juegos de parejas o incluso en la casa de los padres de tu pareja, intenta ponerte del lado de él o ella, inclinándote y susurrando algo como: "Quiero ___ con tanta fuerza en este momento. Quiero llevarte al baño aquí y ahora". Entonces simplemente aléjate. Porque no estás exigiendo hacerlo, simplemente estás poniendo el pensamiento en su imaginación. Entonces tu pareja también lo pensará. ¡Y no podrá pensar en nada más! Es posible que simplemente te haga a un lado y haga que eso suceda, aunque probablemente permanecerás tan callado como puedas en ese caso. Sin embargo, esa represión del sonido, esa falta de comunicación, es una emoción poderosa en sí misma.

Pero vayamos al dormitorio. Nada es tan poderoso como hablar sucio en el dormitorio. Esto sucede porque muy a menudo nos replegamos a nuestros propios mundos. Los hombres pueden estar haciendo matemáticas o empleando otras técnicas para mantener su resistencia, una mujer puede estar tratando de lograr un orgasmo prácticamente por su cuenta.

Tomémonos también un minuto para discutir qué no es hablar sucio. Es perfectamente saludable decirle a tu pareja lo que quieres, y lo que quieres puede ser algo sucio, pero eso no es hablar sucio. Está bien guiar a un amante hacia dónde, cuándo y qué tan fuerte, y eso está más cerca. Pero sigue siendo algo demasiado civilizado, demasiado práctico. Hablar sucio es animal, primitivo.

Di lo hermosa que es tu pareja mientras estás comprometido en cualquier etapa de tu relación sexual. Dile qué partes te gustan más, di esas palabras con más entusiasmo y gusto. Recuerda que no son cosas que se dicen a todo el mundo todo el tiempo, y que las palabras tienen un significado. Busca y encuentra todo el significado que puedas en la forma en la que enuncias la palabra. También importa dónde lo digas, por ejemplo, cerca del oído. Eso es algo íntimo en todos los sentidos. Eso significa estar cerca. Parte de hablar sucio es cómo resuena tu voz en el cuerpo de tu pareja, eso es lo que la convierte en una forma de comunicación tan potente.

Y recuerda que tu pareja es hermosa en el sentido más sucio. Usa la dicotomía de palabras como *bello/a* y *precioso/a* con la aguda franqueza de los improperios que utilizarás. El contraste será alucinante, te lo aseguro.

Deja que esa bestia primordial en ti salga a la superficie. Estás subiendo al pináculo del éxtasis, no pidiendo un bistec para cenar.

De hecho, puedes controlar tu propio desempeño y el de tu pareja si hablas sucio. Eleva tu voz a medida que aumenta la pasión. Aumenta el tenor de tus demandas. Insiste en la interacción. No dejes que la charla sucia vaya en una dirección. Haz una pregunta retórica sobre su mutua satisfacción y exige una respuesta. Luego exige más fuerte. El solo hecho de hablar, de escuchar la propia voz, es fortalecedor y crea una conexión entre ustedes dos durante lo que podría ser un ejercicio de aislamiento. En cambio, esto solo los acercará más.

FANTASÍAS VERBALES

Antes de pasar a las técnicas más complejas basadas en la comunicación (solo ten paciencia), es hora de hablar sobre las fantasías basadas en la comunicación. ¿En qué se diferencian de las fantasías no comunicativas? Más allá de una simple charla sucia, estas fantasías requieren comunicación para que surtan su efecto. Por ejemplo, un trío es una fantasía popular para muchas parejas e individuos por igual, pero no requiere ninguna comunicación real, solo tres personas dispuestas. Del mismo modo, una fantasía de bondage puede no requerir ninguna comunicación (solo consentimiento).

La fantasía del alma gemela, por otro lado, depende de comunicarse, de hablar. Aquí, la charla sucia no se usa simplemente para emocionar y halagar, sino que estás tomando un tipo de control sutil sobre la mente de tu amante. Y esa es una comunicación poderosa.

La fantasía del alma gemela es simple. Ya estás usando tus habilidades para hablar sucio para llevar a tu pareja a un estado físico y mental de éxtasis. Pero luego desvías tu charla sucia de lo superficial hacia lo conmovedor. No vas a retroceder hacia lo romántico, no es a eso a lo que me refiero. Ya has halagado y atraído a tu pareja. Ahora es el momento de decirle que están destinados a estar juntos, que te enamoraste de él o ella en el momento en el que lo o la viste (o cuando sea que sea, no es necesario mentir). Di que son almas gemelas, que siempre serán almas gemelas. Asegúrate de obtener una respuesta y que sea afirmativa. Esto solo funcionará realmente cuando respondan afirmativamente. Así como tienes que decirlo para que el otro lo crea, tu pareja también debe decirlo para que él o ella lo crea.

Lo mismo ocurre con la fantasía del embarazo. En esta fantasía, se crea la idea de que están trabajando para obtener un embarazo. Mientras hacen el amor, engatusas a tu pareja para que admita que desea tener un hijo contigo (puedes hacerlo incluso si eres la pareja femenina). Alborotas a tu pareja, le dices cuánto lo necesita, le exiges que te responda. Si lo niega, desafíalo/a, reafirma tu creciente poder personal.

Dile que puedes sentir que va a suceder, que puedes sentir toda esa energía acumulándose en ambos, una nueva vida lista para explotar. ¡Dile a tu pareja lo grande que será el niño, que tendrá una infancia perfecta, que esta joven vida salvará al mundo entero! Dile a tu pareja que es la única persona que podría hacer que suceda, que tu pareja es el único ser mágico que puede crear esta vida.

Dale poder dándole palabras, dándole voz. Eso será contagioso y se transmitirá de uno a otro y luego de vuelta. Tu pareja puede incluso hacerse cargo de la experiencia, pero una vez que hayas tomado el control, debes aferrarte al mismo. No importa dónde te encuentres físicamente, arriba o abajo, delante o detrás. El centro del poder está directamente entre los dos amantes.

Pero ten cuidado con ambas técnicas. Cuando puedes controlar lo que le dices a una persona, puedes controlar lo que piensa. Y estas dos fantasías en particular llegan hasta el centro de la psique de una persona, hasta dos de los deseos más primarios de una persona: ser amado y procrear. Así que no te dejes llevar por estas fantasías a la ligera. Obtendrás un resultado estupendo, sin duda, pero también podrías estar haciendo promesas subconscientes que estarás obligado a cumplir conscientemente. De todos modos, estarás manipulando a tu pareja si no lo dices en serio. La comunicación clara es una comunicación abierta y honesta. Mentir es exactamente lo contrario.

Una variante de estas fantasías es la fantasía virginal, en la que una parte finge ser virgen y la otra ensalza las virtudes de iniciar el viaje de su pareja hacia la sexualidad. A partir de aquí, nos sumergimos en fantasías de colegialas cachondas, cosas raras relacionadas con incesto y otros asuntos que preferiría dejar a algún otro escritor de algún otro libro. De cualquier manera, no se puede negar la poderosa influencia de la comunicación verbal en las relaciones sexuales. Y recién ahora estamos llegando a las cosas buenas.

EJERCICIOS VERBALES

A diferencia de las fantasías verbales, los ejercicios verbales son más intensos, más profundos y resuenan mucho más allá de cualquier fantasía, por más potente que sea. Estos ejercicios verbales pueden realmente cambiarles la vida. Esto es lo más cerca que llegamos a los modelos tántricos de autocontrol sexual, y esta es solo una breve visita a un tema que quizás desees tratar con mayor detalle. Pero en términos de sexo y comunicación, estás a punto de entrar en la última frontera.

La primera fantasía verbal se conoce como *orgasmo en demanda*. Es una bomba para las mujeres que nunca han tenido un orgasmo, y esta puede ser la clave. Porque cuando puedes controlar el lenguaje, puedes controlar sus comportamientos, puedes controlar sus cuerpos y luego hacer lo que ellos no pueden hacer por sí mismos o lo que otros no pueden hacer por ellos. Y cuando puedes hacer esto, has utilizado la comunicación para asegurar tu relación en lugar de destruirla.

Observa:

Estás haciendo el amor, aumentando lentamente la energía y la pasión. Estás usando el lenguaje sucio para excitar los instintos primarios y antisociales de tu pareja. Tu pareja responde afirmativamente y la energía aumenta.

Ahora, en lugar de centrar tu atención en una fantasía, dirige tu atención hacia ese orgasmo. Dile a tu pareja que sabes que está pensando en ello, que lo quiere. Prométele que lo alcanzará si confía en ti. Exige su confianza y promete un orgasmo. Exige que acepte. Ahora dirige su atención a diferentes partes de su cuerpo, dile que sienta sus piernas, sus brazos, siempre acentuando esas partes del cuerpo en tu charla sucia ("Siente esas piernas largas y bonitas, siente ese corazón latiendo en tu pecho..."). Atrae a tu pareja hacia cada parte de su cuerpo hasta que hayas centrado su atención en sus genitales, en el orgasmo que estará al acecho debajo de estos.

Dile que está ahí, pero que solo tiene que encontrarlo. Exige que lo haga. Si no puedes exigir, que se esfuerce más. No importa, ya que animarás a tu pareja a que lo sienta crecer, a que lo sienta surgir, y *pronto* lo encontrará. Dile que sienta cómo crece dentro de él o ella, que tú puedes sentir que se hace más grande; aunque tu pareja no pueda sentirlo todavía, tú sabes que está ahí.

Mantén la parte física de tu relación sexual fuerte, haciéndola cada vez más fuerte si es posible. Dile que puedes sentir que se acerca con fuerza. Alienta todo lo que puedas. Mantén a tu pareja motivada a llevar ese orgasmo más alto, y más alto, diciéndole que cada vez es más grande. Y así será.

Luego rechaza a tu pareja. Cambia de curso. Mantén la parte física, pero dile a ella (o a él) que no dejarás que tenga ese orgasmo. Prohíbelo por completo con todos los comandos que usaste antes. Ordena a tu pareja que se niegue a sí misma, que se niegue a sí misma incluso cuando tu cuerpo trabaja más duro para que sea imposible rechazarlo.

Ten en cuenta lo crucial que es el acto de comunicación aquí y lo particular que es para las parejas íntimas.

La contradicción entre la inspiración física y el rechazo verbal hará que la cabeza de tu pareja dé vueltas. Hagas lo que hagas, no dejes que tenga ese orgasmo. Dile que espere, que se abstenga tanto como pueda, incluso mientras haces todo lo posible para darle vida a ese orgasmo.

Entonces haz que te lo pida. Haz que te ruegue que le permitas esta expresión simple y natural. Porque has tomado el control de su cuerpo, de su mente, de su voluntad. Exige que suplique, y lo hará. Ahora, en lugar de no poder tener un orgasmo, tu pareja es casi incapaz de no tenerlo.

Casi.

Porque te niegas. Rechazas el orgasmo de tu pareja hasta que pida más fuerte y sigues llevando su cuerpo por encima del punto de no retorno. Suplicará hasta que pida a gritos su liberación.

Ese es el momento en el que lo concedes. De hecho, exiges que tenga un orgasmo. Está sucediendo de todos modos, así que mantienes el control y te conviertes en la causa. ¡Exige que explote! Usa toda tu charla sucia, cuanto más sucia, mejor. Este es un momento de ceguera, de falta de razón, un momento de puro instinto primario. Es el momento menos social de tu semana, así que multiplícalo por mil.

Producirás ese orgasmo, y si no, continuarás hasta que lo logres. Llegará en la fase de negación. Si te cuesta uno o dos intentos, mejor. ¡La práctica hace la perfección!

Una variación de este ejercicio se conoce como la *cuenta regresiva para el éxtasis* o, a veces, *la cuenta de 10 para el orgasmo.*

Vuelve a tu charla sucia. Una vez que los dos estén excitados y dirijan su atención hacia ese orgasmo, construyan un poco, pero no se salgan del carril, porque lo que va a suceder está cuidadosamente calculado.

Comienza con un ritmo lento y agradable y deja que tu voz, susurrada pero autoritaria, comience a explicar que vas a contar hacia atrás desde 10, y cuando llegues a uno, tu pareja tendrá un orgasmo. Recuerda que te quedan diez números por delante, así que empieza despacio y despacio y date espacio para construir.

Haz una pausa en cada número, no te apresures, aunque debes acelerar el ritmo un poco con cada número descendente. Y mantente en cada número, permanece en nueve durante un buen rato antes de contar hasta ocho y acelerar las cosas un poco más.

Salpica con muchas palabras sucias entre los recuentos, con halagos y lujuria agresiva. Tú tienes el control. No tengas miedo de ser creativo: *"Siete ahora, ángel, siete sexy..."*

Sigue aumentando la intensidad a un ritmo muy gradual. Es probable que tu pareja se esté enfocando hacia adentro en este momento, midiendo su cuerpo y esperando ese momento. No se lo permitas. Exige que abra los ojos y te mire directamente. Es un movimiento de poder asombroso, y mantendrá a tu pareja directamente involucrada y enfocada tanto en ti como en ella misma.

Cuenta lentamente incluso a medida que aumentas el ritmo. Es el contraste de la acción frenética y el suspenso prolongado lo que excitará la psique. Te acercarás al conteo final, pero llegarás a tu pareja más lentamente, alargando el tiempo incluso mientras impartes un ritmo frenético.

Comenzará a suplicar mientras te detienes en el cuatro, el tres, el dos...

Luego burla a tu pareja, como para que te lo ruegue, exígele que lo haga. Lo hará, e incluso gritará el número por cuenta propia.

Niega a tu pareja.

Vuelve a diez y empieza de nuevo. Es importante porque, al igual que el orgasmo en demanda, asumes el control del orgasmo de tu pareja. De esta manera, te conviertes en la única persona que puede controlar su orgasmo, o darle uno. Te asociará como el guardián de su propio cuerpo, su alma, su vida.

¿Y por qué? La comunicación efectiva en una relación íntima es justo de lo que trata este libro... y la vida también.

Pero a veces tus mejores esfuerzos no son lo suficientemente buenos. Algo más está mal. Nada funciona. ¿Por qué? ¿Y qué tienes que hacer a continuación? La siguiente sección del libro responderá a esas preguntas y más. Pero es mucho menos divertido que leer sobre visitar Ecuador.

SECCIÓN 3 EL CÓMO, QUÉ, PORQUÉ, CUÁNDO Y DÓNDE DE COMUNICARSE EN UNA RUPTURA

LOS TEMAS TABÚ

Hay cosas que pueden suponer un reto para una relación y que pueden tratarse de varias maneras. Es justo que las analicemos aquí. Las mismas se adentran un poco más en un territorio más oscuro, cosas que bien pueden significar el fin de tu relación.

DISFUNCIÓN ERÉCTIL

La vieja frase se refiere al tema que todo el mundo conoce pero del que nadie quiere hablar. Pero si las cosas no van bien, si todos los trucos y técnicas siguen dando uno de los dos resultados predecibles, es hora de echar un vistazo a ambos con franqueza y honestidad.

Muchos hombres sufren de disfunción eréctil o *impotencia*. Alguna que otra disfunción eréctil es común de vez en cuando, especialmente en momentos de angustia.

La disfunción eréctil ocasional no es infrecuente. Muchos hombres la experimentan en momentos de estrés. Sin embargo, si ocurre de manera crónica, podría ser un signo de problemas de salud importantes que tienen remedios predecibles. También podría tener su origen en problemas psicológicos o emocionales. Primero, echemos un vistazo a las razones más simples.

Una erección es lo que sucede cuando la sangre fluye hacia el pene. Cuando no es así, (suponiendo que eres hombre) no tienes una erección, tienes un problema.

Las causas físicas más comunes incluyen diabetes, presión arterial alta, enfermedades cardiovasculares, colesterol alto, enfermedad renal, obesidad, estrés, edad, niveles bajos de testosterona o desequilibrios hormonales, ansiedad, problemas de pareja y depresión.

Otros culpables conocidos incluyen medicamentos para la depresión o la presión arterial alta, trastornos del sueño, abuso de sustancias, ciertas enfermedades como el Parkinson o la esclerosis múltiple (EM). La enfermedad de Pevronie (tejido cicatricial en el pene) o el daño pélvico pueden tener los mismos efectos nocivos. También afectarán ciertos medicamentos recetados, como los que se usan para tratar la presión arterial alta o la depresión.

La disfunción eréctil puede ser causada por solo uno de estos factores o por varios de ellos. Por eso es importante trabajar con tu médico para que pueda descartar o tratar cualquier condición médica subyacente. Obtén más información sobre las causas de la disfunción eréctil.

El tratamiento dependerá de la causa; puede requerir medicación, cambio de dieta o terapia.

Algunos tratamientos farmacéuticos comunes para la disfunción eréctil incluyen sildenafil (Viagra), vardenafil (Levitra, Staxyn), avanafil (Stendra) y alprostadil (Caverject, Edex, MUSE). Los niveles bajos de testosterona pueden requerir terapia con testosterona (TRT).

Si estás interesado en la llamada *cura de conversación*, o *terapia de conversación*, puedes buscar varios programas diseñados para este mismo problema. Examinarás la ansiedad, el estrés, el trastorno de estrés postraumático (TEPT) y la depresión. Prepárate para hablar sobre tus sentimientos sobre tu bienestar sexual y prepárate para visualizar qué es lo que realmente deseas.

Los síntomas de la disfunción eréctil incluyen problemas para lograr o mantener una erección, interés reducido en el sexo, eyaculación prematura o retardada e incapacidad para alcanzar el orgasmo (anorgasmia).

Por supuesto, las causas pueden ser psicológicas más que fisiológicas. Una persona que enfrenta los aspectos psicológicos de la disfunción eréctil puede estar preparada para responder preguntas como las siguientes. Pregúntate:

¿Con qué frecuencia, por mes, tienes relaciones sexuales? ¿Ha cambiado esto recientemente? ¿Qué tan firmes son tus erecciones y por qué? ¿Qué factores contribuyentes hay? ¿Tienes erecciones en medio de la noche o por la mañana?

¿Cuál es el estado de tu relación? ¿Eres feliz y sexualmente activo? ¿Ha habido algún cambio en eso recientemente? ¿Estás actualmente bajo mucho estrés?

¿Estás tomando medicamentos o consumes tabaco, alcohol o drogas ilícitas? ¿Existe alguna afección subyacente, como una afección cardíaca o diabetes o lesiones pélvicas?

Otras pruebas de diagnóstico pueden incluir ultrasonido para evaluar el flujo sanguíneo, un test de tumescencia peneana nocturna (TPN), pruebas de inyección, análisis de orina y sangre.

Los ejercicios de Kegel pueden ser útiles y no tan invasivos. Simplemente identifica los músculos del suelo pélvico. Haz esto dejando de orinar mientras estás en medio del flujo. Sentirás esos músculos trabajando, que forman parte de tu piso pélvico. Ahora contráelos durante tres segundos. Hazlo 20 veces a la vez, tres veces al día. Al principio, los ejercicios de Kegel pueden ser más fáciles de hacer estando acostado, luego pruébalos sentado o de pie. Podría ser tan simple como eso. En cualquier caso, está garantizado que fortalecerás tu núcleo muscular.

Aproximadamente tres horas de ejercicio semanal durante aproximadamente seis meses también podrían conducir a una disminución de los problemas de erección. ¡Boom, precio de admisión una vez más!

La dieta puede reducir la inflamación y la constricción del flujo sanguíneo para permitir una mayor circulación sanguínea en el pene. Las frutas, las verduras y los cereales integrales son buenos. Se deben evitar las carnes rojas, los azúcares procesados y los lácteos enteros. El alcohol solo debe beberse con moderación.

Las hierbas y los suplementos para la disfunción eréctil incluyen espárragos, dehidroepiandrosterona (DHEA), ginseng, L-arginina y L-carnitina y yohimbe. El zinc y la Horny Goat Weed también pueden ayudar. Habla con tu médico antes de tomar cualquier suplemento o cambiar drásticamente tu dieta o régimen de ejercicio. Algunos de estos suplementos, como el yohimbe, pueden tener efectos secundarios peligrosos.

Algunas personas usan la acupuntura para curar la disfunción eréctil, ¡pero *yo* no querría probarla!

El masaje prostático, que es una forma de terapia de masaje, suena mucho más atractivo. No podría ser mucho peor, ¿verdad?

Los estudios indican que alrededor de 30 millones de hombres estadounidenses tienen disfunción eréctil, y esto solo aumenta con la edad. Con cada década, el promedio de pacientes con disfunción eréctil aumenta en un 10%. Pero también ocurre entre muchos hombres más jóvenes, en gran parte por diferentes razones.

Es cierto que la disfunción eréctil tiende a aumentar a medida que el hombre envejece, pero hay formas de lidiar con eso, como una dieta más nutritiva y más ejercicio. La testosterona es la base natural para una erección, y el cuerpo la crea simplemente requiriéndola. Es necesaria para impulsar el cuerpo a través de la actividad física. Por lo tanto, haz algo de ejercicio y tu cuerpo generará el combustible que necesitas para ese ejercicio y también para otros ejercicios.

Hay muchos medicamentos y tratamientos disponibles, pero te recomendamos que los evites. Las píldoras pueden tener todo tipo de efectos secundarios y algunos dispositivos (bombas e implantes) pueden tener resultados terribles que no se pueden remediar.

La disfunción eréctil se remonta a varias afecciones comunes y controlarla podría ser mucho más fácil de lo que crees. Estos son los mejores consejos y trucos para prevenir o revertir la disfunción eréctil.

En primer lugar, trata de mantener bajo control cualquier condición médica, como la diabetes y las enfermedades cardíacas. Haz ejercicio con regularidad y mantén un peso saludable. En la regulación del peso, céntrate en una dieta saludable y no en un ayuno compulsivo. Maneja o reduce el estrés en tu vida y vigila de cerca los sentimientos de depresión o ansiedad.

Si fumas cigarrillos, deja de hacerlo. Es malo para todos los aspectos de tu cuerpo y mente, y es especialmente perjudicial para la función eréctil adecuada. El uso excesivo de alcohol puede tener la misma reacción. Y ten en cuenta que las diferentes químicas corporales reaccionan de manera diversa a diferentes influencias alcohólicas. Lo mismo ocurre con los medicamentos que no te recetó tu médico (e incluso algunos que sí). Al final de cuentas, algunas cosas simplemente funcionan en tu contra, si entiendes mi punto.

DISFUNCIÓN ORGÁSMICA FEMENINA

Las mujeres, por otro lado, pueden ser más propensas a sufrir disfunción orgásmica, la dificultad de alcanzar el orgasmo incluso con suficiente excitación. Esta condición afecta a entre el 11% y el 41% de las mujeres encuestadas en estudios recientes.

Las mujeres pueden tener dificultad para alcanzar el orgasmo debido a factores emocionales, físicos o psicológicos que pueden incluir afecciones médicas como diabetes, envejecimiento avanzado, cirugías o el uso de ciertos medicamentos, especialmente inhibidores selectivos de la recaptación de serotonina (ISRS), que se toman para la depresión.

Los estudios encontraron que las creencias religiosas o culturales, la culpa, la timidez, los antecedentes de abuso sexual, la depresión o la ansiedad, la falta de confianza, el estrés, la baja autoestima o los problemas de relación no resueltos eran con mayor frecuencia los culpables. Podría haber una combinación de estos factores.

Aunque el síntoma principal es la incapacidad de alcanzar un orgasmo, otros síntomas incluyen orgasmos insatisfactorios o un período prolongado antes del orgasmo. Incluso la masturbación puede no corregir el problema.

En realidad, hay cuatro tipos separados de disfunción orgásmica. En la *anorgasmia primaria*, nunca has tenido un orgasmo. La *anorgasmia secundaria* es la dificultad para alcanzar el clímax, aunque no sea el primero. El tipo más común es la *anorgasmia situacional*, cuando solo tienes orgasmos en situaciones particulares, como en un lugar público o durante la masturbación. La incapacidad de alcanzar el clímax bajo cualquier circunstancia, sin importar cuán alto sea el nivel de excitación o estimulación sexual, se llama *anorgasmia general*.

Durante una cita programada con el médico, es posible que se te pida que consideres una variedad de preguntas, incluidas preguntas sobre tu historial sexual. Esto puede ser útil, así que confía en tu médico y no seas tímida.

El tratamiento dependerá de la causa subyacente, desde la medicación hasta la cura del habla, según la evaluación. La consejería para parejas es una forma popular de tratar esta afección en particular y también puede abordar otras preocupaciones paralelas al mismo tiempo. Estas condiciones a menudo se presentan en grupos.

Algunas personas usan terapia hormonal, incluidas las terapias con estrógeno y testosterona. Recomendamos remedios más orgánicos, si es posible. Hay suplementos de venta libre y aceites para la excitación como Zestra, que calientan el clítoris y aumentan enormemente la estimulación. Aceites como estos también pueden ser más que útiles para la masturbación y el coito. Ten cuidado con las interacciones que puedan ocurrir con cualquier otra cosa que estés tomando o usando.

PERVERSIONES, PARAFILIAS Y TRASTORNO PARAFÍLICO

Una *perversión* se puede definir como un concepto, práctica o fantasía sexual no convencional.

Las *parafilias* se definen como una intensa excitación sexual por situaciones, objetos o fantasías atípicos. Aquellos que se excitan con los calcetines sudados, la comida y las fantasías de juegos de roles extraños son ejemplos que se citan a menudo.

Cuando ese interés perjudica la vida de una persona o de otra, se considera un *trastorno parafílico*.

Las perversiones son muy comunes y la mayoría de los expertos están de acuerdo en que generalmente son perfectamente saludables. Realmente no es algo que se pueda explicar, y tampoco es necesario. Casi todo el mundo tiene algún tipo de fetiche. Y los días en que estos fetiches se consideraban antisociales o fuera de la norma principal han quedado atrás.

No necesitas a alguien que comparta tu fetiche, pero querrás una pareja que esté dispuesta a intentarlo como tú también estarías dispuesto a hacerlo por ella, ¿verdad? Si encuentras a alguien que comparte tu fetiche, mucho mejor. Hay muchos sitios en línea para eso, pero siempre ten cuidado en Internet.

Los fetiches pueden ser una parte central de muchas relaciones saludables. Y muchas parejas prueban nuevos fetiches que ninguno de los dos había disfrutado antes. Esa es una buena manera de mantener viva la relación y debería darte algo de qué hablar.

Pero puede ser difícil expresar tu deseo de experimentar. La gente suele tener timidez y ser vergonzosa. Para eso existe una pareja íntima, ¿verdad? Para escuchar activamente sin reproches ni juicios. Así que sé abierto y cálido y escucha con atención. Si eres tú quien pregunta, no seas negativo o tímido. Proclama. Declara. Incluso podría tratarse de un fetiche de interés para tu pareja y que, por timidez, esta se haya mostrado reticente a mencionarlo. Asegúrate de aceptarte y ser comprensivo contigo mismo. Si no lo haces, es posible que tu pareja tampoco lo haga.

Y mientras hablamos de declarar, si quieres probar algo en el dormitorio, no preguntes. No fuerces a nadie ni lo hagas sin previo aviso, por supuesto. Pero piensa en verbalizarlo como una declaración ("Quiero intentar...") en lugar de una solicitud ("¿Podemos intentar...?"). Tu pareja puede resistirse, pero no puede negarse porque tú no preguntaste. Es una forma de conservar el poder, y en esta conversación, puede que necesites todo lo que tengas. De hecho, las investigaciones indican que las parejas que se entregan a las perversiones también tienden a comunicarse mejor fuera del dormitorio.

En el caso de las parafilias, puede ser necesario probar más de una vez. Si no te gusta lo que realmente le gusta al otro, o tal vez incluso necesita, entonces eso es algo que hay que considerar seriamente. No puedes cambiarlo.

Un estudio canadiense reciente ilustró que la fascinación por comportamientos particulares es mucho más amplia de lo que se conocía anteriormente. Más del 35% de las personas encuestadas, por ejemplo, se excitaban con el voyeurismo, y el 26% con el fetichismo en general. Casi el 25% de los sujetos estudiados disfrutaban del frotteurismo (frotar los genitales contra alguien sin su conocimiento o consentimiento). Un poco menos de esa misma cantidad estaban fascinados con el masoquismo o el sufrimiento propio, y esa proclividad estaba igualmente extendida entre los hombres como entre las mujeres.

El exhibicionismo resultó ser muy popular, al igual que la urofilia, cuando la orina es excitante. La vorarefilia es el deseo de ser devorado por otro ser, y el fetichismo del pañal es la fascinación por vestirse, actuar y ser tratado como un bebé.

De una perversión a un trastorno podría haber un cambio gradual. Podría ser bastante fácil, por ejemplo, pasar de disfrutar del bondage (una perversión) a hacerlo todo el tiempo y necesitarlo para disfrutar del sexo (parafilia) hasta el punto de afectar a otras partes de la vida (trastorno parafílico).

El fetichismo del pañal y otras fantasías relacionadas con la edad pueden dominar rápidamente la vida de una persona y convertirse en trastornos. Las mujeres adultas que disfrutan actuando como bebés, niñas pequeñas y preadolescentes atrevidas, también pueden llegar a ser debilitantes. Esto se debe a que es más que un simple acto sexual, sino un compromiso de estilo de vida que puede afectar otras partes de sus vidas. Imagina a un tipo al que le gusta ponerse una máscara de cuero y azotar a su pareja. Si le gusta, es una perversión. Si lo necesita, es una parafilia. Si usa la máscara para ir al supermercado, es un trastorno parafílico.

Pero no todo es tan estático. Algunas personas son adictas al sexo y lo hacen con compulsión. Estas personas tienden a cerrarse a otras personas o cosas, limitando las oportunidades. Y si estás en pareja con alguien que tiene un trastorno parafílico, o estás dentro o estás fuera.

Las investigaciones indican que las parafilias no se pueden cambiar. Pero pueden entenderse y gestionarse. Algunos usan terapia, mientras que otros usan medicamentos para reducir el deseo sexual. Los trastornos parafílicos no se pueden tratar y la mayoría de los que los padecen no quieren tratamiento. La mayoría está perfectamente feliz con su estilo de vida. Y nadie tiene derecho a juzgar o cambiar esto. No podrás y no deberías intentarlo.

GIMNOFOBIA

El miedo paralizante a la desnudez es una condición llamada gimnofobia. Ciertamente se encuentra entre las enfermedades paralizantes del dormitorio, un lugar donde las cosas se vuelven reales... o tan irreales que pueden estar fuera de tu alcance.

La gimnofobia a menudo es el resultado de una experiencia traumática, una forma de trastorno de estrés postraumático (TEPT). Las personas que padecen trastornos alimentarios y trastornos dismórficos corporales, una fijación en las imperfecciones corporales, a menudo sufren de gimnofobia.

Algunas personas que temen estar desnudas sufren de trastornos alimentarios o trastornos dismórficos corporales, una condición mental en la que las personas creen que son feas o gordas o imperfectas cuando hay poca verdad en ello. Las personas con este trastorno a menudo se obsesionan con su apariencia, ocultando sus cuerpos de sí mismas o de los demás. Otros simplemente pueden sentir que no están a la altura de las imágenes de los medios donde se exhiben hermosos cuerpos y se sienten nerviosos al mostrar sus cuerpos.

Además, las personas con formas extremas de ansiedad y trastorno obsesivo compulsivo (TOC) a veces pueden sentirse incómodas al estar desnudas frente a otras personas, debido a los pensamientos intrusivos y compulsivos que acompañan a la afección. Las personas que padecen un trastorno obsesivo compulsivo extremo (TOC) y ansiedad a menudo padecen esta fobia.

Los expertos generalmente tratan esta fobia a la desnudez como tratarían cualquier otra fobia, fomentando la exposición gradual, segura y controlada al tema que despierta el miedo. Se puede alentar a un paciente con esta fobia a que se vista cada vez menos cuando se encuentre en la seguridad del hogar, trabajando gradualmente hacia su objetivo.

Éstas y otras enfermedades podrían ser la última línea de defensa. Si no se pueden superar, si nada de lo que has intentado en este libro ha funcionado, puede que sea el momento de afrontar el final. Echemos un vistazo a *cómo, cuándo* y *dónde*.

POR QUÉ, CUÁNDO, QUÉ Y CÓMO TERMINAR CON GRACIA

L o has intentado todo, pero los problemas continúan e incluso pueden haber empeorado. En este triste caso, puede que sea el momento de afrontar los hechos. No todas las parejas son buenas. A veces, las personas son realmente incompatibles. Uno o ambos pueden tener problemas que requieran un tratamiento serio fuera de una situación de pareja. Podría ser simplemente una cuestión de selección, no de rechazo. Pero es importante comprender este evento lo más claramente posible para que puedas manejarlo y manejarte de la mejor manera posible.

Las rupturas pueden ser difíciles, no hay duda, a veces muy difíciles. Por lo tanto, manejar el evento con gracia y calma es algo que te debes a ti mismo y a tu pareja. Nadie quiere ser el que enloquezca cuando llegue el final. Nadie quiere soportar ese tipo de carga emocional ni alejarse miserablemente.

Y, así como el inicio y el cuerpo de la relación, es clave. Desafortunadamente, la comunicación no te ha ayudado en este caso, pero aún puedes hacer tu mejor esfuerzo.

Lo primero que debes evitar es culparte a ti mismo. Si has utilizado las técnicas de este libro, entonces has hecho mucho más que la mayoría. Ciertamente has hecho todo lo que puedes hacer (a menos que no seas completamente honesto contigo mismo, pero eso depende de ti). Pero ser abandonado por una pareja íntima puede hacer que una persona sienta duda, inseguridad, y puede hacer que se consuma por el diálogo interno negativo y el pensamiento excesivo. Y esto puede ser paralizante. Una persona puede pasar días, semanas, meses e incluso años preguntándose qué podría haber dicho o qué no debería haber dicho, qué podría haber sido si tan solo fuera más de esto o menos de aquello. Una persona puede volverse de mente fija y proyectar un patrón de rechazo en el futuro, estar fatalistamente segura de que está condenada al rechazo. Uno puede ser propenso a pensar que ha perdido su última y mejor oportunidad de ser feliz.

Esto crea una espiral descendente de estancamiento o incluso de pérdida de la carrera, y un mayor autodesprecio reforzado por el continuo fracaso que inspira. Las oportunidades perdidas crean más pensamientos excesivos y la ansiedad que los acompaña.

Los efectos de esto pueden ser paralizantes, incluso mortales, ya que comúnmente conducen a depresión, malos hábitos de sueño y mala alimentación, abuso de sustancias y suicidio.

Es vital evitar esto. Habrá alguna emoción desafortunada involucrada, sí. Y es importante no reprimir esa emoción. Las emociones son como la comida, las necesitas para sobrevivir. Son nutritivas y necesarias. Pero no puedes llevarlas contigo para siempre. Tienen que ser procesadas y luego eliminadas como producto de desecho, o de lo contrario se infectarán y se volverán tóxicas y eventualmente te corroerán desde adentro. Así que prepárate para lidiar con las emociones y con la razón. Pero como gran parte de lo que hemos estado hablando, todo se reduce al *cómo*, al *dónde* y al *cuándo* de cómo hacerlo.

CUANDO SEPAS, TIENES QUE IRTE

Lo primero que hay que tener en cuenta es que la ruptura no siempre es algo malo. No es bueno para nadie perder tiempo, energía y dinero en una mala relación. Las relaciones están destinadas a apoyarnos, hacernos sentir más completos, más satisfechos. Su lugar en la jerarquía de necesidades es bastante bajo, justo por encima de las necesidades básicas. Pero si la relación nos está fallando, si está impidiendo nuestra autorrealización en lugar de ayudarnos a trabajar para lograrla, entonces ese es un buen momento para salirte de la misma. De hecho, estar atrapado en una mala relación evitará que asciendas más en la jerarquía.

Mucha gente teme quedar soltera. La autofobia es el miedo real a estar solo en una habitación, pero estamos hablando de personas que no quieren vivir solas o morir solas. Sin embargo, es importante recordar que la relación que estás terminando no es la última relación que tendrás. Estar soltero te permite estar disponible para conocer a esa nueva persona, para ir a nuevos lugares y realizar nuevas actividades. Vuelve a ver las cosas que este libro recomienda para las parejas, y descubrirás que todas estas opciones son estupendas para que hagas tú solo. Hazte voluntario en un banco de alimentos, toma algunas lecciones o una clase, realiza una excursión espontánea.

Estar soltero también te da tiempo para concentrarte en ti mismo. En lugar de pensar en lo que tu pareja está pensando o sintiendo, deseando o queriendo, puedes centrarte en ti mismo. Por supuesto, ten cuidado de no pensar demasiado o caer en conversaciones internas negativas. Practica la autocompasión. Si no puedes ayudar a tu pareja, aun así puedes ayudarte a ti mismo.

Como acordamos, algunos emparejamientos simplemente no son buenos. Pero, ¿cómo saber cuándo ha llegado el momento de irte? No querrás tomar una decisión prematura y vivir con dudas sobre si podrías haberlo hecho funcionar si solo hubieras aguantado un poco más. ¿Cuándo sabes que llevas mucho tiempo dando vueltas?

Aguantar demasiado tiempo también es un problema. Mucha gente puede evitar dejar al otro hasta después de Navidad. Sin embargo, tu pareja recordará esa misericordiosa Navidad de forma amarga, y tampoco es probable que sea una fiesta muy alegre. De todos modos, solo terminará siendo miserable el Día de San Valentín en seis semanas.

Mucha gente dice que hay *temporadas de ruptura*, una ventana de tiempo que es mejor o peor para la ruptura. Dirían que la Navidad es temporada baja, pero la ventana se abre justo después del año nuevo. Es temporada alta en corazones rotos hasta finales de octubre, cuando vuelven las vacaciones. Nadie quiere ser responsable del suicidio de alguien durante las vacaciones.

En verdad, no hay una buena época del año para hacerlo, así que te diría que ignores todo eso. Pero hay señales que no te perderás.

Una de las grandes señales de que es hora de terminar una relación es que no estás actuando como tú mismo. ¿Eres más emocional, tímido o retraído con tu pareja? Eso no es bueno. No podrás seguir haciendo eso, no es saludable y no es honesto. Es exactamente lo contrario de una comunicación clara, eso es seguro.

Busca cosas como andar de puntillas u ocultar cosas, sobre-monitorearte en la compañía de tu pareja, sentirte ansioso y frustrado en la compañía de tu pareja, preocuparte por ser juzgado, evitar el contacto visual, ser deshonesto o poco honesto o si hay problemas de confianza que simplemente no se irán. Evalúa si hay diferencias básicas en las visiones del mundo, quizás sociales o políticas. Se trata de perspectivas profundamente arraigadas que no es probable que cambien y pueden ser la causa de conflictos interminables.

Si tu pareja está menospreciándote, ridiculizándote o humillándote, es hora de que te vayas. Ese tipo de abuso solo empeorará y nadie se lo merece. Pueden ser declaraciones indirectas, pequeñas insinuaciones, u ofensas en todo su esplendor. Llegado cierto punto, suficiente es suficiente.

Y no te dejes engañar por la contrición que pueda venir luego. La contrición es parte del ciclo del abuso; no lo revierte, lo promueve.

Hemos mencionado que esconderte de tu pareja es malo. Pero no es mejor que esconder a tu pareja de tus seres queridos. Si te alejas de ellos, podría ser por un gran número de razones preocupantes. Es posible que estés deprimido, una razón común por la que la gente se aleja de otros. Puede que te avergüence la forma en la que tu pareja te trata. Podrías avergonzarte de no haber reunido el coraje para dejar a esa persona todavía. Tu pareja puede ser un separador, trabajando para separarte de tus amigos y familiares. Ya hemos hablado de esto y es una jugada traicionera. Si estás con alguien que te quiere separar de tus seres queridos y has intentado corregir esta práctica sin éxito, puede que sea el momento de poner fin a las cosas.

Hablando de tu familia y amigos... Si a ellos no les agrada tu pareja, y quiero decir que realmente no les agrada, podría ser el momento de reconsiderar. Si llevan tanto tiempo juntos y nadie se ha encariñado con él o ella, puede ser que ellos estén viendo algo desde un punto de vista objetivo que tú te estás perdiendo en tu posición subjetiva. Por supuesto, no dejes que este sea tu único factor decisivo, ya que es tu relación y no la de ellos. Pero es algo que hay que tener en cuenta, sobre todo si hay otras cosas de esta lista que están en juego.

Puedes descubrir que tu propio comportamiento es el problema, no el de tu pareja. Y la naturaleza de este comportamiento en particular puede ser complicada. Hemos analizado los abusos que tu pareja puede estar ejerciendo sobre ti, pero también tienes que preguntarte si tú mismo no has caído en algunos comportamientos de abuso. Y puede ser particular para una persona en particular, esta persona en específico. Si tu pareja parece débil y tú tienes una actitud dominante, es posible que te sientas frustrado y enojado. Y si bien este es un problema que deberían poder resolver, es posible que también debas admitir que hay dos lados en cada moneda de compatibilidad, y es posible que tú no seas el lado brillante tanto como crees. Y tal vez las otras cosas sobre tu pareja sean correctas con respecto a ti. Puede que simplemente no te guste tu pareja tanto como al principio o como esperabas. Por lo tanto, puede que estés autosaboteando la relación para provocar un final sin tener que decirlo de esa manera.

Para algunas relaciones más nuevas, una u otra parte puede sentir que las cosas se están moviendo demasiado rápido. ¿Uno de los miembros de la pareja habla demasiado pronto sobre el matrimonio? ¿Tal vez presenta a los padres demasiado rápido? ¿Es una persona demasiado dependiente y pegajosa al instante? Los sentimientos que inspiran estos comportamientos realmente deberían ser paralelos entre los dos, y si uno está muy lejos del otro, puede ser una señal de que esta relación simplemente no va a funcionar. Es probable que los dos reaccionen de esa manera a prácticamente todo en la vida. También significa que uno puede ser poco realista en sus perspectivas, y esa es una forma segura de ser decepcionado. También puede significar que el otro es emocionalmente retraído y que constantemente se retrae y se resiste al amor del otro. Por culpa de ninguno de los dos, el fracaso de una relación así parece estar totalmente asegurado.

Si la relación te provoca ansiedad con demasiada frecuencia, puede que sea el momento de marcharte. En cierto punto, no avanzas, solo estás dando vueltas en círculos. ¿Cómo sabes cuándo estás en ese punto? Pregúntate si constantemente cuestionas el comportamiento de tu pareja cuando no está cerca. ¿Sospechas que te engaña, hace apuestas o bebe? ¿Dudas seriamente de su amor por ti? Si es así, bien podría haber una razón, y probablemente la haya; y apuesto a que ya sabes cuál es. ¿Dudas constantemente de tu propio valor y de lo que ofreces a la relación? Es posible que tu pareja haya destruido tu imagen de ti mismo, o es posible que te hayas apartado tan profundamente que sepas que estás funcionalmente muerto en la relación. Puede que no haya vuelta atrás de eso. Algo causó el abuso o la ausencia, y esas cosas probablemente estén fuera de tu alcance en este momento, al menos en este contexto.

En este sentido, si siguen separándose y luego volviendo a estar juntos o tomando pequeños descansos de la relación, probablemente sea el momento de terminar. Hay una razón que te sigue separando, probablemente un cúmulo de razones relacionadas. Podría ser inseguridad o tal vez un toque de autofobia lo que los lleva de nuevo a los brazos del otro. O puede ser la pereza o el aburrimiento o una mentalidad fija, pensar demasiado o hablar de forma negativa. Pero ninguna relación sana ha nacido jamás de estas cosas.

Si sigues diciéndote a ti mismo que las cosas mejorarán, probablemente no será así. El tiempo es precioso y es una tontería desperdiciarlo con falsas esperanzas o engaños. Incluso es dañino quedar atrapado en un ciclo así, tanto mental como físicamente.

Si constantemente fantaseas con otras parejas, eso es un problema. Esa es tu mente subconsciente diciéndote que anhelas algo más, tal vez no algo mejor, pero ciertamente algo más. Y es posible que notes que tu pareja se pierde cada vez más en sus pensamientos, que sus ojos se desvían hacia extraños atractivos o incluso hacia amigos y compañeros de trabajo. A veces es solo una cara bonita, pero a veces lo que estás viendo es una señal de advertencia.

Hablamos de que una persona puede ser demasiado pegajosa demasiado pronto, pero ser demasiado pegajoso en términos generales puede ser un problema real. En primer lugar, cualquier pareja debe ser el resultado de cantidades iguales de contribución. Una pareja es una unión de individuos fuertes, pero las personas pegajosas carecen de cierta fuerza personal. Uno no debería depender del otro para tener compañía a cada minuto, para tener un apoyo emocional constante. Es un signo de retraso en el crecimiento emocional y puede crear celos, paranoia, resentimiento, pensamiento excesivo, diálogo interno negativo y puede llevar al que sufre a condiciones y complejos más peligrosos. Es una señal de advertencia que notarás desde el principio y es mejor evitarla si no puedes cambiarla rápidamente.

Si has perdido la confianza porque tu pareja te ha engañado, te ha robado o te ha mentido, piensa en terminar la relación de manera rápida y limpia. Una persona que se comporta de esta manera probablemente no comparte tus mismas prioridades, y nunca podrás establecer una buena relación con alguien así. Aunque tenga otras buenas cualidades, y seguro que las tiene. Tu pareja hará esto de nuevo porque no ve la actividad como intrínsecamente incorrecta. Incluso puede culparte por no alcanzar un cierto estándar o por ser lo suficientemente tonto. ¿Le importa siquiera que te lastime, o simplemente espera suavizar las cosas hasta la próxima transgresión? El ciclo del abuso se aplica aquí, a un abuso de confianza: amistoso, enojado, abusivo, contrito. Y sin confianza, no puede haber amor real.

Si tú o tu pareja han estado descontentos en general con el matrimonio durante un período prolongado, tal vez años, piensa en terminar la relación. La vida es corta, como hemos descubierto.

A veces, las vidas divergen en diferentes direcciones. Los nuevos movimientos profesionales pueden empujar a tu pareja hacia un lado. Uno puede querer tener hijos, el otro no. Las personas crecen a través de sus experiencias y, a veces, crecen en diferentes direcciones hasta que ya no están realmente cerca unas de otras.

Por lo tanto, hay razones reales por las que una relación puede simplemente estar condenada a terminar en la basura de tu historial romántico. Pero antes de dar los pasos cruciales y hablar con tu pareja, tómate un momento para reconsiderar que no todas las rupturas son obligatorias. De hecho, hay ocasiones en las que deseas evitar la trampa obvia de una ruptura, que puede parecer más obvia en algunas ocasiones que en otras. Hay situaciones comunes que causan rupturas prematuras, así que ten cuidado.

Hay muchas otras formas en las que sabrás que tu relación está en sus últimas etapas.

Si eres demasiado complaciente, eso puede ser un problema. Se podría pensar lo contrario, pero ser complaciente con demasiada facilidad es a menudo otra forma de desconectarse, de no preocuparse ni siquiera lo suficiente como para estar en desacuerdo. Si este ha sido tu patrón durante mucho tiempo, considéralo seriamente como un síntoma de una ruptura de la comunicación. Si no puedes volver a conectar, se trata de una crisis de comunicación.

Si tu pareja no es la primera persona con la que compartes buenas noticias, ¡ten cuidado! Esta es tu relación más íntima. Confías en tu pareja y estás ahí para ella más que nadie. Si no compartes tus triunfos y fracasos con ella primero, significa que no es lo más importante en tu mente. Si primero llamas a tu madre o a tu amigo, eso habla de tus prioridades. No seas ignorante deliberadamente. Además, imagina cómo se sentiría tu pareja si no fuera la primera en enterarse de ese embarazo o promoción. Puede verse como una traición a la confianza y, en cierto modo, lo es.

Si repites las cosas una y otra vez, eso significa que tu pareja no te está escuchando. Si has intentado llegar al fondo de eso (a través de las técnicas de este libro, por ejemplo) y has fallado, puede que sea el momento de marchar. Si tu pareja no te escucha, puede ser que no quiera saber lo que tienes para decir, puede ser que te esté ignorando o puede ser que simplemente te haya descartado. Ninguna de estas cosas es aceptable para una relación a largo plazo.

Si alguno de los dos rechaza la terapia, es una mala señal. Incluso si no creen que sea necesario, si uno de los dos se rehúsa a ir, probablemente sí sea necesario. Y una pareja solidaria iría en ayuda del otro. Negarse a hacerlo representa una mentalidad fija, alguien que probablemente tiene más miedo a ser juzgado como un fracaso que a los resultados finales de la suma de esfuerzos. No es un sacrificio tan grande, y cualquiera de los miembros de la pareja podría aprender algo valioso sobre sí mismos.

Si te quedas fuera con más frecuencia y evitas pasar tiempo en casa con tu pareja, ese es un gran problema. El hogar es donde se supone que debes sentirte más cómodo. Nunca serás feliz si temes volver a casa. Nunca.

Los sentimientos de aislamiento y abstinencia son dañinos, como hemos visto. Si simplemente no puedes vencerlos, probablemente sea porque no estás con la persona adecuada. ¿Cambia tu comportamiento con los demás? Si es así, reconsidera con quién estás. Hacer esto es algo que te debes a ti mismo.

Si tienes hijos y pasas más tiempo con ellos, eso es un problema. Esto no quiere decir que debas poner a tu pareja por encima de tus hijos, por supuesto que no. Pero no tienes una relación íntima con tus hijos, por lo que se aplican reglas diferentes. Y podrías estar pasando más tiempo con los niños inconscientemente como una forma de pasar menos tiempo con tu pareja, y ese sería realmente el problema.

La canción solía decir: "It's in his kiss". Si el amor se ha ido, los besos de tu pareja te lo dirán. Un beso es una expresión muy íntima y revela mucho sobre la pasión de una persona o la falta de ella. Incluso el deseo de besar o la falta de voluntad para besar puede ser muy revelador sobre la mentalidad de la persona detrás de esos labios. Cuando los besos pierden su calor, si uno de los miembros de la pareja se niega a besar o lo hace solo con cierta rapidez y a regañadientes, eso dice mucho... quizás demasiado.

El aumento de peso es una mala señal. Es el síntoma de comer en exceso y abusar de sustancias y tener malos hábitos de sueño y ejercicio. Esto puede generar depresión, que solo alimenta el ciclo de abuso e intensifica el aumento de peso. Esto crea una espiral descendente que ya hemos visto en este libro, y los resultados son devastadores para la salud mental y física, que a menudo resultan en la muerte prematura o el suicidio.

Cuando todo lo que un miembro de la pareja ve (o menciona) son las cualidades negativas del otro y ninguna de las positivas, quizá solo esté viendo lo que quiere ver. Si es así, es para reforzar lo que esta persona quiere creer, lo que ya ha decidido y solo necesita confirmar: que la relación está condenada.

Si han dejado de hablar sobre el futuro, es una señal de que uno o ambos de los miembros de la pareja ya no están pensando en un futuro con el otro. En ese caso, puede que no haya uno.

La caída del cabello es un signo evidente de ansiedad y estrés, y por lo general viene con una causa muy grave como la angustia matrimonial. Sin embargo, no confundas esto con la calvicie de patrón masculino y termines culpando erróneamente a tu pareja por ello.

Si pasas más tiempo con tus amigos que con tu pareja, o si pasan más tiempo en un grupo que solos, eso es una gran señal de alerta. Significa que se ignoran el uno al otro, y si aún sigue sucediendo después de probar todo en este libro, es posible que se haya acabado todo.

El malestar digestivo es un signo común de estrés y ansiedad. Puede ser que tu intestino te esté diciendo algo. Solo tú puedes responder con seguridad.

MALAS RAZONES PARA ROMPER

Las pequeñas complicaciones no son motivo para romper. Estas pueden solucionarse. Si las técnicas de este libro no te han ayudado, hay otras que pueden ayudarte. Pero es probable que surjan pequeñas molestias en cualquier relación, y si no aprendes a lidiar con ellas, estarás corriendo de una relación a la siguiente.

Si estás feliz en general, piensa primero en las otras cosas que pueden estar haciéndote infeliz. Pregúntate qué te haría feliz en su lugar. Hazte algunas preguntas de si/entonces, reconsidera cómo se siente ser feliz, visualízalo, exteriorízalo. Puede que la relación no sea el problema.

Este suele ser el truco para reavivar la relación y lograr divertirse juntos.

Otra razón para separarse es si sus principios básicos son muy diferentes o si sus vidas van en direcciones diferentes, pero no permitas que el hecho de que tengan intereses diferentes termine con la relación. Aprende y participa en los intereses del otro, como lo harías en una noche de juegos para parejas o en una clase de arte. Eso es algo que pueden hacer juntos, y hasta podrías ampliar tus horizontes.

Incluso si ambos se sienten atraídos por otras personas, esta no es necesariamente una razón para romper. No me refiero a que les atraigan todas las demás personas, o muchas otras personas, porque eso sí es un problema. Pero una gran cantidad de parejas sanas tienen las llamadas listas de engaños, en la que cada una de las personas permite que la otra se acueste con alguien más bajo ciertas condiciones. Los famosos suelen encabezar la lista, personas que ambos miembros de la pareja saben que no van a acabar cerca de ellos. Aun así, tu pareja se siente atraída por alguien más, y está bien si no dejas que esto se ponga en tu contra o en contra de la relación.

No dejes a nadie por dinero, a menos que te esté robando (o llevándote a la ruina). El dinero es un catalizador principal para las rupturas, y es probable que tengas problemas de este tipo con cualquier pareja que tengas.

No te vayas solo porque la fase de luna de miel haya terminado. ¡Ahí es cuando el verdadero amor *comienza*, no cuando termina! Pueden surgir pequeñas molestias que no habías notado antes, pero pueden tratarse utilizando las técnicas de este libro.

En este sentido, no dejes a tu pareja porque no esté cumpliendo todos tus sueños. Para empezar, tus sueños de la infancia probablemente fueron un poco irreales. Las expectativas poco realistas son el componente básico de la decepción. Y esta es la realidad, no el mundo de los sueños. Puede que tampoco estés cumpliendo con todas las altas expectativas del otro, pero eso no significa que no seas una buena pareja o que no valgas la pena.

No permitas que el miedo al compromiso te impida comprometerte más si eso es lo que te parece correcto. El miedo al compromiso te mantendrá corriendo de una persona a otra por el resto de tu vida si no lo enfrentas. Y podrías perder grandes relaciones en el proceso.

Pero si tiene que ser, tiene que ser. Lo mejor es aceptarlo, aprender de ello y comportarse de una manera que refleje lo mejor de ti. No te arrepientas de nada. Incluso puedes aprender mucho sobre ti mismo si manejas bien la ruptura y te alejas sintiéndote empoderado y no deprimido, con mentalidad de crecimiento en lugar de mentalidad fija. Así que veamos cómo romper con alguien sin destruirte física, mental y emocionalmente.

ROMPER ES DIFÍCIL

Es algo que mucha gente teme, y con razón. Le sucede a todo el mundo en algún momento y, sin embargo, no sabemos cómo comunicarnos durante este evento a menudo traumático. Por supuesto, no siempre es traumático. A veces, dos personas simplemente están de acuerdo en que es hora de dar por finalizada la relación.

Ahora que hemos visto *cuándo*, veamos *cómo*.

Las rupturas son tan únicas como las relaciones que estas terminan, por lo que lo mejor que podemos hacer es apoyarnos en nuestra nueva comprensión y aplicar lo que sabemos. Si aplicas solo algunas de estas tácticas, seguramente tendrás una ruptura más fluida y una recuperación más fluida y breve también.

Por supuesto, hay muchos factores variables a considerar. ¿En qué extremo de la ruptura estás? ¿Eres el que la promueve o eres el receptor? La situación es muy diferente para el que deja la relación con respecto al que es dejado, pero cada uno tiene mucho que pensar cuando navega por estas aguas traicioneras. ¿La relación es turbulenta o las cosas han estado tranquilas antes de la erupción final?

Estas otras preguntas tienen ramificaciones prospectivas. ¿Quieres que sigan siendo amigos? ¿Compartes un lugar de trabajo o algún otro vórtice que los obliga a estar juntos? ¿Cómo lo superarás, y qué quieres para poder volver a estar juntos? Lo que aquí respondas podría hacer una diferencia.

Así que vayamos a los aspectos prácticos de superar una ruptura.

CÓMO ROMPER CON GRACIA

Hazlo siempre en persona. Dejar a alguien por correo electrónico o, peor aún, por mensaje de texto, es una cobardía. Estuviste ahí para la relación, deberías estar ahí para la ruptura. Además, solo entonces puedes ofrecer el toque humano que un correo electrónico u otro método, incluso un mensaje de texto, no puede ofrecer.

Sé cortés. No importa de qué lado de la ruptura estés, no es fácil. Pero es más difícil para la persona con la que se rompe. Si este no es el caso, recuerda comenzar con todo lo que te gusta de tu pareja y no te culpes. Si eres el que está siendo abandonado, no pierdas los estribos ni tengas un arrebato emocional. Querrás hacerlo, pero no ayudará en nada. Te sentirás mucho mejor contigo mismo más adelante si permaneces calmado y razonable y luego tienes tu rabieta emocional en privado.

Recuerda que el cerebro no puede ser emocional y racional al mismo tiempo. Este es un momento para la razón, no la emoción. Entonces, lucha con todas tus fuerzas y mantén tu dignidad. Esto impresionará a tu futura ex pareja. ¿Y quién sabe? El futuro puede dar un giro. Algunas personas vuelven a estar juntas. No hagas ni digas nada ahora de lo que puedas arrepentirte después (y lo harás).

Si te encuentras en público durante una ruptura (algo que no debería ser así), presta más atención a estas palabras. Hacer un berrinche en un lugar público no es bueno para nadie y solo le demostrará a tu pareja que está tomando la decisión correcta.

En este sentido, no te conviertas en un destructor de las pertenencias de la persona, y no empieces a tirar las cosas en una pila en el patio delantero en un arrebato de rencor y venganza. Esto no es comunicación. Esto es un ataque. Es una violación de la confianza, porque esta persona confió en ti para que no destruyas sus cosas. Esto puede tener todo tipo de ramificaciones legales y eliminará cualquier posibilidad de volver a estar juntos. Incluso si eso no se acerca a tus intenciones ahora, nunca se sabe. Y es simplemente una destrucción sin sentido que demostrará que no eres una buena pareja para tu ex (o probablemente para nadie). Así que busca ayuda seria para tus problemas de control de temperamento.

Mientras te comunicas durante una ruptura, trata de no hacer que la otra persona se sienta mejor. Es contradictorio, ya que la culpa y un poco de vergüenza harán que quieras consolar a tu pareja. Por un lado, esta ya no es tu responsabilidad emocional y, por el otro, puedes hacer que la persona se sienta peor por perderte, ya que de repente te has vuelto cariñoso y comprensivo. Y más tarde se resentirá de que hayas reservado toda tu gracia y amabilidad para el final, una vez que ya es demasiado tarde y de nada sirve. Le estás mostrando lo mejor de ti al mismo tiempo que privas a la persona de ello.

Resiste una sesión final de coito también, eso solo complicará las cosas emocionalmente y hará que la otra persona se sienta manipulada y utilizada, y ese es probablemente el caso. Si no estás dispuesto a cortar todo de raíz, reconsidera lo que estás haciendo y por qué lo estás haciendo. De todos modos, esto solo anticipa la repetición final de la escena de ruptura, y solo será peor cada vez.

Inmediatamente después de una ruptura, debes cortar los lazos con respeto, al menos por un tiempo. Proporciona tiempo a ambas partes para adaptarse, para aceptar que se acabó. El contacto puede dar falsas esperanzas y evitar que la persona se recupere y siga adelante.

El problema es que probablemente tuviste una fuerte amistad con esta persona, aunque obviamente no lo suficientemente fuerte. U otros problemas impiden que la amistad avance. De cualquier manera, has sacrificado parte de esa amistad por la intimidad, y cuando eso se perdió, parte de esa amistad, si no toda, puede perderse. No puedes pedirle a alguien con el corazón roto que siga siendo un amigo cercano y luego hacer que te vea conectarte con otras personas. Eso es egoísta, hiriente y dañino para la otra persona. Es difícil decir adiós a uno de tus mejores amigos, pero eso es lo que estás haciendo aquí. Tienes que saberlo.

Obtén algún consejo antes de hacerlo, y que sea de un amigo tuyo que no sea amigo de tu pareja. Esto puede ser visto como tramar a sus espaldas. Si tienes tus propios amigos, pídeles consejo. Luego recuerda esto cuando hables con tu pareja.

Reconoce que se trata de una cuestión de incompatibilidad y resiste la culpa o la vergüenza.

Hazlo rápido si puedes. No dejes que se prolongue durante horas, con la otra persona suplicando o tratando de convencerte de que cambies de opinión. Si estás haciendo esto, ya estás decidido. No estás ahí para un trabajo de pareja más constructivo o incluso una terapia, has intentado (con suerte) todo eso. Ahora, hazlo. No seas grosero o frío, y por supuesto, sé respetuoso con lo que siente la otra persona. Pero no tienes que sentirlo con ella y no tienes que soportarlo. Si se está poniendo emocional, interrumpe el momento. Aconseja que se calme y vuelvan a hablar una vez que la persona sea racional y no emocional.

Sé sincero. No culpes. Sé veraz. La realidad es más que cualquiera de ustedes como individuos, porque la relación fue más que cualquiera de ustedes como individuos. Reconoce eso, separa los problemas de la gente.

Sé positivo acerca del tiempo que pasaron juntos, pero no te pases de la raya con ello o es probable que crees una discusión, una refutación hacia tu propia lógica. Y eso tiene sentido. Si la relación fue tan buena, ¿por qué la terminas? Solo sé amable y no permitas que tu pareja se sienta inútil o culpable.

No pidas tiempo para reconsiderar, porque eso solo evitará lo inevitable. Ya se han dado tiempo el uno al otro para reconsiderarlo, ya lo has estado considerando tú mismo durante algún tiempo si eres tú quien está rompiendo con la otra persona. Sin embargo, tu pareja puede engañarte y confundirte. El tiempo para reconsiderar es solo tiempo perdido. Y la confianza ya se ha dañado. La otra persona siempre se preguntará qué tan cerca estás de hacerlo de nuevo, qué es lo que todavía está haciendo mal. Es probable que la otra persona esté a la defensiva, retraída, inhibida. A su vez, no necesitas un descanso, no necesitas que estén separados por dos semanas. Probablemente ya lo hayan probado, y no funcionó. Además, lo que probablemente quieres decir es que prefieres dejar el tema sobre la mesa hasta que sea discutible. Si quieres un descanso, probablemente tengas tu próxima relación a la vista o esta ya esté preparada. Puede que esa relación ya haya comenzado. Es cierto que es mucho más conveniente volver dos semanas después y explicar que te enamoraste de otra persona en lugar de admitir que estuviste con ella durante semanas antes de la ruptura. Las cosas cambian, y ya no es tan conveniente. Incluso si no hay nadie más, probablemente estás esperando que lo haya, mientras dejas que tu pareja gaste su energía esperando algo que no va a suceder. Tu táctica puede dar sus frutos, pero es más probable que esto no suceda. Si es así, ¿qué tipo de escena tendrán y de quién será la culpa?

Solo deja en claro que se acabó y trata de seguir adelante. No será fácil, no será bonito, o no estarías terminando con todo. Pero a veces simplemente hay que hacerlo.

DÓNDE HACERLO

Nunca lo hagas en público. Algunas personas sienten que esta es una buena manera de asegurarse de que la otra persona no se enoje. Pero eso no es cierto. Es posible que aun así se enoje y se sienta aún peor porque lo o la atrajiste a ese tipo de trampa. La gente conoce esa táctica y se sentirá manipulada. Si temes por tu seguridad, eso solo evitará una confrontación violenta más adelante. Hazlo en privado. Si viven juntos, ten un plan para dejar a la otra persona en paz por un tiempo para que digiera la noticia. Sin embargo, ten cuidado, porque si va a tirar a la basura tus cosas o robarte, esto es exactamente lo que sucederá.

Nunca lo hagas en un evento familiar, ya que sería terriblemente humillante. Algunos pueden pensar que la otra persona tiene a su familia cerca para sentirse más cómoda, pero eso tiene un precio terrible. Y te habrás convertido en un paria.

Dicho esto, a veces un lugar público como un parque o la playa puede no ser una idea tan terrible. Estos lugares reducirán el posible comportamiento antisocial de una persona, ya que eso podría ser motivo de preocupación. Puede ser que te sientas más cómodo al aire libre, donde la tensión entre ustedes no se acumulará en una habitación pequeña. Los sentimientos de claustrofobia pueden llegar a una persona en momentos de crisis emocional, y la brisa del océano siempre es una influencia tranquilizadora.

Otro beneficio de estar al aire libre y en público es que probablemente se conocieron allí. Eso significa que siempre puedes irte y marcharte. No estás dejando a tu pareja, posiblemente enfurecida, en una casa llena de tus cosas valiosas y vulnerables. No estás en peligro y puedes controlar la situación.

Si vives solo, ¿quieres a la persona en tu casa o apartamento? Siempre puedes pedirle que se vaya, y eso te coloca en tu lugar de comodidad y poder. Pero también pones a tu pareja en grave desventaja, al carecer de la ventaja de la casa. ¿Y qué pasa si no se quiere ir?

Ir a la casa de la otra persona brinda el consuelo que esta puede necesitar, y siempre puedes simplemente alejarte para dejar que digiera lo que sucedió. Pero estar en su lugar de poder puede empoderar a la otra persona, y si está en un estado emocional delicado, las cosas pueden volverse incluso más emocionales.

Unas palabras sobre las personas abusivas. Si estás rompiendo con alguien que es abusivo, es posible que desees dar otros pasos. Si estuviste o estás en una relación abusiva, probablemente (con suerte) fueron a terapia. Las relaciones abusivas requieren eso, si tienen alguna esperanza de supervivencia (sin mencionar a las personas *en* la relación). Entonces, considera que ambos se reúnan con sus terapeutas para así poder romper allí. Su terapeuta estará allí para moderar y garantizar una resolución pacífica, si es posible.

Si compartes la espiritualidad en tu relación, una sesión con el líder o guía espiritual de ambos también podría ser útil. Estos podrían ser buenos enfoques incluso fuera de las relaciones abusivas, si estás particularmente preocupado por el tumulto emocional que podría sobrevenir.

13

CÓMO, CUÁNDO Y DÓNDE SUPERAR UNA RUPTURA

No fue fácil para ninguno de los dos. Pero ahora se acabó y vas a tener que lidiar con eso y seguir con tu vida. Con suerte, eres una persona con mentalidad de crecimiento que está lista para aceptar el fracaso como un trampolín hacia el éxito. Pero ser abandonado puede robarte esa habilidad esencial de ver la positividad en ciertas situaciones y en la vida en general. Y eso crea espirales descendentes que pueden llevarte a los momentos más bajos de tu vida, o incluso al final.

Por lo tanto, los pasos que tomes en este momento marcarán la diferencia, especialmente si tú eres la parte agraviada. Seamos realistas, es mucho más fácil que la persona que termina la relación siga adelante. De muchas formas y en algunos casos muy concretos, es posible que ya lo haya hecho. Debes hacer lo mismo, procesar la emoción y luego dejarla ir y seguir adelante con tu vida.

Aun así, es mucho más fácil decirlo que hacerlo.

CUÁNDO SABER QUE ES HORA DE SEGUIR ADELANTE

Las emociones vendrán primero, como estamos a punto de ver. Luego, antes de aplicar las técnicas a continuación, querrás estar seguro de que no es solo otro bache en el camino. Tu pareja podría cambiar de opinión, ¿verdad? *¿Correcto?*

Sabrás cuándo es el momento de volver a subirte al caballo. Pero ten en cuenta estas cosas. ¿Realmente quieres una nueva relación o quieres volver a la anterior? ¿Estás preparado para correr el riesgo? ¿Has dejado realmente atrás a tu ex? No quieres arrastrar ningún residuo de mala voluntad de esa antigua relación a la nueva. Y no quieres un reencuentro, eso no es justo para nadie.

Pero tampoco querrás quedarte sentado para siempre. Tienes que salir de tu zona de confort, tienes que esforzarte. Cambiar tu comportamiento afectará tu forma de pensar, y esto puede revertir una espiral descendente.

Es diferente para cada persona en cada situación, por lo que el único consejo real sería que te conozcas a ti mismo, entres en contacto con tus sentimientos y evites las trampas del pensamiento excesivo, el diálogo interno negativo, el aislamiento, el abuso de sustancias y la depresión.

¡Queda en tus manos!

QUÉ HACER DESPUÉS DE UNA RUPTURA

Lo primero que resultará de la ruptura serán las consecuencias emocionales. Con suerte, no las mostraste durante la ruptura, mantuviste la calma y permaneciste razonable y racional. Pero seguramente tendrás emociones al respecto y debes procesar estas emociones antes de poder hacer cualquier otra cosa.

Una buena forma es simplemente gritar. Toma unas copas si es necesario (ten mucho cuidado aquí) y luego deja que todo se derrame. No hay nada malo en hacerlo a solas. Recuerda que esto es emoción, no razón. Por lo tanto, no necesitas que un amigo sea lógico contigo o te convenza de nada. Eso puede funcionar una vez que seas un poco más razonable, pero lo primero que tienes que hacer es borrar la emoción. Hazlo en grande, hazlo de manera rápida, y sigue así hasta que no quede nada más. Deja la menor cantidad de emociones residuales que obstruyan tu sistema.

Los amigos son un buen sistema de apoyo después de que te has vuelto un poco menos emocional y un poco más razonable. Y no discutas con ellos sobre el tema, no hay nada que discutir. Permíteles que te apoyen, no defiendas tu caso. El caso está cerrado.

Mantén la calma. Puede que todavía estés un poco deprimido, pero no lo lleves contigo, no vayas con el corazón en la mano. Pronto te convertirás en un lastre y tus amigos podrían comenzar a evitarte (no sin razón). Cuando cambias tu comportamiento y cambias tu lenguaje, tus sentimientos y tu perspectiva pueden cambiar.

No contactes a tu ex ni a ninguno de sus amigos. Mantén ese espacio en este momento.

No te revuelques en tu tristeza por mucho tiempo, pero tampoco te apresures a salir con alguien. Las citas de rebote no son buenas para nadie y nunca duran. Esto incluso puede ser algo cruel para la otra persona, dándole falsas esperanzas de tener una relación fiable contigo. Se trata de saber cuáles son tus necesidades y deseos, cuál es el valor del otro y cómo puedes alcanzarlo.

Si quieres ser amigo de tu ex, espera todo lo que puedas. Ver a tu ex puede causar fácilmente un retroceso hacia un territorio emocionalmente vulnerable. Quieres ser lo más fuerte que puedas como individuo, o quizás en una nueva relación, antes de volver a visitar la anterior. Especialmente en el último caso, ya que esto podría provocar sentimientos de celos y desconfianza en tu nueva relación, y esto podría descarrilarte emocionalmente y arruinar un buen y nuevo romance.

Pero ¿es prudente seguir siendo amigos? Es una buena idea seguir siendo amigo de tu ex, y eso seguramente es posible. Pero llamarlo complicado es quedarse corto.

Antes de siquiera pensar en ser amigos, surge la pregunta de cuándo es seguro hacerlo. ¿Ha pasado suficiente tiempo? Ya dije esto antes, pero vale la pena repetirlo. Mantente alejado de tu ex durante un período de tiempo significativo. Si regresas demasiado pronto, nunca habrás salido del todo.

Algunas personas siguen *la ecuación del cincuenta por ciento*, que establece que llorarás una relación durante la mitad de su duración total. Si fue una aventura de seis años, puedes pasar hasta tres años recuperándote de ella.

¡Ay! Eso es mucho tiempo.

Pero hay más en la decisión que solo tiempo. ¿Qué tan difícil fue seguir adelante después de la ruptura? ¿Crees que eres lo suficientemente fuerte como para resistirla o volver a atravesar algo así? ¿Realmente has aprendido tus lecciones y has avanzado desde la ruptura? ¿Estás listo para aportar más a una relación que antes? ¿Estás listo para corregir lo que fue que hiciste mal en el pasado?

Porque el riesgo inicial de hacer esto es que tendrás que resistir esa vieja tentación. Si tu pareja no lo hace, te espera más dolor. Y aunque eso puede cambiar, uno de ustedes tendría que cambiar significativamente primero.

También existe la posibilidad de una posible atracción mutua. A no ser que lo que quieras involucre la idea de reavivar la relación de pareja, no les conviene dormir juntos en este momento más que justo después de la ruptura. Es probable que esto provoque todo tipo de recaídas, pensamientos exagerados, conversaciones negativas, dudas, presunciones, suposiciones, falsas esperanzas y complicaciones emocionales. Si puedes resistirte, hazlo.

Ser amigo de tu ex requiere que cambies tu perspectiva. Tienes que visualizar, separar a la persona (tu ex) del problema (la ruptura y la consiguiente separación). Y no podrás actuar con él o ella como si todavía fuera tu pareja. Nada de tocarse, coquetear o hacer presunciones de cualquier tipo. Eso significa que tendrás que encontrar otra forma de lidiar con esta persona, una que sea amigable a pesar de su poderosa presencia.

Si eres sereno, tranquilo, amigable y divertido, estarás bien. Apóyate en tus puntos fuertes y mantén la distancia. En todo caso, esto inspirará admiración por tu compostura, y hará maravillas con tu confianza.

Si vas a seguir siendo amigo de tu ex, asegúrate de manejarte siempre con gracia y serenidad. Nunca, nunca pierdas la calma con comentarios insolentes, ojos en blanco, bufidos o suspiros u otras demostraciones pasivas/agresivas. Tu amistad no durará mucho y le harás saber a tu ex (y a todos los demás) que una amistad sana no es lo que realmente quieres, y probablemente la misma no sea posible.

Es posible que hayan crecido juntos. En ese caso, su tiempo como pareja la primera vez no fue necesariamente el comienzo y el final de su relación, solo un capítulo importante. Pero hubo un capítulo significativo antes y bien podría haber otro capítulo significativo después. Primero fueron amigos, y eso podría pasar nuevamente. En este caso, y en otros, pueden lograr volver a ser amigos, los amigos que eran antes de su amor o los amigos que eran antes de su ruptura. Es probable que esas cosas sobrevivan, incluso si el romance no lo hizo.

Incluso puedes descubrir que tienen una amistad más fuerte que antes, una amistad nueva y más madura porque son personas nuevas y más maduras.

OTRAS FORMAS DE AFRONTAR UNA RUPTURA

Lo principal de lidiar con una ruptura es la comunicación, compartir lo suficiente con tus amigos para tener una caja de resonancia sin volverte un fastidio o un amargo al respecto. Ve a terapia si lo necesitas, pero primero practica el pensamiento positivo, mantén una mentalidad orientada al crecimiento y separa los acontecimientos de la persona. Concéntrate en lo bueno y en cómo mejorar las cosas. Establece algunas metas y alcánzalas de acuerdo con tu propio cronograma, con objetivos más pequeños establecidos de antemano. Vuelve a centrarte en cosas creativas o productivas en lugar de autocompadecerte o pensar demasiado, que son cosas contraproducentes.

Mantente saludable con una buena dieta, alcohol limitado y ejercicio físico. Únete a un curso de ejercicios o de defensa personal (o vuelve al que dejaste después de tres semanas cuando estabas en pareja), lee un libro o únete a un club de lectura. Organiza una noche de juegos en pareja incluso si no estás en pareja, ¡porque de esta manera puedes ser el anfitrión del juego! Oye, *algo es algo*.

Puedes reconsiderar algunas actividades más personales, como llevar un diario o escribir un cuento o una novela. Hacer una crónica de tu relación podría crear una gran historia y podría incluso ayudarte a resolver cualquier sentimiento persistente que quizá tengas. Es un ejercicio tremendamente catártico y es posible que se te ocurra una gran novela o guión.

Elimina todo lo que tienes de tu ex pareja de tu vida. Elimina las cartas de amor y las fotos. Es más que simbólico, es importante que te convenzas de que no te estás aferrando al pasado.

Haz una lista de tus cualidades positivas. Estas son las cosas más fáciles de perder de vista, pero las más importantes para recordar. Después de ser rechazado, es posible que te sientas inútil e incapaz. Da los pasos físicos para recordarte a ti mismo que esto no es cierto. Mantén la lista donde puedas verla. Haz copias y colócalas en una variedad de lugares si es necesario.

Ve a tres lugares nuevos: conduce hacia un vecindario que nunca hayas visitado, ve a un parque de la ciudad en el que nunca hayas estado y ve a un restaurante que nunca hayas probado. Evita los lugares a los que solían ir juntos, ya que esto solo obstruirá tu progreso.

Haz una lista de las cualidades negativas de tu pareja. Después de tus propias cualidades positivas, estas son las primeras cosas que olvidas, pero las más importantes a tener en cuenta. Es fácil recordar las cosas buenas, pero fueron las cosas malas las que terminaron la relación, ¿verdad? Entonces, aparentemente eran más importantes en ese entonces, y podrían ser de máxima importancia ahora.

Purga tu vida en las redes sociales de tu ex pareja, sus amigos, familia y los grupos que él o ella podría haber compartido contigo. No sigas a tu ex pareja en Facebook ni vayas a sus sitios web. No la acoses por Internet y tampoco chatees en mensajería instantánea.

Suena contradictorio, pero deberías dejar de lado la idea del cierre. Nadie lo entiende realmente. Si no puedes superarlo por tu cuenta, ninguna charla final realmente hará nada. Incluso puede abrir viejas heridas o evitar que las nuevas cicatricen. Además, el cierre no es natural. Sería genial si lo tuviéramos todo el tiempo, y estamos capacitados para anticiparnos y desearlo (todo, desde la graduación hasta la jubilación y los funerales, está diseñado para darnos esta sensación). Pero la graduación solo da comienzo a otras aventuras, otros estudios y otros grados superiores de realización. Mucha gente continúa aprendiendo toda su vida. No hay un cierre real para ellos, y eso está bien. De hecho, el cierre puede ser aceptado por la persona con mentalidad de crecimiento que rechaza el perfeccionismo. Es el perfeccionista que piensa demasiado y se habla de forma negativa a sí mismo que no puede superar la falta de cierre, y eso en sí mismo es una falta de cierre. Incluso si tienes tu charla final, es muy probable que te sientas insatisfecho, que pienses demasiado hasta que se te ocurra algo más que podrías haber dicho o que aún te gustaría decir. El cierre es una causa perdida y una tontería.

Si eres una persona espiritual, este es el momento de aferrarte a eso. Hay una gran sabiduría sobre el amor, las relaciones, la fe, la esperanza y la duda en todas las grandes tradiciones. Sé sincero y de mente abierta, y te sorprenderá lo que encuentres allí. Este también es un buen momento para la comunidad, para compartir fuerzas. Y te dará algo más en lo que pensar durante unas horas a la semana, te recordará que tus problemas son pequeños en comparación con otros, que eres parte de algo más grande, más poderoso, más positivo.

ENCONTRANDO UNA NUEVA RELACIÓN

Suponiendo que no quieres volver atrás pero sí quieres seguir adelante, es hora de empezar a buscar una nueva relación. El *dónde* y el *cómo* de esto ya son cosas que se tratan bastante bien en otras secciones de este libro. Las actividades personales preferidas, talleres y entrenamientos, lecciones y clases, y las iglesias y las organizaciones de voluntarios son buenos lugares para conocer gente nueva. Es posible que tus amigos y compañeros de trabajo tengan personas con las que puedan emparejarte. Pero ten cuidado con esto, ya que un romance conflictivo podría dividir las lealtades y destruir amistades y romances.

Y está Internet, por supuesto. Está repleto de sitios de citas de todo tipo, líneas de chat y grupos y clubes de Facebook. Naturalmente, querrás tener mucho cuidado con las personas que conoces online. El alcance de la actividad criminal está más allá de la imaginación de las personas de buen corazón, que son exactamente su presa preferida, especialmente las personas solitarias y con el corazón roto. Protege tu información personal, nunca des la dirección o número de teléfono de tu casa, solicita varias fotografías o una foto personal para demostrar que no te están haciendo *catfishing*.

Siempre puedes reunirte con alguien en algún lugar para tomar un café.

No importa a dónde vayas para encontrarte con alguien, a un bar o a un resort o incluso a la Luna, siempre se tratará de lo que estás comunicando, a los demás y a ti mismo.

En primer lugar, mira hacia adentro. Todo lo que necesites para ser verdaderamente feliz tiene que residir dentro de ti. Tienes que hacerte feliz antes de poder hacer feliz a alguien más. Si eres miserable, nadie puede estar feliz por ti. Entonces, pregúntate qué quieres o necesitas, visualiza y ponte en marcha. Nadie puede completarte y tú no puedes completar a nadie. Solo puedes crear una relación más completa.

Vive tu vida como quieras. Así encontrarás y atraerás a alguien que quiera vivir como tú, en lugar de alguien cuyas preferencias de estilo de vida sean tremendamente distintas a las tuyas. No querrás quedarte atrapado en el síndrome de *te quiero, eres perfecto, ahora cambia.*

Si quieres aprender cosas nuevas y ampliar tus horizontes de esa manera, piensa en elegir aquellas cosas que hacen las personas que te gustan o te atraen. ¿Una persona que te gusta juega a los bolos? Aprende a jugar, no es tan difícil; realmente pocas cosas lo son. En este sentido, si ves en otros cualidades que admiras, adopta esas cualidades tú mismo. La emulación es la forma en la que las personas aprenden desde la primera infancia. Si alguien tiene cierta cualidad que admiras, ya sea humor, tranquilidad, audacia, razón, hazla tuya. ¡Nadie es dueño de estas cosas!

Regresa a las cosas significativas de la vida. Crea vínculos con amigos, vuelve a leer los diarios de tu infancia, da largos paseos al aire libre. Vuelve a conectarte con el mundo natural y eso te ayudará a reconectarte contigo mismo.

Tómatelo con calma cuando conozcas a alguien nuevo. No hay prisa. Ya hemos visto los problemas que pueden surgir. No es necesario utilizar una mentalidad fija para suponer cómo se desarrollará la relación. Nunca lo pensarás demasiado hacia adelante, solo hacia atrás. En todo caso, podrías pensar en *sub*pensarlo. No asumas el control, pero tampoco seas negligente. Solo date cuenta de que algunas cosas no están completamente bajo tu control, sin importar cómo resulten.

Cuando conoces a alguien con quien tienes una buena conexión, debes permitir que esa conexión se desarrolle y crezca. Si la persona es tu alma gemela, también le gustarás, así que, si ambos se prestan genuina atención el uno al otro, algo se desarrollará.

COMUNICÁNDOTE EN UNA NUEVA RELACIÓN

Has pasado por un período saludable de duelo. Te has involucrado en algunas actividades nuevas o favoritas que te han sacado de casa. Todavía estás luchando con algunos sentimientos persistentes, pero está bien. Se desvanecerán con el tiempo, de eso estás bastante seguro. Estás listo.

Has estado evaluando posibles nuevas parejas y has encontrado una. Esta persona también parece estar interesada en ti y, de hecho, lo dejó en claro. Ahora es el momento de empezar a salir de nuevo.

Pero ten en cuenta dos cosas. Por un lado, es probable que no hayas tenido una primera cita o un escenario de noviazgo durante mucho tiempo. Puede que, para empezar, no hayas sido tan bueno (algunas personas se sienten incómodas en esta etapa). Y has estado soportando muchas otras cosas, por lo que es posible que estés un poco oxidado en esos incómodos primeros intercambios.

También son intercambios cruciales, que marcarán el tono de toda la relación, si es que va a haber una.

También vienes de una ruptura, así que no eres exactamente una pizarra en blanco. Por lo tanto, ¡echemos un vistazo a algunas cosas cruciales que *debes* y *no debes* hacer para empezar con buen pie!

Primero que nada, no menciones a tu ex, ni una sola vez. De hecho, no menciones a ninguna de tus ex parejas. Esta nueva persona supone que has tenido otras parejas, y oír hablar de ellas puede ser insultante para ella, como si prefirieras estar con cualquiera de estas otras personas. También suena como si estuvieras presumiendo de cuántas parejas has tenido. Y si sigues haciendo referencia a tu última pareja, quien rompió contigo, será una situación desafortunada. Esto indica que realmente no has superado la relación, y probablemente no lo hayas hecho. Es muy ofensivo comparar una nueva cita con una antigua pareja, ya que la antigua tiene mucha ventaja sobre la nueva. Ciertamente no es halagador, y para eso son los primeros intercambios.

Hablando de halagos, no dejes que estos vayan en un solo sentido. Las mujeres pueden estar acostumbradas a ser halagadas, pero a menudo se olvidan de devolver el cumplido. A los hombres les gusta y necesitan escuchar eso también, y es egoísta o irreflexivo descuidarlo ante los demás. Si quieres un hombre con confianza, haz que se sienta seguro. Y eres hipócrita si te pones gruñón cuando no te hacen un cumplido si tú mismo no compartes los cumplidos.

Naturalmente, querrás ceñirte a los estándares. No mientas, no interrumpas, escucha activamente, mantén el contacto visual con discreción. Pregúntale a la persona sobre ella, desvía la atención de ti mismo. Sé elegante y generoso en tu retórica sobre los demás.

No apresures las cosas. No estés demasiado ansioso por crear el amor de tu vida. Si eso va a suceder, sucederá. Por lo tanto, no hagas referencias tempranas a la familia, los niños, el amor, el matrimonio.

No profundices demasiado pronto. No hagas confesiones de traumas pasados en la primera cita. A tiempo, pero no en la primera cita. Nada de crisis emocionales. No seas pegajoso. Siéntete cómodo contigo mismo, vive la vida que quieras, ten integridad. Estas cosas te servirán en todas las situaciones, pero especialmente cuando estés creando esas primeras impresiones cruciales.

14

CÓMO, CUÁNDO Y POR QUÉ VOLVER A ESTAR JUNTOS

¿REUNIDOS Y SE SIENTE BIEN...?

Las rupturas pueden ser difíciles, pero también pueden manejarse para que las cosas sigan siendo civilizadas y ninguna de las partes sufra innecesariamente. Ha pasado el tiempo y has seguido adelante. Quizás hayas tenido otra relación o dos. Te has enfrentado a tus sentimientos por tu ex, has separado los eventos de la ruptura y has separado la relación de ustedes mismos como individuos. Y has aprendido de tus errores. Te has convertido en una mejor persona gracias a ello. Te has enfrentado a cualquier enojo o dolor que hayas tenido por la ruptura y los eventos que te llevaron a ella, y tienes buenos recuerdos de tu ex y de los mejores momentos que compartieron juntos.

Es posible que incluso hayas logrado entablar una amistad después de la ruptura, reconectándote en algún nivel, y eso es gratificante. Las partes de tu amistad que fueron fuertes antes y durante la relación han demostrado perdurar, y tal vez sean más fuertes ahora que nunca. O puede que hayas tenido una ruptura clara, por el bien mutuo.

Pero también es posible que conserves sentimientos por tu ex, que la noción de volver a estar juntos permanezca en el fondo de tu mente y de tu corazón. No es solo un destello ocasional, sino algo que sigue volviendo a ti.

¿Es posible que puedas volver con tu ex? ¿Deberías? ¿Cuándo sabrás que es el movimiento correcto y cómo te comunicarás para volver a estar juntos? Echemos un vistazo más profundo, comenzando por cuándo saber si volver a estar juntos es el paso correcto.

LAS CUATRO R Y LAS CINCO ETAPAS DE LA REUNIÓN

Pero primero, es importante tener en cuenta que cualquier reunión con tu pareja, sin importar cómo, cuándo o por qué suceda, se basa en algo conocido como las *cuatro R*.

Las cuatro R, por cierto, se aplican a ambas partes, sin importar quién rompió con quién o quién regresará a quién. Todo el mundo tiene su parte de las Cuatro R que debe asumir en una situación como esta.

Primero, debe haber *remordimiento*. Una disculpa, no importa cuán sincera sea, no va a servir de nada. El ciclo del abuso se ve favorecido por su cuarta etapa, la contrición. Lo que se requiere es un remordimiento legítimo, un deseo no solo de corregir los malos sentimientos sino de cambiar o erradicar el comportamiento que generó los malos sentimientos desde el principio. Esto debe ser más que proclamado, hay que demostrarlo. Tiene que ser algo honesto. La otra persona tiene que expresar una comprensión de tu dolor, y de su parte en causar ese dolor.

También debe haber *responsabilidad*. El verdadero remordimiento requiere responsabilidad. Si transgrediste, no es suficiente mostrar remordimiento porque te sientes responsable, debes hacerte responsable de tus acciones futuras. Debes asumir la responsabilidad y actuar responsablemente. No repitas esos viejos errores, no vuelvas a caer en esos viejos patrones.

Tienes que demostrar el *reconocimiento* de los sentimientos de la otra persona, a través de una comunicación tranquila y clara que evite avergonzar y culpar.

Y por último, debe haber algún *remedio*. Hacer las paces es una cosa, pero adoptar un plan de acción es la mejor manera de asegurarte de que todo ese remordimiento, responsabilidad y reconocimiento se utilice de manera positiva y constructiva. Eso podría significar terapia o simplemente un compromiso con ciertas técnicas de este libro. Estas están diseñadas para que las cosas funcionen sin problemas y para prevenir la interrupción de la comunicación y las crisis, la raíz de casi todos los fracasos en las relaciones, como hemos visto.

Remordimiento, responsabilidad, reconocimiento y remedio.

También están las cinco etapas de la reunión. Si vas a volver con tu ex, debes tener un conocimiento práctico de estas cinco etapas.

La primera es la etapa de la fantasía. Es probable que al menos una de las parejas haya estado pensando en esta reunión, fantaseando con ella quizás durante años. La ha visualizado, planeado, pensado demasiado. Esta es la primera etapa de cualquier reencuentro, el deseo que enciende el reencuentro en sí. Por supuesto, puede haber ocasiones en las que las ex parejas se encuentren por casualidad, ambos perfectamente en paz con la vida, pero que por casualidad estén solteros y vuelvan a estar juntos.

Podría ser.

La segunda etapa es la reintroducción. Al verse en el metro o en Facebook, esta chispa hace saltar el barril de pólvora hacia la fantasía, y entonces puede comenzar un reencuentro. Por supuesto, podría ser que hayas sido compañero de trabajo de tu ex durante todo el lapso entre la ruptura y el reencuentro, y, a pesar de eso, hayas pasado por todos los pasos necesarios para la curación.

Podría ser.

La llamada mañana siguiente es el período posterior al gran torbellino de la reintroducción. Es este el momento en el que va a pasar algo o no va a pasar nada. Aquí es donde empieza el verdadero trabajo y también la verdadera diversión.

Pueden entrar en una etapa de limbo, donde surgen inquietudes y una de las parejas retrocede. Es natural y se puede solucionar si se entiende por lo que es.

La quinta etapa es la resolución. Sean cuales sean las dudas de la etapa de limbo, el trabajo de la etapa de la mañana siguiente ayudará a determinar cómo se resuelven las cosas. No se sabe si algo es bueno hasta que se prueba, como se suele decir.

Por lo tanto, cuando se reúnan, ten en cuenta que puedes estar en una etapa de limbo, pero eso no significa que la resolución irá en un sentido u otro. Ten en cuenta que la fase de reintroducción es emocionante pero breve y que la etapa siguiente es duradera.

Ahora, sigamos adelante y observemos más de cerca por qué querrías volver con tu ex incluso después de haber fracasado con él o ella antes.

¿POR QUÉ VOLVER?

Asegúrate de hacerlo por los motivos correctos. ¿Realmente anhelas a ese ex o simplemente te sientes solo? ¿Tener que contar tu historia de vida a alguien nuevo hace que te sientas viejo, perezoso y harto? ¿Sientes que ya no eres joven y que es hora de conformarte con lo que puedas conseguir? Sabrás si estos son buenos motivadores o no, y cuáles son tus verdaderos motivos, una vez que emplees algunas de las técnicas de este libro. Haz una lista de razones para regresar y razones para mantenerte alejado. Prioriza los elementos de cada lista. Los números te ayudarán a averiguarlo (los números no mienten... más o menos).

Pregúntate a ti mismo qué consejo le darías a tu mejor amigo. Pregúntale a tu amigo imaginario por qué quiere volver. Desafíalo. Llegarás a tus verdaderas motivaciones, deseos y anhelos. Ejercita la técnica de *los 5 porqués* para descubrir si tus motivos son positivos o si estás actuando por algún instinto equivocado.

CUANDO VUELVES A CRECER, TIENES QUE VOLVER

En términos de volver a estar juntos, el *cuándo* es crucial. No puedes regresar si no te has ido, ¿verdad? Tienes que asegurarte de que se hayan resuelto los problemas, tus problemas más que nada, ya que son los únicos que realmente puedes controlar. Tienes que saber que has seguido adelante. ¿De cuánto tiempo hablamos? ¿En qué momento sabes que has cruzado el puente hacia el otro lado? Esto será diferente para todos. Pero aquí hay algunas cosas a considerar.

Podría ser que la respuesta sea nunca. Es bastante razonable pensar en volver a estar juntos, y simplemente como resultado de haber superado a la persona. Puedes ver los errores que cometiste, lo bueno y lo malo de la relación, las verdaderas cualidades de tu ex como pareja y como amigo. Quizás hayan hecho las paces y tú hayas abandonado el rancio residuo emocional de la experiencia. Y quizás haya habido una química real allí en un momento, algo que la mayoría de la gente anhela, algo que es cada vez más difícil de encontrar, especialmente a medida que uno envejece y es más particular en sus hábitos y perspectivas. Por lo tanto, es bastante natural que te sientas atraído por la idea de la relación en su mejor momento y estés convencido de que está a tu alcance. Así somos los seres humanos, estamos entrenados para intentar lograr las cosas que imaginamos. Y siempre es posible y, a veces, es algo positivo.

Y a veces no.

Por lo tanto, en tu caso particular, chequea si estás siendo muy nostálgico o poco realista. Muchas cosas parecen una buena idea, pero asegúrate de que esta sea realmente una de ellas.

Los expertos te dirán que el único momento para volver a estar juntos es luego de que los problemas que terminaron la relación se hayan resuelto. Y eso tiene sentido. Si los comportamientos no han cambiado, entonces no importa cuánto hayas cambiado tu perspectiva. Recuerda, lo que sea que rompió la relación antes volverá a suceder... a menos que esos problemas se hayan resuelto.

Y tal vez se hayan resuelto. Estos problemas surgieron entre los dos individuos, pero nacieron del comportamiento de cada individuo primero, y luego se combinaron. Por lo tanto, si cada individuo se ha tomado un tiempo en el período posterior a la ruptura para volver a ponerse en contacto consigo mismo, mantuvo la mentalidad de crecimiento y mejoró, la reconciliación podría tener éxito. Pero las probabilidades están en tu contra, y es difícil por varias razones.

Chequea estos factores cuando la idea de volver a estar juntos surja una y otra vez.

Asegúrate de haber tomado el tiempo suficiente para hacer el duelo. Tienes que procesar esas emociones. Tienes que eliminar los residuos de tu sistema. Si vas a volver con tu ex pareja, tienes que volver limpio si quieres que esta nueva relación sea saludable. Pero si has pasado por el proceso de duelo y tu anhelo perdura, podrías considerar cualquier posibilidad que surja. Sin embargo, asegúrate primero de que haya una posibilidad o languidecerás en ese limbo romántico del anhelo.

Asegúrate de haber identificado tu necesidad o deseo, y prioriza. Hazte algunas preguntas de si/entonces sobre volver a estar juntos, visualízalas. Sé práctico. Aunque la persona siga siendo muy querida para ti, ¿los problemas que tenían eran simplemente cuestiones de incompatibilidad? No es probable que tu ex haya cambiado sus valores fundamentales o su visión del mundo, y probablemente nunca lo hará, ni tu tampoco. Es posible, y sucede, pero sucede cada vez menos a medida que envejecemos (a menos que seas Ebenezer Scrooge).

¿Fue esta una relación tóxica? ¿Fue uno de los dos abusivo? Si es así, es probable que esas cosas no hayan cambiado, y no es una cuestión de cuándo. Estas cosas nunca cambiarán, por lo que la respuesta a la pregunta de cuándo debe ser nunca.

Pero si la relación fue buena para ti y tal vez tú eras el elemento tóxico y aprendiste de eso y cambiaste tus formas, y tu ex todavía está interesado, estás en el terreno de las posibilidades. Asegúrate de que realmente hayas cambiado y de que no recaerás en comportamientos antiguos. Algunas personas pueden desencadenar eso, y es probable que tu ex sea una de esas personas. Es mejor que tengas autocontrol y sepas cómo lidiar con esos factores desencadenantes.

Curiosamente, algunas personas añoran a los ex que las trataron mal o abusaron de ellas. Anhelan la contrición que sigue al abuso, tal vez. Estas personas pueden tener un complejo de mártir o un complejo de víctima que requiera abuso. Sin embargo, estas condiciones necesitan una terapia seria que debe ser abordada, y el tema debe quedar resuelto antes de que se pueda establecer cualquier conexión seria o crear una relación saludable.

¿Tu ex te ha dicho que quiere volver contigo? Eso es algo clave. Todo lo que acabamos de hablar se basa en el hecho de que tu ex sí quiere que vuelvas con él o ella. Incluso si son amigos (especialmente si lo son), es una tontería comenzar a planificar un reencuentro con este fin a menos que sepas con seguridad qué es lo que quiere tu ex. La única forma de saberlo es si lo dice. No presumas ni asumas en este caso, confundiendo la amistad posterior a la ruptura con algo más que eso.

Solo considera volver a estar juntos si estás seguro de que ambos quieren lo mismo. No es momento de empezar con objetivos diferentes. Si uno todavía quiere tener hijos y el otro todavía no, eso seguirá siendo un factor decisivo.

Unas palabras sobre tener hijos. Los niños no son cosas que se utilicen como trueque en negociaciones románticas. Imagina que quieres volver con tu ex, pero tu ex quiere un hijo, así que decides regalarle un hijo a cambio de un bálsamo para tu deseo. Esa no es una razón para tener un hijo, y por muchas razones obvias.

En primer lugar, puede que no funcione, y luego te quedarás con un ex y un hijo al que tendrás que mantener. No quiero ser frío, pero eso no es algo barato. Hazte algunas preguntas de si/entonces para visualizar en qué podría terminar todo esto. No es una imagen bonita. Puedes llegar a sentir resentimiento hacia tu propio hijo, que nunca quisiste realmente, y puedes volverte psicológicamente abusivo, o abusivo de otras maneras. Tu hijo puede llegar a estar resentido contigo, sentimientos residuales de tu ex. Y las batallas por la custodia son brutales para todos los implicados.

Y tener hijos es una de las cosas más desafiantes que puede hacer una persona. Conlleva todo tipo de presiones y dificultades. Se sabe que la crianza de los hijos destruye los matrimonios por sí sola, por no hablar de mantenerlos unidos.

Solo tengan hijos si eso es lo que ambos realmente quieren, y luego asegúrense de poder llevarlo a cabo cómodamente. Pero ese es otro tema para otro libro.

Antes de volver a estar juntos, pregúntate cuántas veces rompieron la primera vez. Muchas relaciones no terminan simplemente, como ya hemos visto. La gente se toma descansos o lo reconsidera, y luego regresa rápidamente. Y este patrón puede repetirse varias veces antes de una (presumiblemente) pausa final. Si ese fuera el caso con este emparejamiento, es probable que vuelva a suceder. ¿De verdad quieres una relación que sea poco más que una serie de rupturas? ¿Qué tan probable es que este no vuelva a ser el caso? ¿Qué ha cambiado específicamente para asegurar que no vuelva a suceder?

¿Ambos resolvieron sus problemas individuales? Si no, estos problemas volverán a aparecer.

Pero si es lo que tanto tú como tu ex quieren y crees que es el momento adecuado, lo siguiente que debes considerar es cómo hacerlo correctamente.

CÓMO COMUNICARTE EN UN REENCUENTRO

Tú y tu ex han decidido intentarlo de nuevo. Esta vez, estás decidido a que funcione. Excelente. Pero es un momento difícil y traicionero para ambas partes, y debes tener cuidado cuando te comunicas a través de un reencuentro.

Si vas a comenzar estas negociaciones, porque eso es lo que son, hazlo en un lugar informal. A diferencia de una ruptura, esto es algo que puedes hacer en tu cafetería o restaurante favorito. Es probable que nadie se enoje durante esta conversación.

Esta conversación, más que la mayoría, requiere que uses muchas de las mismas tácticas que utilizaste cuando te comunicaste a través de un quiebre en la comunicación.

- Sé empático.
- Sé honesto.
- Aborda el comportamiento, no el carácter.
- Si debes abordar el comportamiento de tu pareja, haz un seguimiento rápido con una solución, que ya deberías haber preparado con anticipación.
- Cuando pases de las preguntas a las declaraciones, mantenlas sobre ti.
- Evita los factores desencadenantes y las respuestas desencadenadas, y mantente preparado para alejarte si es necesario.
- Sin embargo, cuando *estés* hablando, usa un lenguaje colaborativo como *nosotros, nuestro*.
- Piensa antes de hablar.
- Sé sobrio. Sé amable. Nada de insultos personales. Sé breve y no seas repetitivo.
- Sé consciente de tu lenguaje corporal. No seas agresivo con

tus gestos.
- Sé diplomático.
- Ten buenos pensamientos.
- No tengas miedo de disculparte. No te cuesta nada, y probablemente sea bastante razonable que debas hacerlo.

En mayor medida:

Mantente ligero, concéntrate en los buenos recuerdos antes de pasar a enfrentar los problemas, algo que tendrás que hacer. Pero no te empantanes en eso y comienza de forma positiva.

Cuando lo hagas oficial y negocies la reconciliación, asegúrate de abordar los temas anteriores. Acaba con ellos de una vez por todas o volverán y serán problemáticos, probablemente más temprano que tarde.

Asegúrate de que la confianza esté garantizada. La comunicación clara solo puede ocurrir cuando la confianza es fuerte. De hecho, sin confianza no hay una relación sobre la cual comunicarse. Si hubo problemas de confianza antes, lo cual es probable después de una ruptura, esto debe externalizarse y discutirse. Es algo que debe separarse de la gente, como en la terapia narrativa, y luego resolverse. Hay que acordar que la confianza debe establecerse y respetarse, o hay pocas razones para seguir adelante.

En ese sentido, asegúrate de haber perdonado verdaderamente a esta persona por lo que sea que haya sucedido. Si todavía estás cargando una mochila emocional sobre eventos pasados, los mismos solo volverán a surgir y probablemente se repitan. También significa que no lo has superado realmente, que todavía te estás recuperando. Eso significa que no has alcanzado realmente la autorrealización y que no estás preparado para volver a unirte a esta pareja.

Como debes hacer siempre, pero especialmente durante una reconciliación, organiza tus pensamientos antes de plantear cualquier problema. Esta es una negociación cuidadosa, y, después de todo, requiere diplomacia. No te limites a improvisar o podrías estropearlo todo.

Comparte tus experiencias de cuando estaban separados. No quieres ningún secreto en esta etapa del juego. Y lo que has hecho y aprendido seguramente te ha convertido en una persona cualificada para reincorporarte a esa relación. Cualquier pareja estaría interesada en escuchar sobre eso. Incluso puede ser necesario para ayudar a inculcar la confianza y alejar las viejas heridas, prueba de que realmente has cambiado.

En general, tómate las cosas con calma. Moverte demasiado rápido podría haber sido lo que los separó en primer lugar. Deja que tu pareja sea la más emocionada de los dos. Y aunque tú también estarás emocionado con la idea de reunirte, no hay razón para que te apresures. Has esperado tanto tiempo, y si el reencuentro es real, entonces las cosas van a durar. No te apresures con esto.

Intenta verlo como un nuevo capítulo, no como una nueva relación. Porque eso es lo que es, y solo cuando seas realista sobre quién eres, quién es tu pareja y qué estás haciendo, podrás crear la relación que podrías haber tenido todo este tiempo.

Asegúrate de ver las cosas con claridad, no a través de lentes de color rosa. Eso puede haber estado bien cuando te enamoraste por primera vez, pero esta vez debes ser lúcido y razonable. Se acabaron las expectativas poco realistas que llevan a la decepción, ¿de acuerdo? De acuerdo.

Asume que es posible que no tengas el apoyo de todos. Tu familia y amigos tienden a ser escépticos. Pero no dejes que te influyan si esto es realmente lo que tú y tu ex quieren. Es tu relación, no la de ellos. Pero tampoco dejes que eso te aleje de ellos. Tranquilízalos diciéndoles que aprecias su apoyo pero que ya has resuelto las cosas que podías y debías resolver.

Recuerda que no estás con otra persona. Esta es esencialmente la misma persona que conociste antes. Es posible que haya mejorado o evolucionado, o que tus expectativas hayan cambiado, pero debes saber con quién estás tratando y cómo tratar con esa persona. Recuerda lo que has aprendido sobre él o ella y sobre ti mismo, recuerda lo que has aprendido en este libro y recuerda estas lecciones. Usa las técnicas para mantener la comunicación abierta y saludable, o es probable que las cosas se pongan feas nuevamente.

CUANDO UN REENCUENTRO NO FUNCIONA

Finalmente regresaste al amor de tu vida, resolviste todos los problemas, incluso empleaste muchos de los consejos y trucos de este libro para acercarte y mantenerte más cerca. Pero las cosas siguen sin funcionar. Tus amigos niegan con la cabeza, con expresiones de *te lo dije* en la cara. Puede que incluso te sientas como un tonto por emprender algo así, como un fracasado. Y hasta cierto punto esas cosas pueden ser ciertas.

Pero lo importante, como siempre, es que evites el diálogo interno negativo. Separa tu valor como individuo del valor de la pareja. A veces, dos personas simplemente no van a conseguir estar juntas, a pesar de los mejores esfuerzos e intenciones de todos. Hay algunas razones comunes para eso, y ya deberían ser familiares.

Guardar secretos es una de las principales razones por las que estos reencuentros fracasan. Hay cosas que sucedieron en el intervalo, y ocultarlas solo crea sospechas, dudas, una espiral descendente que a menudo es fatal para un reencuentro romántico. Asimismo, mentir sobre lo que ha pasado o con quién ha pasado es una idea terrible. Mentir es lo opuesto a una comunicación clara, y la comunicación clara es clave para una relación exitosa en cualquier etapa, y en esta etapa en particular, cuando es probable que estés más alerta.

Presionar demasiado es otro gran error. Lamentablemente, la mayoría de las personas que harán esto no han leído este libro. Pero tú sí lo has hecho y sabes lo que es mejor para ti. En este caso, una reunión romántica es un gran paso y tu pareja puede tener dudas. Apurar las cosas no hace más que confirmarlas.

Ignorar las etapas del reencuentro es un error crucial. Conócelas, discútelas, digiérelas, entiende dónde estás y lo que te espera.

Ser insensible a los cambios y sentimientos de la otra persona matará una relación en cualquier etapa, en particular un reencuentro. Es probable que la falta de sensibilidad esté en el centro de la ruptura original.

Ignorar el pasado es otra razón por la que fracasan los reencuentros. La gente olvida las lecciones aprendidas y recae en sus viejos hábitos.

La falta de respeto también es inapropiada, personal o de otros vínculos de la pareja fuera de la relación. Este no es momento de ser divisor. Esas personas pueden haber sido el grupo de apoyo que ayudó a tu pareja a superar la primera ruptura, su lugar en la vida de tu pareja debe ser respetado, y ellos también.

Debido a que las personas cambian con el tiempo, es posible que una persona haya cambiado de una forma que a la otra simplemente no le guste. Aquí hablamos de elecciones drásticas de estilo de vida como el veganismo, por ejemplo, o la conversión religiosa radical. La gente cambia, pero no siempre a tu gusto. Y lo mismo vale para ti.

También puede ser que las viejas heridas sigan abriéndose, que nunca se curen realmente en presencia del otro. Si este es el triste caso, ambas partes deberían poder reconocerlo. Es una triste verdad que las cosas no se pueden dejar de decir o de escuchar. No podemos volver el tiempo atrás. Y nadie hace ningún bien al negarse a afrontar los hechos.

Si funciona la segunda vez, genial. Si no es así, al menos lo intentaste y podrás seguir adelante con la certeza de que no estabas destinado a ello. Sigue buscando y encontrarás lo que buscas y a quién buscas. Y cuando encuentres a esa persona, ¡sabrás cómo asegurar una relación más saludable a través de una comunicación clara!

CONCLUSIÓN

Bueno, ¡ha sido todo un viaje! Hemos trabajado el *cómo, porqué, dónde, cuándo y quién* de comenzar una relación, ayudándola a florecer y evitando sus trampas. Hemos analizado diferentes formas de superar una ruptura, de sanar y crecer, e incluso de reunirnos con esa pareja.

Hemos analizado tus deseos, necesidades y motivaciones a nivel profundo, las formas en que podrías pensar y las formas en que podrías cambiar tu forma de pensar. Estas son cosas que realmente puedes trasladar del ámbito del romance o la intimidad al resto de tu vida. Hemos tocado brevemente la espiritualidad y la meditación, y solo podemos recomendarte que sigas investigando sobre estos temas. No promovemos ninguna de estas cosas en particular, pero las mismas pueden funcionar en varias combinaciones, como la mayoría de las cosas en este libro. Vas a reunir una nueva biblioteca de habilidades y técnicas para que tus interacciones sean más fluidas y para reducir los conflictos en todos los ámbitos de tu vida.

Has obtenido una educación virtual en psicología y, con suerte, has aprendido más sobre ti mismo y el mundo que te rodea. Esa es la naturaleza de una psique sana y una vida feliz.

No importa en qué parte del ciclo romántico te encuentres, tienes las herramientas que necesitas para arreglar las cosas y mejorarlas, para saber cuándo marcharte y cuándo volver.

Utiliza esta información en cada rincón y en cada nivel de tu relación y de tu vida. Puedes hacer lo que parecía imposible y también puedes ayudar a otros a hacerlo. Y sigue trabajando. No te resistas a la idea de volver más tarde y releer este libro. A no ser que hayas utilizado todas las técnicas, seguro que hay más cosas aquí que no has probado, cosas que te perdiste la primera vez. Piensa en este libro y en otros similares como un manual de referencia al que puedes acudir siempre que lo necesites. Es posible que haya otras facetas de tu vida que podrían mejorar, o las vidas de tus seres queridos. Sigue leyendo, sigue creciendo, sigue aprendiendo y sigue viviendo. Mantén el corazón y la mente abiertos. ¡Mantente sano y sé feliz!

www.ingramcontent.com/pod-product-compliance
Lightning Source LLC
Chambersburg PA
CBHW030901080526
44589CB00010B/89